a arte de mandar em português

Lexikon | *obras de referência*

JOÃO MALACA CASTELEIRO

a arte de mandar em português

estudo sintático-estilístico baseado em autores portugueses e brasileiros

© 2014, by João Malaca Casteleiro

Direitos de edição da obra em língua portuguesa adquiridos pela Lexikon Editora Digital Ltda. Todos os direitos reservados. Nenhuma parte desta obra pode ser apropriada e estocada em sistema de banco de dados ou processo similar, em qualquer forma ou meio, seja eletrônico, de fotocópia, gravação, etc., sem a permissão do detentor do copirraite.

LEXIKON EDITORA DIGITAL LTDA.
Rua da Assembleia, 92 / 3º andar – Centro
20011-000 Rio de Janeiro – RJ – Brasil
Tel.: (21) 2526-6800 – Fax: (21) 2526-6824
www.lexikon.com.br – sac@lexikon.com.br

Veja também www.aulete.com.br – seu dicionário na internet

DIRETOR EDITORIAL
Carlos Augusto Lacerda

EDITOR
Paulo Geiger

EDIÇÃO
Shahira Mahmud

PRODUÇÃO EDITORIAL
Sonia Hey

PROJETO GRÁFICO E DIAGRAMAÇÃO
Nathanael de Souza

CAPA
Luis Saguar

CIP-BRASIL. CATALOGAÇÃO NA PUBLICAÇÃO
SINDICATO NACIONAL DOS EDITORES DE LIVROS, RJ

C343a

    Casteleiro, João Malaca
        A arte de mandar em português: estudo sintático-estilístico baseado em autores portugueses e brasileiros / João Malaca Casteleiro. - 1. ed. –
    Rio de Janeiro: Lexikon, 2014.
    272 p.; 21 cm.

    Inclui bibliografia
    ISBN 9788583000068

    1. Língua portuguesa – Semântica. 2. Língua portuguesa – Estilo.
3. Linguagem e línguas. I. Título.

CDD: 469.5
CDU: 811.134.3'36

"*La Syntaxe peut être autre chose, si elle part du point où elle aboutit généralement, autrement dit, si elle procède de la pensée pour en étudier les réalisations linguistiques. Au lieu de collectionner et de classer des procédés formels d'expression, elle peut partir des aspects formels de la pensée, autrement dit, des idées-formes, et chercher les types grammaticaux que ces idées-formes révètent dans une langue donnée à une époque donnée.*" (Charles Bally, *Traité de stylistique française*, 2ª. ed., v. I, pp. 257-258)

"A Sintaxe moderna sente a necessidade de ser interpretativa, de analisar com mais atenção as nuances de pensamento, de indagar, na medida do possível, do porquê dos fatos, ainda que tenha muitas vezes – mais ainda que em etimologia – de se contentar com explicações conjecturais ou aproximativas." (M. de Paiva Boléo, "Tempos e modos em português", in *Boletim de Filologia*, v. III, p. 19)

Apresentação

Em muito boa hora, a LEXIKON, com esta edição, nos possibilita a leitura da dissertação de licenciatura em Filologia Românica apresentada por João Malaca Casteleiro à Universidade de Lisboa, sob a orientação do saudoso Luís Filipe Lindley Cintra, e aprovada com 18 valores por um júri integrado, além do orientador, pelos também saudosos Jacinto do Prado Coelho e Maria de Lourdes Belchior Pontes, em 1961.

Por compromissos profissionais do autor, e também porque em Portugal, como no Brasil, o prestígio avassalador da gramática gerativo-transformacional, sob o magistério da obra de Noam Chomsky (apesar de não ter de todo sufocado ou silenciado a voz de alguns persistentes em acreditar nas antigas pesquisas), substituiu fundamentalmente o objeto e o interesse da investigação linguística, ficou o presente trabalho à espera de melhor oportunidade de publicação. Arrefecido o prestígio da GT, sucederam-se outras diversificadas teorias e teorizadores dos fenômenos da linguagem e dos fatos linguísticos, de tal modo enriquecidos com rigoroso suporte teórico e variedade de interesse, que abriram espaço para reedições de antigos assuntos e novos tópicos que sensibilizaram a geração do nosso Autor, à época da sua licenciatura. Sem o radicalismo existente nas primeiras décadas, segundo o qual só era válido e factível na verdadeira linguística o que eles faziam, vários passaram a ser os assuntos que prendiam a atenção de antigos e jovens pesquisadores. Assim é que acreditamos que cabe à LEXIKON, publicando a dissertação do ilustre professor lusitano, reintroduzir o interesse entre nós de assuntos que também ajudam a melhor compreender as funções da linguagem e, em particular, auscultar as potencialidades expressivas da língua portuguesa. Aprofundando mais alargadamente suas raízes em antigos modelos teóricos da gramática funcional, da psicologia da linguagem, da sintaxe de caráter interpretativo, dos postulados onomasiológicos e da estilística, quer na orientação de Charles Bally, quer na de Leo Spitzer, a presente obra do professor Malaca Casteleiro revela a seus leitores que o objetivo desta dissertação é mostrar a riqueza de formas de que dispõe a língua portuguesa para expressar a noção da *ordem*, buscando os subsídios de rigoroso instrumental teórico e da documentação fornecida por textos literários de autores portugueses e brasileiros.

Tudo isto se explica – afirma o Autor – porque a sintaxe moderna, estudada gramaticalmente, sente a necessidade de ser interpretativa, de ir até ao âmago dos fatos, de tentar compreender na língua o espírito vivificador que a anima.

Malaca Casteleiro é dos linguistas investigadores portugueses que não se esquecem de pôr, no foco de sua atenção, o contributo da participação dos autores brasileiros.

O interesse por estes estudos foi motivado, em grande parte, pelos resultados a que chegaram as investigações levadas a cabo pelo catedrático de Coimbra, Manuel de Paiva Boléo, "Tempos e modos em português. Contribuição para o estudo da sintaxe e da estilística do verbo" (1934-1935) e *O perfeito e o pretérito em português em confronto com as outras línguas românicas* (Estudo de caráter sintático e estilístico) (1937). Entre nós, no Brasil, enveredaram por caminhos bem próximos os ensaios de Said Ali, João Ribeiro, Mattoso Câmara, Othon Moacyr Garcia, a excelente tese sobre a condicional *se*, de Ângela Vaz Leão. Eu próprio, levado pela audácia juvenil, ousei esboçar uma tese sobre a evolução do pensamento concessivo em português (1954).

Muito haverão de aproveitar o estudioso e o professor da língua portuguesa, com a leitura desta obra.

Deve ter o leitor atento notado que usei e abusei do adjetivo *saudoso* numa referência aos autores que de uma ou outra

Apresentação

maneira serviram de fonte ou de incentivo ao Autor desta obra.

É que, de propósito, quis preparar o espírito do meu leitor para dizer-lhe que a Lexikon, editando entre nós o trabalho do Professor João Malaca Casteleiro, vai, com certeza, reacender o estímulo a pesquisas congêneres, e aplacar a saudade desses estudiosos e desse tipo de investigação entre nós.

Evanildo Bechara

Nota preambular

O trabalho que agora se publica encontrava-se inédito e esteve adormecido durante um pouco mais de cinquenta anos. De fato, ele foi apresentado em 1961 como dissertação de licenciatura em Filologia Românica na Faculdade de Letras da Universidade de Lisboa, com o título "A expressão da ordem na língua portuguesa do século XX. Estudo sintático-estilístico baseado em autores portugueses e brasileiros". Naquele tempo, para se concluir o grau de licenciatura em Letras e depois de quatro anos de escolaridade, exigia-se a apresentação de uma dissertação, além de exames finais em gramática comparativa das línguas românicas (prova escrita) e em literatura portuguesa, literatura francesa e filologia portuguesa (provas orais), cujos programas eram estabelecidos *ad hoc*, com cerca de dois meses de antecedência. Estes exames, assim como a defesa da dissertação, foram presididos por um júri constituído pelos Professores Luís Filipe Lindley Cintra, também orientador da mesma dissertação, Jacinto do Prado Coelho e Maria de Lourdes Belchior Pontes. Esta dissertação foi a primeira apresentada nas universidades portuguesas tendo como objeto de estudo a sintaxe da língua portuguesa. Apesar de ter sido classificada com 18 valores, na escala de 0-20, não foi publicada. Nesse tempo as teses de licenciatura incidiam em geral na edição crítica de textos medievais, na crítica literária e na dialetologia e eram estas que em geral eram publicadas, quando naturalmente tinham nível para isso.

Perguntar-se-á o Leitor, com toda a razão, por que motivo só agora surge esta publicação. E isto é simples de explicar. Em agosto de 2011 fui convidado pela Universidade de Línguas Estrangeiras de Pequim, com o concurso do Instituto Politécnico de Macau, para participar no seminário comemorativo do cinquentenário do primeiro curso de licenciatura em português de toda a China, iniciado por aquela universidade. Lembrei-me então de apresentar como comunicação um resumo da minha dissertação de licenciatura, justamente apresentada em 1961, ano da criação do referido curso. O acolhimento pelos participantes, na sua grande maioria professores de português, foi muito bom e incentivaram-me a publicar o estudo, pois ficou bem patente a sua atualidade, nomeadamente a sua contribuição para o conhecimento e ensino dos atos de fala diretivos, no domínio da expressão da ordem, que aparecem aí descritos em toda a sua riqueza. Na verdade, a tese tinha já sido tomada em consideração por mim e dois colaboradores, Américo Meira e José Pascoal, na elaboração do "Nível Limiar de Português", projeto desenvolvido com o apoio do Conselho da Europa, sediado em Estrasburgo, e do Instituto de Cultura e Língua Portuguesa (ICALP), em Lisboa, e publicado em 1988 por estas duas instituições em edições separadas. Com este empurrão surgido em Pequim, procurei então a forma de dar a lume o estudo em apreço. E a oportunidade surgiu em conversa com o querido amigo Professor Evanildo Bechara, que teve a gentileza de encaminhar a publicação para a LEXIKON EDITORA. É pois a esta Editora e ao seu incansável e atento Diretor, Dr. Carlos Augusto Lacerda, que fico a dever esta publicação, assim como ao Professor Evanildo Bechara, que teve ainda a gentileza de escrever a Apresentação. A ambos agradeço do coração esta oportunidade.

    Não seria justo se nesta Nota não mencionasse também o empenhamento do Professor Lei Heong Iok, distinto Presidente do Instituto Politécnico de Macau, que também se prontificava a publicar este trabalho por aquela instituição, o que muito agradeço. Gostava, porém, de atingir um público mais vasto. E o Brasil, o maior país de língua portuguesa, oferece sem dúvida esse público. Acresce ainda o fato de este trabalho ter tomado em conta um vasto *corpus* textual, constituído por 51 obras portuguesas e 24 brasileiras, umas e outras selecionadas nos domínios do romance, da novela e do teatro, como se pode ver na Bibliografia apresentada no final. Trata-se, pois, de um estudo descritivo, fundamentado em cerca de 15 mil ocorrências de construções que exprimem a "ordem" em português. Ao *corpus* de língua escrita acrescentou-se um pequeno *corpus* de língua oral, este limitado apenas ao português europeu, cujas fontes vão também mencionadas na Bibliografia.

Na presente publicação apenas se alterou o título inicial da dissertação, assim como a ortografia, que foi acomodada ao Acordo de 1990. Tudo o resto foi mantido sem alterações. O Leitor ajuizará da atualidade e validade deste estudo, realizado há pouco mais de cinquenta anos.

João Malaca Casteleiro

Sumário

INTRODUÇÃO	21

CAPÍTULO I
1. A noção de "ordem"	33
2. O ordenante e o executante	45
A) Representação linguística do ordenante	49
B) Representação linguística do executante: formas de tratamento	53
3. A "modalidade" na expressão da "ordem"	64

CAPÍTULO II
A expressão da "ordem" por meio de formas verbais indiretas   71
1. Verbos de vontade e outros afins	73
2. Formas impessoais	84
3. Expressões categóricas indiretas	94
4. Conjuntivo presente indireto	97

CAPÍTULO III
A expressão da "ordem" por meio de formas verbais diretas   107
I. Imperativo/ (Preâmbulo)	110
1. Imperativo positivo	112
A) 2ª. pessoa do singular (tu)	112
B) 2ª. pessoa do plural (vós)	116
2. "Imperativo" proibitivo	118
A) 2ª. pessoa do singular (tu)	120
B) 2ª. pessoa do plural (vós)	122
3. Duas formas populares do imperativo plural	123
A) "Não suspeitai"	123
B) "Ir-vos deitar" (como em espanhol)	124
4. Alguns vulgarismos brasileiros de "imperativo"	127
II. Conjuntivo jussivo direto	134
1. Conjuntivo afirmativo	136
A) 3ª. pessoa do singular ("você")	136
B) 3ª. pessoa do plural ("vocês")	138
2. Conjuntivo negativo	139
A) 3ª. pessoa do singular ("você")	139
B) 3ª. pessoa do plural ("vocês")	140
3. 1ª pessoa do plural	141

III. 1. Indicativo presente   143
   A) 2ª. pessoa do singular ("tu") (Afirmativa)   143
   B) 3ª. pessoa do singular ("você") (Afirmativa)   144
   C) 2ª. pessoa do singular ("tu") (Negativa)   145
   D) 3ª. pessoa do singular ("você") (Negativa)   146
   2. Auxiliares modais   146
   A) Poder (indicativo presente)   147
   B) Ter de/ Ter que (indicativo presente)   148
   C) Dever (indicativo presente)   149
   D) Escusar de (indicativo presente)/ Quitar de (pop.)   150
   E) Precisar (de) (indicativo presente)   151
IV. 1. Futuro categórico. Futuro sugestivo   152
   A) Alguns exemplos de futuro categórico   154
   B) Alguns exemplos de futuro sugestivo   155
   2. Futuro perifrástico   157
   A) Haver de (indicativo presente) + infinitivo   157
   B) Ir (indicativo presente) + infinitivo   159
V. Imperfeito do indicativo e condicional formais   160
VI. Formas verbais de valor interjetivo   161
   1. Infinitivo impessoal direto   162
   2. Gerúndio jussivo e particípio enérgico   163
   3. "Imperativo de irritação" (Calou! Girou!)   164
   4. Imperativo e conjuntivo interjecionais   165
   A) Alguns exemplos de imperativo interjetivo   165
   B) Alguns exemplos de conjuntivo interjecional   166
   5. Outras expressões verbais interjetivas   167
   A) Basta!/ Basta de + substantivo!   167
   B) Bonda!/ Bonda de + substantivo! (Popular)   167
   C) Chega!/ Chega de + substantivo!   168
   D) Vá...!/ Vá de + substantivo!/ Vá de + infinitivo!/ Vai de + infinitivo!   168
VII. Expressões interrogativo-exclamativas   169

CAPÍTULO IV
A expressão da "ordem" por meio de formas não verbais   173
I. Formas nominais   173
   1. Vocativo imperioso   174
   2. Expressões de natureza informativa   175
   3. Expressões categóricas   177
   A) Apelo ao silêncio   177
   B) "Rua!" "Andor!"   179

4. Expressões de advertência 180
   A) Atenção/ Muita atenção 180
   B) Cautela!/ Cautelinha! 180
   C) Muito controle... 181
   D) Cuidado!/ Cuidadinho!/ Muito cuidado! 181
   E) Prudência! 182
   F) Mais respeito! 182
   G) Tento/ Termos 182
   H) Nada de + substantivo 182
5. Expressões exortativas 183
   A) Calma 183
   B) Coragem/ Muita coragem 183
   C) Juízo/ Muito juizinho 183
   D) Outras expressões exortativas (menos frequentes) 184
6. Formas pronominais 185
7. Adjetivos modais 187
II. Formas adverbiais 187
   1. De tempo 187
   2. De modo 188
      A) Depressa 188
      B) Devagar 189
      C) Locuções adverbiais de modo 189
   3. De lugar 190
      A) Abaixo! 190
      B) Acima! 190
      C) Adiante! 190
      D) Arriba! 190
      E) Fora! 191
      F) Outras locuções adverbiais de lugar 191
   4. De negação 192
III. Interjeições jussivas 192
   A) Alto! 193
   B) Embora! 193
   C) Avante! 193
   1. Interjeições de animação 193
      A) Ala! 194
      B) Eia! 194
      C) Sús! 194
      D) Upa! 194
   2. Interjeições de chamamento 194
      A) Hé! 194

17

B) Olá?!	195
C) Pstt!	195
D) Tchê!	195
3. Interjeições de apelo ao silêncio	195
A) Caluda!	196
B) Chiu, chut, pchiu e variantes	196
4. Algumas interjeições jussivas dirigidas aos animais	196
A) Para mandar parar	197
B) De animação ou incitamento	197
C) De apelo	197
D) Para mandar afastar	198
IV. Expressão da "ordem" pelo gesto	198

CAPÍTULO V
Atenuação e reforço na expressão da "ordem"

	201
I. Meios de valorização implícita	206
1. Atenuação	206
A) Entoação	206
B) Gesto	207
2. Reforço	207
A) Entoação	207
B) Gesto e mímica	209
II. Meios de valorização explícita	211
A) Atenuação	211
1. Fórmulas de cortesia	211
2. Expressões de carinho	213
3. Formas verbais atenuantes	215
4. "Poder + infinitivo"	215
5. "Modo eventual"	216
6. Subordinantes condicional e temporal	217
7. Interrogação imperativa	217
8. "Hipocrisia social"	218
B) Reforço	219
1. Expressões reforçativas por natureza	219
2. Iteração sinonímica	220
A) Repetição	221
B) Insistência	222
C) Gradação	223
3. Reforço pela colocação do pronome	224
4. Formas verbais reforçativas	225
5. Reforço adverbial	227

6. Reforço pela conjunção	229
7. Reforço pela interjeição	230
8. Ameaça	230
9. Antífrase	234
A) Desafio	234
B) Ironia	236
C) Outros exemplos de antífrase	236
10. "Ordem" justificada	237
A) Em função do ordenante	237
B) Em função do executante	238
C) Em função de uma terceira pessoa ou de qualquer outro motivo	239
11. Expressões de caráter invocativo	240
12. Injúrias e imprecações	242
13. Reforço pela mudança de tratamento	245
CONCLUSÃO	249
BIBLIOGRAFIA	259
I. Textos 259	
A) Autores portugueses	259
1. Romance, novela e conto	259
2. Teatro	260
B) Autores brasileiros	263
1. Romance e novela	263
2. Teatro	263
C) Informação oral	265
1. Peças radiodifundidas	265
2. Testemunhos orais	265
A) Recolhidos na Beira Baixa (Teixoso)	265
B) Recolhidos em Lisboa	265
II. Crítica 266	

Introdução

Os estudos de Sintaxe podem ser abordados segundo dois métodos diferentes. Ou se parte das formas linguísticas, ou seja, dos fatos em si, para a ideia que encerram ou, ao invés, se toma como ponto de partida a ideia, para ver através de que formas linguísticas esta se exprime. No primeiro caso, seguimos o método gramatical ou formal e aceitamos, sem discussão, as categorias e classes gramaticais; neste método partimos do concreto para o abstrato e orientamo-nos, sobretudo, pelo critério morfológico. No segundo caso, seguimos o método psicológico ou funcional, pois, partindo da ideia, atendemos essencialmente à função das unidades sintáticas, aos valores semânticos que estas encerram; neste sentido, só com muita reserva aceitaremos as categorias e classes gramaticais; neste método, partimos do abstrato para o concreto e guiamo-nos sobretudo pelo critério sintático, estilístico e semântico.

Cada um destes métodos tem, no entanto, o seu campo de aplicação. Assim, o método gramatical ou formal – aquele que tem uma tradição mais longa – tem sido aplicado, e com certa justificação, nas gramáticas práticas, normativas e ainda nas gramáticas históricas. O método psicológico ou funcional – que surgiu nos fins do século passado – tem sido empregado nas chamadas gramáticas psicológicas e ainda em monografias sintáticas.

É claro que não dão ambos igualmente conta da realidade linguística. Ao primeiro passam despercebidos muitos fatos da língua, porque a encara com demasiado logicismo, concebendo-a dentro dos moldes rígidos e fixos das categorias e classes gramaticais. O segundo tem a vantagem de considerar a língua como uma entidade viva, flexível e maleável, sujeita a contínuas mutações, motivo por que não pode ser contida em moldes fixos e desatualizados.

Sendo assim, a gramática funcional ou psicológica insurge-se contra as categorias e classes gramaticais preestabelecidas e proclama:

> "*L'espèce à laquelle appartient un mot n'est pas toujours indiquée par les désinences et les marques grammaticales. Elle se révèle très souvent par sa fonction. C'est, en général, la fonction du mot qui détermine l'espèce à laquelle il appartient. La fonction est donc une valeur de base à laquelle il convient de se référer d'abord lorsqu'on veut déterminer la 'nature' d'un mot. (...) Redisons-le avec force: il n'y a pas des mots classés, une fois pour toutes, adjectifs, noms, adverbes etc. Il n'y a que des valeurs, et c'est la valeur que prend un mot dans une expression donnée qui le classe dans telle ou telle espèce.*" (G. Galichet, *Essai de grammaire psychologique*, 2ª. ed., pp. 193-194)

Não se trata, contudo, de criar uma terminologia nova, embora até certo ponto fosse necessária, mas simplesmente de observar uma palavra na frase e ver qual a sua função, qual o seu valor; assim, um nome – substantivo ou adjetivo – pode qualificar ou determinar um outro nome, desempenhando este a função de espécie principal e o outro, a de espécie secundária ou adjunta; a qualificação caberá não apenas ao adjetivo, como era admitido pela gramática tradicional, mas também ao substantivo, ao advérbio ou a qualquer outra classe gramatical ou unidade sintática.

Trata-se sobretudo de uma reinterpretação das antigas categorias e classes gramaticais, em função do valor que têm na frase. Consideremos o seguinte exemplo: encontram-se várias pessoas reunidas; uma delas prepara-se para cantar, mas as restantes continuam a falar; um dos ouvintes impõe-se e grita:

"– **Silêncio!** Vai tanger a lira do poeta." (*Conde Barão*, 42)

Introdução

Em que classe gramatical deveremos agrupar aquela forma "Silêncio!", que traduz neste caso uma "ordem"? A gramática tradicional ou a considera entre os substantivos ou a inclui, única e simplesmente, entre as interjeições. A verdade, porém, é que tal expressão não cabe nem numa nem noutra classe de palavras.

Atendendo à função, ao valor interno daquela expressão, verificamos que ela equivale a uma verdadeira frase, em que a espécie nominal e a espécie verbal – duas das principais espécies gramaticais – se conglomeram. De fato, não precisamos de subentender qualquer verbo para a tornar compreensível; a entoação e a situação, em que ela é proferida, bastam para a fazer compreender como "ordem". Se bem que, na sua origem, a palavra "silêncio" seja um substantivo, aqui aparece desprovida da sua característica nominal, do seu morfema – o artigo; a desinência em -o pouca importância tem neste caso, pois, além de aqui não interessar o gênero, ela pode desaparecer numa pronúncia rápida e enfática, que procure tirar partido reforçativo da nasal e das sibilantes. Fica, portanto, reduzida a um semantema e parece, por conseguinte, que deveríamos agrupá-la na classe das interjeições. Mas se a compararmos com as interjeições propriamente ditas, tais como *schiu*, *pst*, etc., notamos logo uma grande diferença: enquanto estas estão desprovidas de qualquer conteúdo significativo, apenas adquirido conforme as situações em que se empreguem, aquela evoca sempre um significado, associa-se à ideia de "estar calado", de "ausência de ruídos". Verdadeiramente, tal expressão não cabe nem na classe nominal nem na classe interjecional, mas nas duas ao mesmo tempo. O que parece mais razoável é agrupá-la, portanto, numa classe nova, que participe da natureza daquelas duas; considerá-la-emos, por conseguinte, como um nome interjecional, de caráter ativo, equivalente a uma verdadeira frase, em que o sujeito psicológico é constituído pelos ouvintes, aos quais é dirigida, sendo a própria expressão o predicado.

Consideremos ainda outro exemplo: o telefone toca e a dona da casa diz à criada:

" – **Vá** atender, Elvira." (*Companheiros*, 100)

A gramática tradicional considera esta forma verbal um conjuntivo, mas a gramática funcional não se contenta apenas com isso; observando o valor interno, a função daquela forma, nota que ela é equivalente a um imperativo, exprimindo como este uma "ordem"; não lhe pode, no entanto, chamar um imperativo, porque assim ia originar uma confusão de termos e dificultar a compreensão dos fatos; pode, contudo, designar aquela forma verbal como um conjuntivo-imperativo ou jussivo, tomando estas duas últimas palavras como qualificativas da primeira; procedendo deste modo, salvaguardamos as categorias e classes gramaticais existentes, incutindo-lhes um espírito novo.

O método psicológico ou funcional é, pois, aquele que nos permite encarar melhor a realidade da língua, autêntico veículo das ideias e dos sentimentos do povo que a fala. Este método proporciona-nos um maior horizonte visual sobre a língua, enquanto o método formal nos encerra num limitado campo de observação.

Vejamos como seria totalmente diversa a perspectiva deste estudo, se nele seguisse o método formal. Partindo da forma linguística que serve, por excelência, à expressão da "ordem" – o imperativo –, o campo de investigação seria limitadíssimo, pois a gramática tradicional apenas admite neste modo verbal as duas formas correspondentes à segunda pessoa do singular e à segunda do plural. Partindo, porém, da noção de "ordem", sem qualquer preconceito, e procurando ver através de que expressões linguísticas ela se traduz, o campo de investigação alarga-se extraordinariamente: dentro da espécie verbal, notamos que a "ordem" se exprime não apenas pelo modo imperativo, mas também pelos modos conjuntivo e indicativo e ainda pelo condicional, que neste caso tem valor modal, bem como por intermédio de quase todos os tempos, desde o presente ao futuro ou ao pretérito perfeito e ainda através do infinitivo impessoal, do particípio passado e até do gerúndio; dentro da espécie nominal, verificamos que tanto o substantivo como o adjetivo servem à expressão da "ordem"; também as interjeições e os advérbios podem desempenhar a mesma função.

É portanto este o vasto campo que aqui vamos explorar; ele é de tal modo extenso que forçoso foi restringi-lo, deixando algumas lacunas por preencher, conforme se indicará adiante.

Mas, partindo de uma noção – neste caso, a noção de "ordem", que será definida no capítulo primeiro – para as formas linguísticas, aplica-se, afinal, aos estudos de sintaxe o critério onomasiológico, tão largamente seguido nos trabalhos de lexicologia e cujo valor a Geografia Linguística, sobretudo com a escola das "Palavras e Coisas" veio pôr em evidência. A única diferença é que em trabalhos de sintaxe temos de partir de uma noção abstrata, de um significado, desassociado de qualquer significante.

Este critério permite-nos descortinar um aspecto muito importante da língua e que tem sido pouco observado.

Na linguagem há três aspectos essenciais: lógico, ativo e afetivo.

A linguagem é lógica, quando nela se manifesta a inteligência; é ativa, quando através dela se impõe a vontade; é afetiva, quando por meio dela se comunica a sensibilidade.

A linguagem exerce, deste modo, três funções essenciais; uma função representativa ou lógica, uma função de apelo ou ativa e uma função expressiva ou afetiva. Esta tríplice distinção é devida ao psicólogo alemão Karl Bühler (*Teoría del lenguaje*, p. 41).

Ora, na expressão da "ordem", a língua exerce, sobretudo, uma função de apelo (alemão, *ansprechen*; inglês, *appeal*). Esta função de apelo ou de atuação social, como prefere J. Mattoso Câmara Jr.[1], é uma das mais importantes da linguagem, na vida de relação, pois ela nos permite atuar sobre o próximo.

O caráter atuante e dinâmico da linguagem e o seu valor são salientados por Vendryès nestes termos:

---

[1] *Princípios de linguística geral*, p. 16.

"*Le langage actif n'a guère été étudié jusqu'ici. Il a pourtant son importance, qui apparaît clairement lorsqu'on essaie de se figurer la génèse du langage humain. En outre, au cours de l'histoire, il se présente avec des lois propres: grammaticalement, son domaine est celui de l'impératif dans le verbe et du vocatif dans le nom, qui ont chacun dans leur catégorie respective des formes et des emplois spéciaux. Lorsque nous avons précédemment réuni sous un même concept un verbe comme 'tais-toi!', un nom comme 'Silence!' et une interjection comme 'chut!', cette confusion n'était possible que parce qu'il s'agissait du langage actif, où les notions distinctes de verbe et de nom s'effacent. Bien que le langage actif s'alimente fréquemment du langage logique, auquel il emprunte des expressions grammaticales toutes faites, il mérite cependant d'en être distingué; car il a un rôle propre et dispose d'instruments spéciaux. Mais son étude reste encore à faire.*" (*Le langage*, p. 162)

Mas, se por um lado a linguagem ativa se alimenta da linguagem lógica, por outro lado ela não pode isolar-se completamente da linguagem afetiva, pois que "*l'expression d'une idée n'est jamais exempte d'une nuance de sentiment*" (Vendryès, *Le langage*, p. 163).

Orientados pelo ponto de vista funcional e pelo critério onomasiológico, verificaremos que o domínio da linguagem ativa ultrapassa em muito o plano gramatical do imperativo e do vocativo.

Não se pretende, no entanto, estudar em toda a sua riqueza o caráter ativo da língua portuguesa, pois, além de ele se manifestar através de formas linguísticas mais ou menos próprias, a entoação, o gesto e a mímica desempenham, neste campo, papel fundamental.

Ora a entoação, o gesto e a mímica escapam, quase por completo, à língua em sua forma escrita, pois apenas se podem traduzir indiretamente e, portanto, de modo muito imperfeito. A entoação nem mesmo na língua falada pode ser estudada facilmente, pois, para que o seu estudo seja eficaz, exige o concurso da fonética experimental. Ora tal estudo apenas poderá ser feito por foneticistas especializados. Aqui apenas poderei dar uma pequena contribuição, com base, sobretudo, em meios sintáticos. Poderemos, no entanto, observar a riqueza dos seus matizes, se ouvirmos uma conversa, em que o falante ou ordenante, neste caso, procura impor ao ouvinte a sua vontade, obrigando-o por todos os meios a executar, contrariado, a "ordem" dada.

Mas a aplicação do método funcional aos estudos de sintaxe conduz ainda a outras exigências. A análise da função, do valor interno das unidades sintáticas exige o concurso da Estilística e da Semântica. Neste sentido é mesmo muito difícil distinguir a Sintaxe da Estilística, como o reconhece Bally, ao afirmar:

> *"qu'il n'y a pas de distinction de principe entre la Syntaxe et la Stylistique, ou plus exactement, que la limite qui les sépare n'est pas rigoureusement tracée".*

Justifica, logo a seguir, este ponto de vista:

> *"Cela n'implique aucune contradiction et se déduit à priori de ce qu'un fait de Syntaxe étant un procédé purement formel, il n'y a pas de raison pour qu'il ne puisse exprimer une forme de sentiment aussi bien qu'une forme d'idée".* (Traité de stylistique française, 2ª. ed., v. I, p. 261)

Porque não existe separação entre a linguagem lógica e a linguagem afctiva, mas apenas o predomínio de uma ou de outra, na expressão do pensamento, é que a Sintaxe funcional e a Estilística têm de se auxiliar mutuamente. Este fato permite--nos afinal descortinar a unidade da língua na sua multiplicidade de aspectos. Poderemos fixar a nossa atenção sobre um ou outro, mas nunca abstrair inteiramente dos restantes. Isto vem ainda demonstrar que não há separação nítida entre os vários campos da linguística. A Sintaxe exige o concurso da Morfologia e da Fonética, como da Estilística ou da Semântica e até da Etimologia.

Tudo isto se explica, afinal, porque a Sintaxe moderna, estudada funcionalmente, sente a necessidade de ser interpretativa, de ir até ao âmago dos fatos, de tentar surpreender na língua o espírito vivificador que a anima. Que me sirvam, pois, de escudo as palavras do Professor Paiva Boléo, transcritas no início desta dissertação, se por vezes uma ou outra interpretação for demasiado subjectiva e conjectural, embora procure analisar os fatos sempre o mais objetivamente possível.

Postas estas questões de natureza metodológica, vejamos agora os limites a que tive de me sujeitar, ao procurar estudar a expressão da "ordem" na língua portuguesa.

Na impossibilidade de abarcar o assunto diacronicamente, devido à sua vastidão e aos limites de tempo de que dispunha, concentrei a minha atenção sobre a língua portuguesa do século XX. Adotei, portanto, o ponto de vista sincrônico.

Embora a maioria das características do português do século XX venham já do século passado, algumas surgiram ou se consolidaram no período atual, devido a alterações político-sociais, a influências externas ou ao espírito criador e inovador do próprio falante.

O sistema do tratamento tem sofrido várias alterações, que se fazem sentir, de modo especial, na conjugação verbal, como teremos ocasião de ver.

Mas, dentro do período escolhido, há ainda que atender às perspectivas *diastrática* (diferenças de níveis sociais), *diafásica* (diferenças de estilo) e *diatópica* (diferenças regionais). A perspectiva diatópica é, contudo, das mais difíceis de observar em trabalhos deste gênero, já que as obras de caráter regional não merecem inteira confiança.

No entanto, peças como *Entre giestas* de Carlos Selvagem, *O crime da Aldeia Velha* e *A promessa* de Bernardo Santareno, *Tá Mar* de Alfredo Cortez, entre outras, deram-me abonações de interesse. É certo que a informação oral supriria por completo esta lacuna. Mas quão difícil seria ela de obter em toda a sua extensão, se pensarmos na vastidão do domínio linguístico português! A sintaxe regional é riquíssima de formas, umas de caráter arcaico, de índole inovadora outras. A sua riqueza escapa bastante aos Atlas linguísticos, preocupados sobretudo com os aspectos fonético, morfológico, lexicológico e semântico. A recolha das particularidades sintáticas regionais exigiria afinal um outro método que não o dos questionários pré-elaborados. Seria preciso surpreender conversas espontâneas em todos os níveis sociais e em todos os setores regionais, para nos darmos conta das suas particularidades sintáticas. Mas semelhante tarefa seria impossível de realizar no campo a que diretamente visa este trabalho.

Por isso, houve que tomar como base a informação escrita, mais acessível e mais cômoda. Mas qual o critério de escolha a adotar dentro da vastíssima produção que conta a língua nos sessenta anos já decorridos deste século? Adotei naturalmente o critério que melhor me pareceu ajustar-se à exigência do assunto. Ora, a "ordem" só tem verdadeiramente caráter ativo, quando transmitida oralmente pelo ordenante ao seu interlocutor.

Por isso, pus quase de lado a "ordem" escrita que obrigaria a um estudo da linguagem em que estão redigidas as leis e normas jurídicas, bem como as prescrições de qualquer natureza e que, no fim de contas, resultaria monótono e pouco frutuoso. Pus também de lado a poesia, na qual predominam as funções representativa e expressiva da linguagem.

Ficou, portanto, o romance, o conto, a novela e o teatro, que me parecem refletir melhor o caráter ativo da língua falada, embora sob certos limites. Excluí as obras de caráter histórico, por se afastarem das características do português contemporâneo, sobretudo no que diz respeito ao tratamento e, em consequência, à conjugação verbal. Escolhi obras cuja primeira edição se fez entre 1900 e 1960, o que não quer dizer que não tenha feito alguma exceção. É o caso, por exemplo, de *Os meus amores* de Trindade Coelho, coletânea de contos publicada nos fins do século passado, que oferece uma extraordinária riqueza de "linguagem corrente e familiar", já assinalada pelo Professor Paiva Boléo (*O perfeito e o pretérito em português...*, p. XVI).

Procurei, sobretudo, obras de diálogo vivo e curto, em que, como é óbvio, abundam em maior número as expressões de "ordem" e que pertencessem aos mais variados níveis sociais e regionais, incluindo o maior número possível de autores.

Para o português do Brasil, incluí alguns romances e peças de teatro de autores brasileiros contemporâneos. A inclusão do português do Brasil em trabalhos deste gênero proporciona à nossa observação um campo mais variado e mais rico, tornando-se mais fácil observar diferenças e explicar razões. É neste sentido que uma vez ou outra aludirei mesmo ao que se passa com certas formas dentro do quadro das línguas românicas, sobretudo no que toca ao imperativo e a certas formas de infinitivo, o que nos permitirá enquadrar melhor o português no sistema linguístico a que pertence, quer pelas suas semelhanças, quer pelas suas diferenças.

Também não considerei as obras estrangeiras vertidas em português, pois em certos casos o tradutor, ainda que inconscientemente, deixa-se influenciar pelas formas linguísticas da língua que traduz.

Nem sempre me foi possível recolher as abonações das últimas edições; contudo as exceções são poucas e apenas em casos onde não houve refundição. No caso, por exemplo, de *Terras do Demo* de Aquilino Ribeiro tive mesmo o cuidado de comparar a primeira versão, na edição de 1919, com a segunda versão, na edição refundida de 1946, mas as alterações verificadas no campo da "ordem" são de pouco interesse.

Recorri ainda, embora limitadamente, à informação oral, tendo procurado sobretudo anotar particularidades que os textos escritos pouco ou nada revelam; para os processos habituais julguei-me dispensado de os abonar com exemplos colhidos da informação oral.

É objetivo desta dissertação mostrar a riqueza de formas de que dispõe a língua para exprimir a noção de "ordem". Mas essas formas não são utilizadas equitativamente. Para disso nos certificarmos, recorrerei ao emprego da estatística, embora só possa tomar como base a informação escrita e apenas algumas obras (dez de autores portugueses e oito de autores brasileiros) mais ricas de processos, que selecionei de modo a procurar abranger todos os níveis sociais e também alguns setores regionais. É preciso, porém, termos sempre presente o caráter relativo do método estatístico, que apenas serve de auxiliar e nunca de critério seguro de apreciação dos fatos.

Importa salientar, finalmente, algumas obras diretamente relacionadas com o assunto aqui tratado e que contribuíram para tornar esta dissertação menos imperfeita.

Em primeiro lugar, devo citar o artigo de Paiva Boléo, "Tempos e modos em português. Contribuição para o estudo da sintaxe e da estilística do verbo" (publicado no *Boletim de Filologia*, v. III, Lisboa, 1934-5, pp. 15-36). O Autor, seguindo o método funcional, analisa certos casos de transposição modal e temporal entre as formas verbais, baseando-se sobretudo naquelas que exprimem "ordem", como sejam, o imperativo, o conjuntivo e indicativo presentes e o futuro. Foi a leitura deste trabalho que me sugeriu a ideia de tratar o assunto desenvolvidamente e não apenas no campo verbal.

Também este assunto é abordado, em alguns dos seus aspectos, por Ferdinand Brunot, na sua inovadora obra *La pensée et la langue* (3ª. ed., Paris, 1936, pp. 557-565).

O estudo fundamental sobre a expressão da "ordem" em francês é, porém, a excelente tese de Lia Wainstein, "Expression du commandement dans le français actuel" (*Mémoires de la Société Néophilologique de Helsinki*, T. XV, Helsingfors, 1949), à qual devo a mais valiosa contribuição. A Autora estuda não apenas as expressões de "ordem" no seu aspecto formal, mas também no seu aspecto social, pela variedade de matizes que assumem, segundo as relações entre a pessoa que ordena e aquela que obedece. A tradicional polidez francesa é bem manifesta neste campo, pelo uso frequente de variadas fórmulas de cortesia, que atenuam a rigidez da "ordem". A Autora procura ainda descobrir, na linguagem dos padres e dos médicos, um modo próprio de exprimir a "ordem", que teria justificação pela importância da sua posição social e da sua elevada autoridade.

Estuda também alguns processos sintáticos e estilísticos, que reforçam ou atenuam a "ordem".

Para o italiano existe o não menos excelente trabalho de Margrit Huber-Sauter, "Zur Syntax des Imperativs im Italienischen" (*Romanica Helvetica*, v. 36, Bern, 1951), que estuda diacronicamente a expressão da ideia de imperatividade, noção que ultrapassa bastante a de "ordem", embora englobando-a.

Não pude, todavia, aproveitar inteiramente a sua contribuição, quer pela dificuldade de consulta, devido a estar escrito em alemão, quer também por só o ter obtido bastante tarde.

Mas, a estas contribuições, há a acrescentar uma outra, não menos valiosa, e essa é devida ao Senhor Professor Doutor Luís F. Lindley Cintra, a cujo magistério, preciosas sugestões e amável orientação, muito fica a dever este trabalho. Aqui lhe deixo expressa, portanto, a homenagem da minha gratidão.

Capítulo I

1. A noção de "ordem"

De entre as várias acepções que a palavra "ordem" pode ter, aqui apenas nos interessa a de manifestação, imposição da vontade, em geral expressa linguisticamente pelo modo imperativo.

Todos nós temos uma noção empírica de "ordem" nesta acepção, mas em geral tal noção corresponde a um sentido restrito de "ordem". Neste sentido restrito, a "ordem" é geralmente entendida como uma imposição da vontade do superior ao inferior, podendo o primeiro ser tanto uma entidade oficial como particular. Neste caso o superior aparece revestido de uma autoridade tal que o inferior não ousa pôr em dúvida o cumprimento da "ordem", dada quer oralmente, quer transmitida por escrito.

Na sua expressão linguística é, porém, difícil distinguir a "ordem" das outras manifestações da vontade. A exortação, a advertência, o conselho, o desejo, o pedido e a súplica exprimem-se, em geral, pelas mesmas formas linguísticas que a "ordem". Só portanto a situação e o contexto nos poderão auxiliar a distingui-la das manifestações afins. Apesar disso, continua a ser difícil distinguir, por exemplo, a "ordem" da exortação, da advertência e do conselho. Por vezes, a "ordem" é expressa sob a forma de pedido; neste caso há que atender à intenção, ao valor interno da expressão e não ao seu aspecto formal.

Observemos alguns exemplos[2]:

---

[2] Modernizo e atualizo a ortografia, inclusive para obras brasileiras. Respeito, porém, a grafia das formas regionais. Apenas cito o título da obra de modo abreviado e a página. Será fácil, consultando a lista de textos, encontrar a indicação bibliográfica completa.

1) Entre amantes. Fala ela, em tom "suplicante", mas com dignidade: "– Acalma os teus nervos, Ricardo. Pensa com serenidade." (*Inimigos*, 137)
2) Uma jovem rapariga encontra-se doente. Ao ser visitada pelo Vigário, ouve esta exortação: "– Coragem, Sinhá. Tenha fé em Deus". (*Iaiá*, 110)
3) António difama Clara, namorada de Miguel. Este quer vingar-se, mas ela retém-no em tom "suplicante": "– Mas... Miguel! Miguel!... Deixa-o falar! Não n'o vês borracho?" (*Giestas*, 46)
4) Entre vários amigos. Um deles, conhecendo o que se vai passar, adverte os outros: "Tenham cuidado... Anunciam-se desordens graves". (*Marquês*, 53)
5) Raimundo queixa-se de ter sido atropelado por um automóvel. Salvadora, sua conhecida, aconselha "irônica": "– Sim?... Tenha mais cuidado quando atravessar as ruas". (*Sogra*, 73)
6) A dona de um prédio hipotecado dirige-se a um advogado, pedindo-lhe opinião sobre o vencimento da hipoteca. Aquele sugere: "– Não há remédio. Entregue a casa. Os homens foram até tolerantes..." (*Lugar*, 67)
7) Uma rapariga é julgada possessa; várias mulheres intervêm junto do padre para que ele a exorcize; por fim intervém também a mãe dele: "– Ajuda-nos, peço-te eu, ajuda-nos! Tira o diabo do corpo dessa mulher..." (*Crime*, 110)
8) Num tribunal. O Juiz, "soando o tímpano": "– Entre a guarda e detenha o advogado em flagrante desacato à magistratura!" (*Sem lar*, 214)

Observando estes exemplos, notamos um grande contraste entre os primeiros sete e o último. Este apresenta-se como "ordem" indiscutível, ainda que considerada em sentido restrito. Mas serão de excluir do campo da "ordem" os restantes exemplos, cujos matizes vão do tom suplicante e de conselho até ao

Capítulo I

exortativo, ao sugestivo e de pedido? Ou não será de admitir um conceito de "ordem" mais lato?

Efetivamente, em todos eles encontramos um caráter mais ou menos coercivo, que dimana da maior ou menor autoridade da pessoa que ordena. Esta tanto pode ser socialmente superior como igual à pessoa que obedece. Em qualquer daqueles casos, a vontade desta é sempre mais ou menos influenciada por quem dá a "ordem". Por vezes é difícil sabermos até que ponto ela é influenciada, mesmo atendendo ao contexto, pois o que se exige dela implica uma atitude mais passiva que ativa.

Mas há casos em que a exigência do inferior ao superior pode ser considerada como "ordem", em sentido amplo. Tudo depende da autoridade de que o inferior possa momentaneamente aparecer revestido, pela força das circunstâncias.

Consideremos os seguintes exemplos:

1) D. Júlia, irmã do dono da casa, está demente. A criada recebeu ordem de a levar para o quarto e exerce a sua autoridade, momentaneamente recebida: "– Venha minha senhora... Venha comigo. (...) Venha para o seu quarto..." (*Justiça*, 191)

2) O filho tenta interromper a mãe: "– Cala-te, mãe. Tu não reparas..."; e, logo a seguir, insiste: "– Já te pedi que te calasses, mãe! A minha resolução é inabalável". Esta insistência obriga o pai a intervir, "quase severamente", pois reconhece que o filho está a ordenar e não a pedir: "– Não mandes calar tua mãe, Eduardo". (*Benilde*, 128-129)

3) Um marinheiro entra numa taberna e manda encher de vinho uma garrafa. Como não tem dinheiro para o pagar, manda debitar; fá-lo num tom autoritário, quando a circunstância aconselhava antes um tom de pedido: "– Escreve lá isto, han! ...S'eu nã vortar, nã t'o pago". (*Tá Mar*, 97)

4) Um trabalhador, reduzido no salário, exige do patrão: "– Você tem de pagar aqui a todos como corre em geral,

(...). E com gente perdida ninguém se meta!..." (*Vindima*, 346)

5) Observemos agora este exemplo curioso: Numa prisão encontram-se dois presos, um dos quais é médico; o companheiro deste adoece gravemente e então aquele ordena aos guardas da prisão: "–Deem-lhe uma injeção de coramina, antes de mais. Façam-lhe depois uma radiografia, se for possível – disse Ramon. Com certo espanto verificou que acabava de falar num tom de comando e conseguira impor-se. Era naquele momento entre eles o médico, e até os guardas, confundidos, o aceitavam como tal". (*Aves*, 176)

Bastam estes exemplos, bem como os anteriores, para nos mostrarem que a noção de "ordem" não é facilmente definível, por não ser bem distinta de conceitos afins, tais como a exortação, o conselho, a advertência e até o pedido. Por vezes, a "ordem" assume o aspecto de convite mais ou menos afetuoso.

Não podemos, portanto, defini-la com exatidão. Há, por conseguinte, que atender à situação, ao contexto, à intenção da pessoa que manifesta a sua vontade, à autoridade de que ela constantemente apareça investida ou de que momentaneamente se arrogue; por vezes, é preciso atender mesmo à reação que provoca nos ouvintes. Neste sentido é um pouco subjetiva a maneira de interpretar uma manifestação da vontade como "ordem", até porque os textos nem sempre nos oferecem todas as condições necessárias para o fazer. Neste aspecto, a entoação é fundamental, como já ficou dito. Mas, se tal critério pode ser abusivo do ponto de vista lógico, do ponto de vista gramatical ele permite-nos analisar uma série de formas linguísticas, que servem à manifestação de noções afins, e dá-nos ensejo de verificar como é pobre o sistema de sinais, que a língua escrita nos oferece, para representar a riqueza do pensamento.

Há, por outro lado, algumas formas linguísticas, sobretudo de imperativo, que não têm qualquer valor jussivo, mas apenas

Capítulo I

exclamativo, informativo, etc., como podemos observar através dos seguintes exemplos, quase todos recolhidos em Aquilino Ribeiro, cuja variedade de matizes, fora do campo da "ordem", merecia só por si um estudo:
1) Uma aldeã, surpreendida com a chegada inesperada de uma pessoa amiga, exclama: "– **Olha** quem ele era...!?" (*Volfrâmio*, 120)
2) Preocupado por questões de natureza financeira, o marido afirma à mulher: "– **Olha**, já me dou por feliz se me pagarem a regadinha pelo seu valor". (*Volfrâmio*, 137)
3) Necessitando de ir aos seus afazeres, a mulher da aldeia justifica-se perante os ouvintes: "– **Deixa-me** lá ir que os dias são um sopro..." (*Terras*, 318)
4) Uma mulher exalta a posição que ocupa o filho da sua amiga: "– O teu filho, Florinda, tem o lugar mais alto que um homem pode ter: Padre, ministro de Deus. O mais alto, **fica sabendo**: mais que fidalgo, mais que doutor..." (*Crime*, 14)

Também não encerram qualquer ideia de "ordem" certas formas de imperativo empregadas no discurso indireto, cujo efeito estilístico assume variados matizes, que se podem agrupar em função de dois valores fundamentais: o imperativo gerundial e o imperativo histórico, designações devidas a Leo Spitzer (*Aufsätze zur Romanischen Syntax und Stilistik*, Niemeyer, Halle, 1918, pp. 181 e 216, respectivamente)[3].

O imperativo histórico, a que Damourette e Pichon preferem chamar imperativo de evocação afetiva ("*impératif d'évocation affective*", *Essai de grammaire...*, IV, p. 393), bem como o imperativo gerundial, que apenas se distingue daquele pela função, são dois elementos afetivos de animação da frase, tornando-a

---
[3] Citado por Lia Wainstein, *Expression du commandement*, p. 5; também M. Huber-Sauter, *Zur Syntax des Imperativs*..., pp. 74-80, onde estuda certos casos deste tipo em italiano.

ativa e movimentada. O imperativo histórico está coordenado à ação principal, que, por vezes, substitui; pode ser dirigido tanto às personagens como aos leitores. O imperativo gerundial está implicitamente subordinado à ação principal e equivale a uma oração causal, condicional, temporal, etc. Acentuam o aspecto ora distributivo, ora alternativo, ora durativo da ação. Eis alguns exemplos, também quase todos recolhidos em Aquilino Ribeiro:

1) A entrega de presentes de um brasileiro, recém-chegado à terra, é assim descrita: "E **pega** tu! **pega** mais tu! foi distribuindo todas aquelas maravilhas". (*Terras*, 163)[4]
2) Uma mulher procura convencer uma vizinha a ir a uma romaria: "– Ora, desculpa-te comigo. Vamos à tardinha, não se dá cavaco a ninguém e, **leva que leva**, cumprido o voto, **toca a rodar**". (*Terras*, 252-3). Neste exemplo podemos distinguir as duas funções da forma imperativa: gerundial, no primeiro caso ("leva que leva"), histórica ou evocativa, no segundo ("toca a rodar").
3) Mesma situação: "– Pois prepara-te. De nosso vagar, **toca que toca**, nem dão conta de nós". (*Terras*, 253)
4) A malha manual do centeio é descrita: "como uma escaramuça folgada, **zurra tu, zurro eu**, levando ao longe os ecos intermitentes dum batuque". (*Terras*, 48)
5) Semelhante função pode também ser exercida pelo conjuntivo presente que, neste exemplo, põe em evidência a atitude sobranceira e isolada de um indivíduo: "Andava com a mulher, de chapéu derrubado sobre os olhos, muito composto e sério, *não me toques que eu não te toco*". (*Terras*, 163)

---

[4] Prefiro neste caso a lição da primeira versão (edição de 1919); a da segunda versão (edição de 1946) parece-me menos feliz: "E *pega* tu! mais tu! rompeu a distribuir as maravilhas" (p. 184). A supressão de uma forma de imperativo torna a frase menos movimentada. Em contrapartida, torna-se mais saliente nesta frase o procedimento irrefletido e repentino do brasileiro (devido a causas que não cabe aqui apontar), pela insistência no aspecto incoativo da ação ("rompeu a distribuir"), que na primeira versão era durativo.

6) Um autor brasileiro descreve assim uma briga entre crianças: "Rolaram pelo chão ('não vale puxar o cabelo'!) **agarra aqui, segura ali**". (*Rua*, 94)

Também a forma de imperativo pode exercer função nominal, como neste exemplo: "Batera língua com o povo todo, por **um dá cá aquela palha**, (...) Dianhos a carregassem". (*Terras*, 248)

Bastam estes exemplos de imperativo e de conjuntivo formais, a que poderia juntar muitos outros, para nos darem uma ideia da riqueza de matizes e de efeitos estilísticos que encerram, quer empregados em discurso direto, quer indireto. Mas estas formas saem do âmbito deste trabalho, pois se afastam do campo da "ordem", mesmo entendida em sentido amplo.

Deste campo se afastam também muitas formas, em que é exclusivo o sentido do pedido, da súplica, como poderemos verificar:

1) Em oração: "– Meu Deus, aceitai o meu sacrifício! aceitai-mo, Senhor!" (*Avisos*, 297)
2) Uma mãe preocupada com a sorte da filha, que vai para as vindimas, recomenda a uma amiga: "– Então queria pedir-te um favor: que me olhasses pela minha Glória..." (*Vindima*, 9)
3) Uma penitente suplica com insistência: "– Confessa-me... confessa-me já, por amor de Deus! (...) Confessa-me, padre, confessa-me!..." (*Crime*, 84)
4) O pedinte, aos transeuntes, numa romaria: "– Ó almas caridosas, dai cinco reisinhos ao desinfeliz. (...) Pela luz dos vossos olhos dai uma esmola ao ceguinho!" (*Terras*, 278)
5) Entre colegas: "– Não te convido para o almoço, desculpa". (*Avisos*, 40)

A noção de "ordem", na sua forma negativa, confunde-se com a noção de proibição. Em geral, é mesmo difícil distinguir semanticamente uma "ordem" enunciada positivamente da sua idêntica negativa. Contudo, Rodrigues Lapa explica deste modo essa diferença: "Este imperativo (positivo) marca uma ordem dada com energia. O outro (imperativo negativo) é expresso pelo conjuntivo; e como este modo é um veículo de dúvidas e vacilações, compreende-se que a ordem proibitiva seja mais atenuada do que a ordem positiva, em que se manifesta fortemente a vontade do ordenante. Nas antigas línguas dava-se isso: as diferentes atitudes de quem fala eram traduzidas em modos diferentes. O português conserva com felicidade essa primitiva diferenciação." (*Estilística*, 3ª. ed., pp. 176-177).

Tal facilidade de distinção não é, porém, reconhecida por Paiva Boléo, que afirma: "O sentimento linguístico dificilmente perceberá diferença semântica entre a ordem positiva dada por uma mãe a um filho: "**come** devagar!" e a proibitiva "**não comas** depressa!", visto ambas poderem ser consideradas como ações a realizar imediatamente" ("Tempos e modos", in *Boletim de Filologia*, III, p. 23).

Não é, portanto, fácil a distinção semântica entre a "ordem" enunciada positivamente e a sua correspondente proibitiva ou negativa e, em geral, o valor atenuante, que é atribuído ao conjuntivo formal, não tem muita razão de ser. Só em casos particulares e concretos poderemos distinguir alguma diferença, derivada mais dos elementos extraverbais que das formas de conjuntivo ou de imperativo; tal diferença nunca poderá ser, porém, generalizada.

Uma restrição, que me parece necessário fazer à noção de "ordem", é a seguinte: para que uma coisa possa ser exigida, é necessário que ela esteja ao alcance de quem obedece, isto é, que seja definida, limitada, realizável, em suma. Quando uma manifestação da vontade é impossível de executar, esta pode ser expressa sob forma de "ordem" pelo ordenante, mas não é sentida como tal pelo seu interlocutor.

Pelo mesmo motivo, também não me parecem de admitir como "ordem" os casos em que o ordenante manifesta de

modo vago a sua vontade, sem que procure impô-la ao seu interlocutor.
Por isso, não considerei neste estudo casos como os seguintes:
1) Uma mulher possessa grita insistentemente aos vizinhos: "– Tirem esse mar daí, depressa! (...) Tirem, antes que seja tarde!" (*Afogados*, 17)
2) Iracema, pressentindo a morte do primo e noivo, insiste com o médico: "– Morrer! Rodrigo Sérgio morrer! Ah meu Deus, não é possível! Doutor... não o deixe morrer!" (*Seara*, 409)
3) Um indivíduo, em conversa com um amigo, profere, em tom jocoso: "– Eu sou pelo sistema antigo. Quem tiver de se juntar, junte-se logo, vá noivar na casa do diabo; às minhas barbas não". (*Caetés*, 140)
4) Um pai responde, zangado, ao filho, que defende os trabalhadores: "– Mas cava tu as vinhas! Carrega tu os cestos! Entra tu ao lugar". (*Vindima*, 104)
5) Um trabalhador, cujo salário lhe foi cortado, responde ao patrão: "– Vá roubar aos caminhos!" (*Vindima*, 347)
6) Num reclame, em São Paulo: "A hora é de comprar. Estamos na era imobiliária. Comprem prédios, terrenos. (...)." (*Madrugada*, 275)
7) Num grupo, uma rapariga troça de uma conterrânea: "– Já repararam que, aqui a ti'Rita, tem cara de homem? Até bigode... Ai, vistam-lhe umas calças e um jaleco e verão!..." (*Crime*, 27)

Sobressai, neste exemplo, o valor condicional e hipotético da forma de conjuntivo.
Como a "ordem" tem de ser executável, deduz-se que certas frases desiderativas do passado não podem ser consideradas como "ordens":
1) Um indivíduo queixa-se de o galo cantar a desoras; a irmã alvitra que se mate, mas ele censura-a por não o ter

vendido ainda: "– Olha, **levasse-lo** à feira!" (*Volfrâmio*, 132)⁵

2) Uma rapariga critica um cavalheiro atrevido: "– Para que se vem meter com quem está quedo? **Seguisse** o seu caminho, ninguém o chamava cá!" (*Terras*, 244)

Epifânio Dias explica nos seguintes termos as formas deste tipo: "Também têm sentido imperativo as orações do pretérito imperfeito ou mais-que-perfeito do conjuntivo, coordenadas a uma oração do condicional, correspondendo este conjunto a um período hipotético do irreal, v.g.: Fosses e verias (= Se tivesses ido, verias)". (*Sintaxe*, p. 198)

Porque tem de ser realizável, a "ordem" só pode ser cumprida no presente ou no futuro. Ou, com mais exatidão, a execução da "ordem" é sempre mais ou menos futura, em relação ao momento em que é proferida. Neste sentido, diz Brunot, a propósito do imperativo:

> "*Il n'y a pas de présent de l'impératif; on commande toujours pour l'avenir*"; e mais a seguir: "*L'action commandée ou demandée à l'impératif est à venir. Donc l'impératif a en général la valeur d'un futur*". (*La pensée et la langue*, p. 465)⁶

Podemos, no entanto, considerar na "ordem" dois aspectos essenciais: a sua execução ou põe termo a um estado de coisas que vem do passado até ao presente – e assim a "ordem" tem um caráter terminativo – ou então limita e define uma ação que vai do presente ao futuro e neste caso é prescritiva:

1) Uma sogra insuportável ordena ao genro que está a recitar: "– Para, Evaristo! Que mania essa de 'sonetear' os outros..." (*Sogra*, 21)

---

⁵ "– Olha, **pregasses** com ele na feira!" (Nova edição, s/d.[1944?], Bertrand, p. 143).

⁶ Também citado por L. Wainstein. *Expression du commandement*, pp. 19-20.

Capítulo I

2) Um genro insubmisso ordena à sogra, que simpatiza pouco com o trabalho: "– Varra aí essa cozinha, que está pior que o forno". (*Terras*, 116)

Em qualquer dos casos o proferir e o executar da "ordem" quase nunca coincidem. Apenas em circunstâncias semelhantes às que se verificam no exemplo citado a seguir e recolhido da informação oral, poderíamos quase falar de coincidência:
1) Numa lição de ginástica executa-se um exercício. O instrutor marca o ritmo do exercício e, no momento de lhe pôr termo, ordena em dois tempos consecutivos: "– Ces-sar!" e, por vezes, mesmo: "– Ces-sou!" (*Oral*, Cap. V)[7]

Neste caso a voz de execução e a própria execução da "ordem" quase que coincidem, até porque os instruendos estavam já alertados de que o exercício ia terminar, pois no tempo anterior tinha havido um relaxamento de ritmo. É de salientar neste caso o aspecto terminativo ou conclusivo da ação, tão bem representado pela forma de perfeito.

Nos exemplos citados até aqui e considerados como uma "ordem", verificamos que esta era indicada pelas formas linguísticas de uma maneira explícita. Mas isso nem sempre acontece, como poderemos verificar no exemplo seguinte, em que a "ordem" é expressa de maneira implícita e, de certo modo, indiretamente:
1) Um cavalheiro, que não gosta de ouvir conselhos da criada, responde-lhe um pouco acerbamente: "– E se fosses dar leis para a cozinha?" (*Vindima*, 298)

Em resumo, podemos portanto afirmar que não é tarefa fácil definir exatamente o que é a "ordem". Sem dúvida que pode-

---
[7] Indico os exemplos recolhidos da "Informação oral" pelo modo abreviado: *Oral*, e a seguir as iniciais do informador. Na lista de textos e de informadores dou mais indicações, tanto quanto foi possível obtê-las.

remos dizer com Lia Wainstein que "*Le commandement consiste en une manifestation de la volonté, émise par une personne dans l'intention d'influencer la volonté d'une autre personne ou de plusieurs autres personnes et de lui ou leur faire faire quelque chose*" (*Expression du commandement*, p. 16), mas distingui-la inteiramente, na sua expressão linguística, de noções afins, como a exortação, a advertência, a proibição, o conselho e até o pedido, não é muito fácil, sobretudo quando se lida com textos escritos. O próprio Brunot de certo modo o reconheceu, ao afirmar:

> "*Il n'y a peut-être pas de chapitre [celui de la Volonté] où apparaisse plus clairement la disproportion entre les moyens dont dispose la langue et la variété des actes de l'esprit. Les uns sont des commandements, les autres des demandes, les autres des souhaits. Et dans chacune de ces catégories la diversité est extrême. Une revendication est si loin d'une prière! Or, comme on le verra par la suite, des moyens identiques d'expression linguistique servent dans les cas les plus différents. C'est le ton qui leur donne leur valeur. Un gendarme qui vous invite à le suivre et une dame qui vous invite à dîner n'ont pas les mêmes intonations. Nous n'en examinerons pas moins séparément, commandements, propositions, demandes et souhaits*".
> (*La pensée et la langue*, p. 557) [grifos do autor]

Nestas últimas palavras está, de certo modo, reconhecida implicitamente a dificuldade de analisar separadamente, e com rigor, as manifestações afins da vontade.

Creio, portanto, justificável o sentido lato, que neste trabalho dou à noção de "ordem", embora subordinado aos limites que apontei, limites que dizem respeito ao tempo de execução da "ordem" (presente e futuro) e que provêm da sua natureza (caráter coercivo, derivado da autoridade absoluta ou relativa, permanente ou momentânea, da pessoa que ordena e necessidade de que ela seja executável).

Este conceito amplo de "ordem" é, no entanto, mais restrito que o de imperatividade, assim definido por Margrit Huber-Sauter:

Capítulo I

"*Er [imperativgedanke] enthält die Absicht des Sprechers, den Partner zur Befolgung seines Willens oder Wunsches, seiner Worte überhaupt zu veranlassen*". (*Zur Syntax des Imperativs*..., p. 9)

O caráter coercivo mínimo indispensável, para que uma expressão tenha caráter de "ordem", pode faltar por completo à noção de imperatividade, que abrange casos extremos, como o desejo, a permissão e o pedido, dirigido pelo inferior ao superior. Nestes casos, a pessoa que fala manifesta a sua vontade ou desejo, mas não pode impô-los, porque lhe falta autoridade sobre o seu interlocutor. A noção de imperatividade não se baseia sobre a relação de autoridade que exista entre falante e interlocutor, enquanto a noção de "ordem" assenta, como vimos, na superioridade permanente ou provisória do ordenante sobre o ouvinte. Pode esta apresentar-se em tom de pedido ou desejo, mas não pode prescindir deste último fator.

2. O ordenante e o executante

A expressão da "ordem supõe" sempre dois ou mais interlocutores, entre os quais se trava um diálogo mais ou menos ativo. Este diálogo tem de certo modo um caráter dramático, pois se estabelece entre a primeira e a segunda pessoa do discurso. De um lado está a pessoa que ordena, ou ordenante, e do outro lado fica a pessoa que ouve, ou ouvinte. Nem sempre o ordenante exige do ouvinte uma atitude ativa; algumas vezes este limita-se a ouvir passivamente. Contudo, é quase sempre mais ou menos chamado a participar no discurso de um modo ativo, quer dando o seu assentimento à "ordem" recebida, quer opondo-se-lhe. Por isso, prefiro designar, neste caso, a segunda pessoa do discurso como executante.

Servindo-nos de um processo usual de representação das pessoas gramaticais, poderemos simbolizar por A o ordenante e por B o executante.

Mas nem sempre o ordenante é só uma pessoa; por vezes, embora menos frequentemente, são dois ou mais indivíduos quem ordena e, neste caso, poderíamos representá-los por AA... O mesmo se dá com o executante; frequentemente a "ordem" é dirigida a várias pessoas, podendo assim ser designadas por BB... Acontece ainda que a "ordem" é, por vezes, endereçada a uma terceira pessoa do discurso, que pode estar presente ou ausente:

1) Dirigindo-se a alguns interlocutores, um rapaz, após difamar a antiga noiva, desafia-a a desmenti-lo: "– Essa mulher é uma douda (...) (Com firmeza, arrogante, batendo no peito) Sou eu quem n'o diz, eu, o António Geadas!... Eu, que um rebanho de meses conversei com ela! **E ela que o negue!**..." (*Giestas*, 53)

2) Uma perceptora intransigente prescreve ao pai da sua pupila, que está ausente: "– A menina deve estar na cama às sete da noite. Se tiver que ouvir histórias em Lajedo devido a caprichos de Rodrigo Sérgio, **que o faça** antes do jantar. Ou melhor: – **Venha** o menino a Pedra Azul." (*Seara*, 114)

Nestes casos, a "ordem" é dirigida, mais ou menos indiretamente, ao executante, que deve ser designado não por B mas por C. Por vezes, a segunda pessoa do discurso, com quem o ordenante dialoga, age como intermediário entre A e C, desempenhando mesmo o papel de executante intermediário, que deve transmitir a "ordem" a C, como podemos verificar no último exemplo apontado.

A expressão linguística pode mesmo representar simultaneamente os dois executantes, B e C:

1) O marquês dá instruções ao criado sobre aquilo que deve tocar o mestre de música: "– Escuta: dize-lhe [ao mestre de música] que toque qualquer peça que se assemelhe a um hino..." (*Marquês*, 94)

Contudo, neste trabalho, apenas considero o executante principal. Neste último exemplo, C desempenha papel secundário, pois a forma linguística dá relevo especial a B. O mesmo não acontece nos dois exemplos anteriormente citados, em que a "ordem" se dirige a C, executante principal, embora se suponha mais ou menos explícita a presença da segunda pessoa do discurso. Esta presença nem sempre é obrigatória, como se pode verificar no exemplo seguinte, em que uma forma indireta de expressão corresponde a uma intenção psicologicamente direta:

1) Um juiz ordena ao enfermeiro Domingues: "– Então o Sr. Domingues que conte o que se passa". (*Justiça*, 170)

Neste caso a terceira pessoa gramatical é verdadeiramente uma segunda pessoa do discurso, que entra ativamente no diálogo.

As situações em que o ordenante se pode encontrar face ao executante são muito variadas. Não considero, porém, as situações em que pessoas estranhas à articulação da "ordem" estão presentes, implícita ou explicitamente, no diálogo. São de excetuar, claro está, os casos atrás citados, em que aparece uma segunda pessoa intermediária entre o ordenante e o executante.

Podemos reduzir a dois tipos essenciais as situações em cena do ordenante e do executante: o ordenante e o executante encontram-se em planos diferentes, isto é, a "ordem" deve ser cumprida apenas pelo executante; o ordenante e o executante estão no mesmo plano, devendo a "ordem" ser cumprida por ambos. Nesta acepção de ordenante e de executante pode entrar uma ou várias pessoas, conforme vimos.

O primeiro caso é o mais frequente, como temos visto nos exemplos citados até aqui. No segundo caso podemos considerar dois subtipos: o ordenante associa-se ao executante; o ordenante confunde-se com o executante:

I

1) Uma sogra, que não gosta das impertinências do genro, ordena-lhe: "– **Vamos acabar** com isso". (*Sogra*, 12)

2) Num grupo de colegas estudantes, a conversa desvia-se do assunto previamente marcado. Um deles chama a atenção dos restantes: "– Mas **não nos desviemos** da questão". (*Avisos*, 143)

II

3) Numa narrativa, em discurso indireto: "A Maria Antónia tinha geralmente a habilidade de guardar, de manter de reserva – 'em estado puro', **chamemos**-lhe assim, – uma dose apreciável de maldade (...)". (*Gaivotas*, 37)

4) Gabriel, que necessita de arranjar emprego, conversa com uma pessoa influente mas a sua timidez impede-o de expor o caso: "Entretanto, procurava encorajar-me, dizia a mim próprio: '**fala** agora, **expõe** agora o teu caso, **deixa** ao menos cair uma palavra que denuncie os teus embaraços...'" (*Companheiros*, 121)

Como vemos por estes exemplos, as formas linguísticas são de certo modo enganadoras, pois não revelam claramente a intenção que encerram. É porém desta intenção que devemos partir para lhes determinar o valor.

Nos primeiros três exemplos encontramos formas de conjuntivo na primeira pessoa do plural; cada uma destas formas encerra porém valor diferente. Na primeira, verificamos que o ordenante se associa ficticiamente ao executante, pois a "ordem" deve ser inteiramente cumprida por este. Tomando como ponto de partida a intenção, a função e não a forma linguística, este caso caberia perfeitamente dentro do primeiro tipo mencionado, ou seja, aquele em que o ordenante e o executante estão em planos diferentes.

No segundo exemplo, a "ordem" destina-se a ser cumprida tanto pelo ordenante como pelos executantes.

No terceiro exemplo de conjuntivo, o ordenante e o executante confundem-se; esta forma da primeira pessoa do plural do conjuntivo presente tem valor enfático e é designada de plural majestático.

São, portanto, três os valores desta forma de conjuntivo: funcionalmente ela equivale, no primeiro caso, à segunda pessoa do singular; no segundo caso, mantém o seu valor de primeira pessoa do plural; no terceiro caso, equivale à primeira pessoa do singular. Este tríplice valor foi, aliás, reconhecido por Damourette e Pichon (*Essai de grammaire*, IV, p. 373)[8].
Tanto Damourette e Pichon como Lia Wainstein atribuem à última forma (a de plural majestático) o valor de uma "ordem". Não me parece, porém, que deva ser considerada como "ordem", pois aqui não se trata de uma imposição da vontade de A a B, mas apenas da manifestação da vontade de A, visto que do ponto de vista funcional B não existe. O mesmo poderemos dizer quanto ao último exemplo apresentado, em que A se dirige a si próprio, exortando-se. Embora do ponto de vista gramatical haja uma diferenciação de planos, do ponto de vista funcional eles confundem-se e é ao valor interno, à intenção que devemos atender. Sendo assim, não considero neste trabalho aqueles casos de monólogo.

A) REPRESENTAÇÃO LINGUÍSTICA DO ORDENANTE

O ordenante está sempre presente implícita ou explicitamente na forma linguística, de que é o autor psicológico. Essa presença pode ser indicada concretamente pelas desinências verbais, por formas pronominais e por nomes próprios ou comuns.
As desinências verbais são as da primeira pessoa do singular dos verbos de vontade, quer no presente do indicativo, quer noutros tempos, e ainda as da primeira pessoa do plural das formas de conjuntivo, de infinitivo conjugado, etc.:
   1) A Autoridade, a um indivíduo, em tom de "ameaça sem disfarce": "– Estou de guarda. Aconselho-o, para seu sossego a que não venha." (*Seara*, 465)

---

[8] Também citado por Lia Wainstein, *Expression du commandement*, p. 8.

2) A, a um amigo: "– Sr. Amaral! Proíbo-lhe que se refira menos respeitosamente à Srª. princesa viúva". (*Alteza*, 22)
3) Num escritório. Um empregado mais velho, a um colega: "– Basta de ordens! Eu não admito observações de garotos!" (*Companheiros*, 583)
4) O marquês, ao futuro genro, caído em desgraça: "– Não. Não quero ouvir mais nada. Vai-te!" (*Marquês*, 101)
5) A a B, antiga noiva: "– Não lhe permitirei a mais leve referência ao nosso passado". (*Sogra*, 42)
6) A a B, sua mulher: "– Já te disse que afaste essa cobra, Maria!" (*Lampião*, l5)
7) O feitor, "gritando ao rancho", após a hora do repouso: "– Eh gentes!... Eh mulheres!... Vamos à vida, que se faz noite!..." (*Giestas*, 154)
8) A a BB, em tom "imperioso": "– Já é tempo de acabarmos com essa farsalhada em que me querem meter". (*Tal*, 92)

As formas pronominais ou representativas do nome – neste caso, o nome do ordenante – podem atuar na expressão da "ordem" de um modo direto ou indireto. No primeiro caso têm uma verdadeira função nominal; no segundo caso desempenham um papel determinativo. As primeiras são designadas pela gramática tradicional como pronomes pessoais e possessivos. As formas de sujeito dos pronomes pessoais que no francês exercem antes do verbo uma função semelhante à do artigo antes do nome, ou seja, uma função predominantemente morfemática, distinguindo a pessoa e o número da forma verbal, cujas desinências se confundem na língua falada, em português, como em espanhol ou italiano, desempenham sobretudo um papel reforçativo ou enfático, pois as desinências verbais ainda se distinguem foneticamente. Sendo assim, elas são pouco frequentes na expressão da "ordem", como representativas da pessoa que ordena. O mesmo não acontece com as formas de complemento, que já são mais frequentes, sobretudo as da primeira pessoa do singular.

Vejamos, portanto, alguns exemplos em que o pronome pessoal (forma de sujeito e de complemento) indica mais ou menos diretamente a presença do ordenante na expressão linguística. Essas formas são, como é óbvio, as da primeira pessoa do singular e do plural: *eu*, *me*, *mim*, *comigo*, *nós*, *nos*, *conosco*, etc.:

1) A a B, em tom jocoso: "– Não passas de um inconsciente! **Eu** é que não consinto que comas esse mingau. Trata de chutar essa mulher na rua!" (*Tal*, 40)
2) Um hóspede, à dona da pensão: "– E **eu** quero que a senhora **me** dê um pouco de conhaque". (*Caetés*, 213)
3) A mulher, ao marido: "– Não **me** fales! Não **me** obrigues a falar!..." (*Marquês*, 104)
4) O patrão, ao capataz: "– Tem-**me** olho nessa gente, que **eu** vou por aí baixo". (*Gaibéus*, 88)
5) Entre amigos: "– Ouve, amigo. É algo sério. Olha para **mim** direito e fala com o peito descoberto". (*Noite*, 109)
6) A a B: "Vamo-**nos** embora!" (*Tempestade*, 57)
7) A mulher, ao marido (desempregado): "– Mas levanta-te! procura! Salva-**nos**! (*Pobres*, 48)

As formas pronominais, que indicam indiretamente a presença do ordenante na expressão linguística da "ordem", são as determinativas de posse, ou pronomes e adjetivos possessivos, segundo a gramática tradicional. Essas formas são as da primeira pessoa do singular, no caso de ser um só o ordenante; na primeira pessoa do plural indicam dois ou mais ordenantes – o que é raro – ou então que o ordenante se associa ao executante. São elas: *meu*, *minha*, *meus*, *minhas*, *nosso*, *nossa*, *nossos*, *nossas*:

1) O regedor, a dois indivíduos, que se feriram numa briga: "– Malandros. Vem daí ao médico, **meu** traste. (...) E você seu valdevinos, marche aí à **minha** frente." (*Noite*, 191)
2) O amo, ao velho servo: "– Não te canses mais, **meu** velho Tomé". (*Marquês*, 16)

3) A a B: "– Vamos lá no Martins comprar a linguiça, (...). E vamos celebrar o **nosso** reencontro". (*Madona*, 19)
4) A patroa ordena à criada: "– Ó senhora Carlota, ponha mais um prato para a **nossa** querida amiga!" (*Santo*, 125)

Só muito raramente o ordenante é representado na expressão linguística da "ordem" por nomes próprios ou comuns; em geral, isso só acontece em "ordens" retransmitidas, como nos exemplos seguintes:
1) B transmite a C a exigência de A: "– O **dr. Godinho** (...) pediu-me para lhe dizer que fosse lá". (*Boneca*, 78)
2) B comunica uma "ordem" de A ao criado de C: "– A **senhora Dulcinea** manda que o senhor vosso amo vá saudá-la, antes de se recolher!" (*Dulcinea*, 143)[9]

Também é raro o ordenante nomear-se a si próprio, ao exprimir uma "ordem". Podemos, no entanto, verificá-lo no exemplo seguinte:
3) Lavadinho, a um importuno, que o assedia: "– **Sr. Lavadinho**, nada! que tenho eu com isso? Sabe que mais? Rua!" (*Troca-Tintas*, 38)

A representação linguística do ordenante na expressão da "ordem" é, como vimos, bastante pobre e faz-se, sobretudo, através de formas pronominais. Isso não impede que o ordenante exerça a sua autoridade de modo eficiente, pois a sua presença está sempre implícita em todas as expressões imperativas, ainda as mais simples e mesmo naquelas que se reduzem a uma única palavra, como é o caso da interjeição jussiva. Ele é sempre o autor psicológico da "ordem".

---

[9] Carlos Selvagem, *Dulcinea ou A última aventura de D. Quixote*, Farsa heroica em 5 jornadas e 2 quadros e Prólogo. Editorial Aviz, 1943. (Como trata de assunto histórico, apenas recolhi este exemplo e por isso não a incluo na Bibliografia).

Capítulo I

B) Representação linguística do executante: formas de tratamento

Com razão poderíamos alargar à maior parte das expressões que indicam "ordem" o que Damourette e Pichon dizem do imperativo:

"*L'impératif est essentiellement locutoire en ce qui concerne son support. Ce support est nécessairement l'allocutaire [B: o executante], et n'a, en vertu de son caractère locutoire, nul besoin d'être exprimé: il possède l'omniprésence qu'a toujours l'allocutaire dans le langage*"; e, um pouco mais adiante, insistem: "*Tout support convenant à l'impératif est essentiellement allocutaire*". (*Essai de grammaire*, IV, p. 372)

O suporte linguístico da "ordem" é, realmente, o executante. Enquanto o ordenante raramente se encontra representado na expressão linguística, o mesmo não acontece no que respeita ao executante. Na maior parte das formas linguísticas de "ordem" este aparece sempre expresso. Mesmo nas formas de imperativo e outras verbais afins se encontra explícito. Embora Damourette e Pichon afirmem que o executante [*allocutaire*] "*n'a* [...] *nul besoin d'être exprimé*", tal não acontece porém, nem mesmo no francês. No caso concreto do imperativo francês, ele é expresso pelas desinências verbais, que, neste modo verbal, se mantêm distintas entre si, tanto morfologicamente como foneticamente, dispensando assim as formas de sujeito dos pronomes pessoais. Mas o executante é ainda expresso pelas formas de tratamento substantivas.

Em português acontece mais ou menos o mesmo, apenas com a diferença de que é vulgar o emprego das formas de sujeito dos pronomes pessoais antes ou depois do imperativo, desempenhando um papel reforçativo e enfático.

Ora parece-me que a presença concreta do executante na forma linguística da "ordem" se explica pela necessidade que o ordenante sente de individualizar o sujeito lógico da ação que ele pretende ver realizada. Em geral, tal insistência dá um matiz predominantemente afetivo à expressão linguística.

Tal como para o ordenante, também o executante é expresso por formas linguísticas diretas e indiretas. As primeiras, mais frequentes, são geralmente designadas por formas de interlocução ou de tratamento. As segundas são principalmente constituídas por formas pronominais designativas da posse, em função, portanto, determinativa – ou seja, os adjetivos possessivos, segundo a gramática tradicional.

As formas de tratamento, que designam o executante, são muito variadas. Podemos agrupá-las em verbais, pronominais e substantivas ou nominais.

O executante é indicado pelas desinências da segunda e terceira pessoas do singular e do plural do modo indicativo (presente, imperfeito, futuro, etc.), do modo conjuntivo (presente), do infinitivo conjugado e pela segunda pessoa do singular e do plural do modo imperativo. Nos casos em que A se associa a B, este é abrangido igualmente na primeira pessoa do plural do presente do conjuntivo e de outros tempos, conforme vimos atrás.

O fato de a terceira pessoa gramatical passar a designar também a segunda pessoa do discurso veio ocasionar no domínio das desinências verbais uma confusão bastante semelhante à que se verifica no francês, no italiano e no espanhol. A única diferença é que essa confusão é fonética no caso do francês, enquanto nas outras línguas é morfológica e sintática. No português, espanhol e italiano tal confusão vem-se operando devido à evolução do sistema do tratamento, invadido por novas formas pronominais de tratamento, que na sua origem eram substantivos, levando, por esse motivo, o verbo na terceira pessoa gramatical.

Vejamos alguns exemplos, em que o executante é expresso pelas desinências verbais:

1) "Felismino – ordenou a mulher. – Tu podes encarregar-te disto". (*Circo*, 331)

2) Uma esposa moribunda manifesta ao marido as últimas vontades: "– Você apanha, na minha bolsa branca, outro papel, com o endereço dele, (...) Assim que eu morrer pega num táxi, vai à casa dele (...) e diz o seguinte" (*Falecida*, 259-260)
3) A, retido no leito, a B, em tom de pedido: "– Pod**ias** fazer-me um chá qualquer, daqueles do tempo da 'Velha Fraga'?" (*Madrugada*, 442)
4) A combina com uma amiga um plano para se ausentarem: "– Tu dir**ás** que o teu pai está adoentado. E eu direi que aproveito a tua companhia para ir também ao Porto." (*Calendário*, 168)
5) Uma mulher, a um cavalheiro impertinente: "– O sr. não voltará, hoje, amanhã... nem nunca mais". (*Sogra*, 84)
6) A recomenda a B: "– Quando o tempo abrir mais qualquer coisa, avisa-me; não te esqueç**as**". (*Paço*, 174)
7) O chefe, aos contrabandistas: "– Daqui a duas horas venha alguém cortar o terreno. Despach**em**-se. E pouca bulha, lembr**em**-se disso!" (*Noite*, 119)
8) A a B: "– O melhor é ir**es** sem fazer barulho e espreitares pelo buraquinho da fechadura". (*Homem*, 118)
9) O cabo, aos soldados: "– O melhor é acender**em** os archotes; podem atrepar às cegas, se forem espertos". (*Paço*, 291)
10) O conselheiro manda trazer ao feitor um negro fugido: "– Traze-o para aqui". (*Iaiá*, 124)
11) A a BB: "– E diz**ei** aos companheiros que venham também!" (*Giestas*, 28)

As formas pronominais, que designam o executante de modo directo, são as de sujeito dos pronomes pessoais na segunda pessoa do singular e do plural (*tu* e *vós*). Há que considerar neste grupo certas formas de origem substantiva, que perderam a sua categoria nominal, tornando-se pronominais: *você*, *vocês*, incluindo as variantes.

Quando, no colóquio, o executante corresponde a C, este é representado pelas formas de sujeito da terceira pessoa gramatical (*ele, ela, eles, elas*).
Eis alguns exemplos:
1) O patrão, ao marçano: "– *Tu* vai lá para fora!" (*Marés*, 232)
2) A a BB: "– Ide **vós**, que p'ra mim tudo está acabado..." (*Gentio*, 157)
3) A a B: "– **Vossemecê** deite para cá o que tem e deixe de conversa". (*Susto*, 209)
4) Dona da casa, às criadas: "– **Vocês** vão-me explicar porque é que fizeram o almoço sem que o senhor Valadas esteja em casa". (*Homem*, 122)
5) A acata uma repreensão de B, mas exige de C (presente): "– Sim, sinhora, dona Manuela. Mas **ela** que não se ingere comigo, não!" (*Sinhá*, 112)
6) A fala com B, pelo telefone, e exige de CC... (ausentes): "– Não adianta receber a Comissão... Não recebo... **Eles** que falem com o Menezes." ("Ordem" que deve ser transmitida por B). (*Marta*, 83)

O executante pode ainda ser representado diretamente por certas formas pronominais demonstrativas, indefinidas, etc., tais como: *este, esse, aquele* (e respectivas formas do feminino e plural), *todos, todas, os dois, ambos, alguém, alguns, algumas, ninguém, cada qual, quem*, etc.:
1) A justifica perante B, vigário da aldeia, o seu procedimento numa briga; estão presentes várias pessoas, cujo testemunho invoca: "– Nem levantei varapaus, nem saí do meu propósito!... **Estes** que o digam." (*Giestas*, 52)
2) A a BB...: "– E agora **todos** para a cama. Eu também vou dormir." (*Colar*, 132)
3) Há incêndio na aldeia; uma voz de mulher clama: "– Ah! homens nanhos! Mas vá **um** à torre, Santo Nome de Jesus!" (*Giestas*, 135)

4) O sr. Vigário, "com severidade", a dois indivíduos que brigaram: "– E agora vão **ambos** abraçar-se, e que nem o mais leve ressentimento fique d'esta... d'esta vergonha." (*Giestas*, 61)
5) Ainda o sr. Vigário, "aos restantes", após a briga: "– E agora nós...! (Um gesto imperioso) Rodar! **Cada qual** p'ra sua casa!... E **ninguém** vai daqui para a venda! Ouviram?!..." (*Giestas*, 64)
6) O pai "berrava" ao filho, "quando suas brincadeiras interferiam com os trabalhos da fazenda": "– **Quem** não ajuda não atrapalha!" (*Madrugada*, 81)

O executante pode ainda ser representado linguisticamente, embora de modo mais ou menos indireto, pelas formas de complemento dos pronomes pessoais, na segunda e terceira pessoas do singular e do plural, e ainda por formas possessivas, em função nominal e determinativa: *te*, *ti*, *contigo*, *se*, *si*, *consigo*, *vos*, *convosco*, *o*, *a*, *os*, *as*, *lhe*, *lhes* e ainda *vos*, *você*, *vocês* (e variantes), precedidos de preposição; *teu*, *tua*, *teus*, *tuas*, *seu*, *sua*, *seus*, *suas*, *vosso*, *vossa*, *vossos*, *vossas*, etc.

Também aqui as formas da terceira pessoa gramatical designam a segunda do discurso, devido a alterações no sistema do tratamento, conforme ficou referido atrás. Excetuam-se apenas os casos em que o executante é representado por C; as formas da terceira pessoa gramatical referem-se então à terceira do discurso, pois há um B intermediário entre A e C.

Vejamos alguns exemplos:
1) A a B: "– Vai-te embora e diz à **tua** mãe que eu quero falar-lhe!?" (*Calendário*, 216)
2) A encoraja B: "– Rasga de **ti** esse medo!" (*Noite*, 111)
3) A exige de B proteção para um negro: "– Leva-o **contigo** hoje. (...) Leva-o **contigo**." (*Seara*, 38)
4) A mulher, ao marido: "– Não vá **se** esquecer do corte de chita, seu xeixeiro!" (*Menino*, 74)
5) A a BB..., antes de uma tourada: "– Mas então não **vos**

demoreis, porque os bois não devem estar longe." (*Marquês*, 58)

6) Um polícia, a uma senhora que pretende visitar um familiar detido: "– No momento é impossível, senhora. Aconselho-**a** aliás, a não insistir nisso." (*Amanuense*, 113)

7) A a B (criado), que ouve a conversa da ama com uma visita: "– Que confiança é essa? (Severa). Não **lhe** admito abusos! (...) Vamos, suma-**se** sumariamente da minha vista!" (*Sogra*, 91)

8) Está iminente uma briga entre dois rivais; algumas raparigas clamam: "– Ide uma de **vós**, cachopas, p'lo regedor! Tu Maria Joaquina!..." (*Giestas*, 47)

9) Num café, duas raparigas pedem a B que as ajude a passar para uma mesa reservada: "– Felizmente encontramos **você**. Ajude-nos. Para **você** essas feras são canja..." (*Seara*, 198)

10) Uma tia, ao sobrinho: "– Deixa-**te** estar em **tua** casa, que é o melhor que podes fazer." (*Madrugada*, 327)

11) A mãe, ao filho: "– Venha beijar o **seu** pai". (*Seara*, 33)

12) Pᵉ. Cláudio, às mulheres da aldeia: "– E agora, ide às **vossas** vidas; ide dizer a Aldeia Velha qual é a opinião e a vontade da Igreja!" (*Crime*, 178)

13) A a B, cuja sugestão lhe não agradou: "– Rompei naquilo que é **vosso**. No que é meu, não." (*Firme*, 10)

14) A, falando com B, dirige-se indiretamente a C: "– Guarde o **seu** oiro na algibeira, se o tem, e se o não tem vá roubar a ciganos, que é o **seu** costume!" (*Severa*, 200)

15) A transmite a B uma "ordem" para C: "– A tua mãe que não **se** esqueça de vir buscar o teu pai a horas para o meter na cama." (*Mar*, 62)

São, porém, as formas de tratamento substantivas ou nominais que designam, com mais frequência e de modo mais concreto, o executante. Estas formas são quase em número ilimitado.

Capítulo I

Apenas posso, portanto, indicar aqui a sua importância na representação linguística do executante, através de alguns exemplos, que abrangerão, mais ou menos, todos os campos pelos quais elas se podem distribuir.

O que verificamos, porém, em grande parte dos casos, é que estas formas não aparecem isoladas, mas acompanhadas de outras, que as qualificam ou determinam. Assim se formam verdadeiras locuções nominais, compostas de formas possessivas e substantivas, demonstrativas e substantivas, qualificativas e substantivas, etc.

Na expressão da "ordem" todas estas formas têm, em geral, caráter vocativo. Do ponto de vista funcional, desempenham, no entanto, o papel de verdadeiro sujeito da ação que o ordenante exige do executante. O tratamento vocativo é, deste modo, um apelo direto à ação.

As formas de tratamento nominais podem agrupar-se em nomes próprios, nomes de parentesco, nomes de respeito, nomes afetivos, nomes depreciativos ou jocosos e nomes designativos da profissão.

Estes grupos não formam, contudo, campos isolados, pois um nome próprio ou de parentesco pode tornar-se afetivo, sobretudo quando usado na sua forma reduzida, diminutiva ou aumentativa (por exemplo: *Zé, Chica, comadrinha, Joanazona*, etc.). Os nomes depreciativos ou jocosos revelam uma certa intimidade e têm, portanto, um matiz afetivo. Também os nomes próprios vêm, por vezes, acompanhados de certas formas de respeito.

É frequente a designação do executante pelo nome próprio, na expressão da "ordem". Neste grupo compreende-se tanto o prenome (*Ana, Bernardo, Delmirinha, Gabriel, Ilda, Iracema, Leonor, Manuel, Maria Antónia, Paulina, Rodrigo, 'Seu' Vasco, Zè*, etc.) como o apelido e alcunha (*Amaral, Calhorda, Labareda, Maria do Mar, Noronha, Pai-Velho, António Parra, Roque, João Salema*, etc.):

1) A mãe, à filha: "– Ó **Ana, Ana!** (...) traz cá depressa o gato." (*Amores*, 226)

2) A a B: "– **Fred**! Entrega essa coisa ao Bernardo, que é para ele ao que parece, um assunto urgente". (*Lá-Lás*, 124)
3) António, "passando a carta a Gabriel": "– Lê-a tu, **Gabriel**." (*Terrinha*, 52)
4) A a B: "– **O Perestrelo** tem que me ajudar, vai para a sala do fundo, tem lá uma mesa à sua espera." (*Ausente*, 57)
5) Entre amigos: "– Ó **Amaral**, tu que és um tipo instruído, explica-me como é que o Padre Santo pode fazer fidalgos na terra dos outros..." (*Alteza*, 88)
6) A mãe, à filha: "– Cala-te, **Maria do Mar**!" (*Promessa*, 30)
7) O chefe, ao subordinado: "**Pai-Velho**, se arme, homem!" (*Lampião*, 124)

Também é frequente o ordenante designar o executante pelo nome de parentesco que os relaciona a ambos: *homem, marido, mulher, pai, mãe, filho, filha, irmão, irmã, compadre, comadre, primo, prima, sogra, genro*, etc. Há, contudo, certos nomes de parentesco, como, por exemplo, *filho* e *filha*, que na linguagem corrente perdem o seu primitivo valor para adquirirem, sobretudo, um caráter afetivo ou enfático (ex.: Numa conversa entre duas amigas: "– Fala, **filha**, pela tua rica saúde." – *Oral, Encontro*).

Homem e *mulher* nem sempre designam um grau de parentesco; são formas de interlocução generalizadas, que têm, por vezes, valor enfático. Na linguagem popular, a forma *homem* tem, em certas expressões, um valor indefinido, podendo designar tanto o interlocutor masculino como o feminino, tal como acontece neste exemplo, recolhido oralmente:
1) Duas camponesas discutem; a certa altura, uma delas põe termo à discussão, dizendo: "– Mas julgas que 'stou pra t'aturar?! Deixa-m'**homem**; tenho mais que fazer." (*Oral*, M.A.)

Nos exemplos seguintes, o executante é designado por um nome de parentesco:

2) O marido à mulher: "– Cala-te, **mulher**, não te castigue Deus!" (*Promessa*, 15)
3) A filha, ao pai, em tom "violento": "– Cale-se, **pai**! Bem me importa a mim isso..." (*Promessa*, 18)
4) A mãe, ao filho, em tom afetivo: "– Deixa esse tom trágico, **filho**, não me estragues o único instante agradável da minha passagem por aqui..." (*Sabina*, 216)
5) A mãe, ao filho: "– Ouve, Pedro, e toma muita atenção no que eu te digo, **meu filho**..." (*Casino*, 161)
6) A a B: "– Não insista, **compadre**". (*Pescador*, 93)

Também o executante pode ser designado por nomes de respeito, embora menos frequentemente, pois, em grande parte dos casos, semelhante forma de tratamento sai do âmbito da "ordem", mesmo tomada em sentido amplo.

No entanto, o ordenante, mesmo quando é hierarquicamente superior, pode tratar o executante com deferência, como modo de atenuar a "ordem". Os nomes de respeito mais frequentes que encontrei são: *senhor*, *senhora*, *sinhá*, *senhor doutor*, *senhor vigário*, *senhor conselheiro*, etc. *Senhor* e *senhora* nem sempre são formas de respeito, porque perdem parte do seu valor nominal, como poderemos verificar no primeiro exemplo citado:

1) A dona da casa, à mulher a dias, em tom repreensivo: "– Não diga isso, **sora Gertrudes**, atão não se vê perfeitamente (que lavou a roupa com cloreto)?!" (*Conde Barão*, 3)
2) A a B, em tom ameaçador: "– Explique-se **minha Senhora**." (*Lei*, 26)
3) O velho servo, ao amo, que ajudou a criar: "– Ai **Sr. D. Francisco**, mude de vida!... Dê esta consolação a um velho." (*Casamento*, 11)
4) P.ᵉ Cristóvão, ao médico, que se imiscui em assuntos de educação religiosa: "– Cale-se, **Doutor**." (*Benilde*, 54)

5) Um agente da polícia, a uma senhora que fala com um preso: "– Perdão! V. Ex.ª não pode falar com o preso." (*Santo*, 148)

É frequente o emprego de nomes de caráter afetivo para designar o executante. Têm caráter mais ou menos afetivo formas e expressões como: *alma do Senhor, amigos, meu amigo, cachopa, meu filho, iaiá, ioiozinho, querida, rapariga, rapazes, minha velha*, etc.:

1) A a B: "– ó mulher, mete-te na tua vida! Que lhe foste dizer **alma do Senhor**!" (*Mar*, 81)
2) O capataz, à jornaleira: "– Isto são uns bichos... Vai-te lá, **cachopa**." (*Gaibéus*, 86)
3) A tia, ao sobrinho: "– Não te canses, **meu filho**... (...) Descansa aqui um momento." (*Degredados*, 146)
4) A criada, ao filho do amo: "– Vá dormir, **ioiozinho**; a noite é pra gente se esquecer." (*Bagaceira*, 186)
5) O marido, à mulher: "– E agora, **minha velha**, toma tento no que vou dizer-te." (*Terrinha*, 41)
6) A mãe, à filha: "– Mexe-te, **pariga**! (...) Conta tudo à Maria Bem e aqui à tua madrinha." (*Tá Mar*, 19)
7) Uma amiga, a outra: "– Conta-me tudo, **querida**." (*Oral, Encontro*)

É igualmente frequente o executante ser designado por nomes depreciativos e jocosos, que, em geral, dão um caráter reforçativo à "ordem". São muitos e variados esses nomes, entre os quais cito: *alimária, sua boba, estafermo, sua estrangeira, idiota, mafarrico, malandro, maluco, mariolão, negro fujão, paspalho, tonto, valdevinos, seu zebu*, etc.:

1) Dois indivíduos discutem; a certa altura, um deles manda calar o outro, em tom "irritado": "– Recolha-se, **alimária**! (...) Não me dirijo a primários." (*Amanuense*, 10)
2) A a B, em tom irônico: "– Espera aí, ó **malandro**! Espera aí, que eu te coço as frieiras!" (*Amores*, 239)

3) O feitor, a um negro: "– Passa praqui, que é o teu lugar, **negro fujão**!" (*Iaiá*, 125)
4) A tia, à sobrinha: "– Sai-me da minha vista! Faz alguma coisa, **paspalho**!" (*Calendário*, 242)
5) A a B, colegas: "– Acorda, **seu zebu**! Meio-dia!" (*Falecida*, 300)

Também, por vezes, o executante é designado pelo nome profissional, como acontece nos seguintes exemplos:
1) A a B que canta o fado: "– Arranha-mo bem, eh! **fadista**!" (*Severa*, 53)
2) Fala o médico, após uma briga entre dois indivíduos: "– **Regedor**: entenda-se lá com eles." (*Noite*, 194)

Por vezes, certas formas pronominais e até certos sintagmas pronominais e verbais desempenham a função de vocativos e designam assim o executante, na expressão da "ordem":
1) O feitor, aos que trabalham na debulha do trigo: "– Aí vai um saco, **ó tu**! É p'r'as 'rabeiras". (*Amores*, 42)
2) Mesma situação: "– Vamos lá! vamos lá! As pás, **ó tu que cantas**." (*Amores*, 43)

São, portanto, variadíssimas as maneiras de representar concretamente o executante na expressão da "ordem". As desinências verbais, por um lado, as formas pronominais e nominais, por outro, e, por vezes, umas e outras simultaneamente traduzem, de modo explícito, a presença do executante na expressão linguística da "ordem". Tal, porém, nem sempre se verifica. Há casos em que nem o ordenante, nem o executante vêm expressos na forma linguística. Mas nem por isso a "ordem" tem caráter menos ativo, porque a situação a torna perfeitamente compreensível, colocando face a face o seu autor psicológico – o ordenante – e a pessoa que ele diretamente visa – o executante.

3. A "modalidade" na expressão da "ordem"

Aquilo que o ordenante exige do executante pode ser enunciado de diversas maneiras e pode consistir tanto numa ação simples como complexa.

Na sua forma mais simples, a "ordem" pode ser expressa apenas por uma palavra; na sua forma mais complexa pode ser expressa por várias proposições.

Mas o que é, sobretudo, fundamental na expressão da "ordem" é a atitude mental que o ordenante toma a respeito da ação exigida ao executante. Esta atitude costuma designar-se por "modalidade" e comporta os mais variados matizes. A sua importância é salientada por Bally nestas palavras:

> "La modalité est l'âme de la phrase, de même que la pensée, elle est constituée essentiellement par l'opération active du sujet parlant. On ne peut donc pas attribuer la valeur de phrase à une énonciation tant qu'on y a pas découvert l'expression, quelle qu'elle soit, de la modalité." (Linguistique générale et linguistique française, p. 36)

Podemos reduzir a infinidade de matizes da "modalidade" a duas atitudes fundamentais: ou o processo de desenvolvimento da ação é apresentado como real ou então é encarado como virtual[10].

Os matizes que a manifestação da vontade pode assumir, na expressão da "ordem", dizem respeito tanto ao caráter real como virtual do processo de desenvolvimento da ação. Na realidade, a ação que o ordenante exige do executante é, de certo modo, irreal ou virtual, na medida em que poderá ser ou não realizada. Mas o ordenante pode afirmá-la como real, sobretudo quando tem a certeza de que ela será realizada num futuro mais ou menos próximo. Trata-se, de qualquer modo, de uma atitude

---

[10] Galichet, *Essai de grammaire*, p. 100.

Capítulo I

subjetiva, que nem sempre toma em conta se a ação exigida será ou não realizada. Conforme a atitude assumida pelo ordenante, perante o processo de desenvolvimento da ação, se inclina ou para o lado do real ou para o âmbito do eventual, assim a "ordem" formulada assume um caráter reforçativo ou um caráter atenuante.

A língua – e, sobretudo, a língua falada – usa variadíssimos processos para exprimir a "modalidade", todos eles presentes na enunciação da "ordem".

Não é apenas o modo verbal que exprime a "modalidade". Na expressão da "ordem" verificamos mesmo que ele desempenha neste aspecto papel muito reduzido, conforme vamos verificar através de alguns exemplos:

I

1) A é noivo de B; B e a mãe ocultam qualquer coisa, que A obriga a explicar: "– Pois conversaremos já, **exijo** que seja agora mesmo! **Quero** que me digam tudo..." (*Benilde*, 101)
2) A mãe recomenda ao filho cuidado com o pai, que está doente: "– **É preciso** todo o cuidado com seu pai, Fernando. Você sabe perfeitamente o que aconteceu." (*Madrugada*, 46)
3) A a B, "cortando a arenga, enfadada": "– Bem, **é melhor** talvez contar isso mais logo..." (*Sol*, 42)
4) A a B: "– O senhor **fica proibido** de responder a quaisquer perguntas de ordem sentimental, compreende?" (*Santo*, 86)

II

5) A a B, criada: "– **Mete-te** no meu carro, **vai** ao consultório, **chama** meu pai." (*Envelhecer*, 187)
6) A grita à mulher e à filha: "– Don'Ana! Raimunda! Venham cá!" (*Sem-fim*, 225)

7) A mãe, ao filho, depois de o chamar: "– **Chegas** aqui..." (*Casino*, 160)
8) O pai, sentando-se à mesa, ordena aos filhos: "– **Comer**, criançada!" (*Rua*, 217)
9) O tio, ao sobrinho: "– O nosso passeio acabou, e tu **deves** voltar ao pé da avozinha. – Vai, pois." (*Pescador*, 11)
10) O agente da polícia a B, após o interrogatório: "– Bem já conversamos bastante. O senhor **pode** retirar-se". (*Amanuense*, 118)

III

11) A a B, criada: "– Um copo de água..." (*Vizinha*, 189)
12) O amo, ao criado, que traz a bagagem das visitas: "– Muito cuidado... muito cuidado com a bagagem..." (*Guerra*, 148)
13) O pai manda calar o filho, "fazendo-lhe sinais": "– Schiu, schiu!" (*Gebo*, 41)
14) O pai manda calar a filha, com um gesto: "(O Marquês impõe-lhe silêncio, com um gesto brando.)" (*Marquês*, 100)

Ao observarmos estes três grupos de exemplos, verificamos que a "modalidade" é expressa por diversos meios. Nos primeiros dois grupos a "modalidade" é expressa por uma forma verbal de maneira mais ou menos explícita. No último grupo não há qualquer forma explícita para exprimir a "modalidade".

No primeiro grupo, a "modalidade" da "ordem" é expressa por verbos de vontade (**exijo**, **quero**) e por formas impessoais (**é preciso**, **é melhor**); no exemplo 4, que demonstra também como a "ordem" (neste caso, "ordem" proibitiva) pode ser expressa pela voz passiva, a modalidade é indicada por um modo verbal – o indicativo (**fica proibido**).

No segundo grupo, a "modalidade" é expressa pelos três modos verbais (imperativo, conjuntivo e indicativo), pelo infinitivo impessoal e por verbos auxiliares de modo (**dever**, **poder**).

Capítulo I

No terceiro grupo, a "modalidade" é expressa pelo contexto, pela situação, pela entoação e pelo gesto.

Verificamos, portanto, que não é o modo verbal o processo mais frequente para designar a "modalidade" na expressão da "ordem". A distinção entre modo imperativo, modo conjuntivo e modo indicativo é, de certa forma, arbitrária, quando se analisam as expressões que indicam "ordem", conforme podemos verificar nos exemplos 5, 6 e 7. Neste caso o indicativo não é o modo da realidade, pois a ação exigida a Pedro ("chegas aqui") é ainda eventual no momento em que a "ordem" é formulada. A distinção entre conjuntivo e imperativo é ainda menor, pois ambos exprimem neste caso uma ação eventual, igualmente assegurada. Há, portanto, apenas uma distinção formal, morfológica, que nada tem a ver com a função, o valor interno das três formas verbais. Todas três indicam, por conseguinte, a eventualidade duma ação exigida, cuja realização se tem mais ou menos como certa.

O valor destas formas verbais torna-se mais patente se o compararmos com o da forma verbal do exemplo 4. Neste caso, a forma verbal (**fica proibido**) indica que a ação é real, pois tem um caráter declarativo, tornando-a válida como asserção. É curioso notar o valor reforçativo desta forma verbal. O processo verbal é encarado a partir do executante, pessoa diretamente visada pela "ordem", cujo papel é passivo e não ativo, pois a sua função não é a de agente da ação, mas sim a de objeto direto da ação (= "Proíbo o senhor de responder"). A voz passiva faz portanto sobressair o objeto direto da ação, neste caso, uma pessoa, cujo papel é mais de ouvinte que de executante. A "ordem" é imposta de modo absoluto, pois dispensa a participação do executante na ação. O fato de o ordenante não vir expresso como agente da ação dá à forma linguística um certo caráter impessoal, que, de algum modo, a aproxima das formas impessoais anteriores (**é melhor**, **é preciso**), embora estas tenham valor diferente. Nestas, a "ordem" é mais atenuada, pois se apresenta como imposição de uma necessidade absoluta ou de uma circunstância desfavorável. A vontade do ordenante manifesta-se de modo indireto.

O mesmo não sucede, porém, nas formas **exijo** e **quero** (exemplo 1), em que é sobretudo a vontade do ordenante que impera, dando valor reforçativo à "ordem". No entanto, também aqui a ação exigida é eventual, pois o valor declarativo dos verbos de vontade é logo atenuado pelo modo conjuntivo da oração dependente.

O que me levou a agrupar estes três processos diferentes de exprimir a "ordem" (verbos de vontade, formas impessoais e enunciação pura e simples da "ordem") num grupo só foi o fato de, em qualquer deles, o executante não ser interpelado diretamente na oração principal.

No Capítulo II serão, portanto, estudadas todas as formas deste tipo e que correspondem, de certo modo, àquilo que Brunot designou como "*commandement de style indirect*"[II].

No grupo II, todas as formas interpelam de modo direto o executante (imperativo, conjuntivo, indicativo, infinitivo e auxiliares de modo), e têm, por esse motivo, maior caráter atuante. A interpelação direta à ação faz sobressair a presença avassaladora do ordenante, sem qualquer necessidade de que ele esteja explícito na forma linguística, pelo menos de modo direto, como sucede na maioria dos casos.

Entre os processos de expressão da "ordem" deste grupo, o infinitivo impessoal é talvez aquele que, pela sua natureza, interpela menos diretamente o executante, pois lhe faltam desinências verbais para tornar explícita a sua presença. Esta deficiência é, porém, suprida ou pelo emprego do vocativo, como no exemplo citado, ou pela situação e pela entoação. Estes fatores dão-lhe até caráter mais incisivo que o apresentado pelos auxiliares modais, cuja natureza branda necessita igualmente de ser reforçada pela entoação.

Todos estes processos serão estudados, na sua variedade e riqueza, no Capítulo III. Eles correspondem também, de certo

---

[II] Brunot, *La pensée*..., p. 557.

modo, àquilo que Brunot designou como "*commandement de style direct*"[12].

Todas as formas incluídas no grupo III revelam a ausência de qualquer forma verbal. A modalidade é, portanto, indicada implicitamente pelo contexto, pela situação, pela entoação e pelo gesto. No último exemplo citado (14) não há mesmo qualquer forma articulada para exprimir a "ordem"; toda a forma linguística é substituída pelo gesto ou mímica, que é, de certo modo, estranha à língua. Mas, no entanto, o seu valor é extraordinário, pois afinal exerce a mesma função que uma forma articulada (como, por exemplo, **cala-te**).

O valor diferente de cada um destes processos será analisado no Capítulo IV, onde agrupo todas as formas em que não há qualquer forma verbal a indicar a "modalidade" da "ordem".

Trata-se de uma agrupação sem dúvida arbitrária, mas que se torna difícil devido à variedade de formas de expressão da "ordem". Algumas oferecem mesmo dúvida quanto à inclusão num ou noutro capítulo e, portanto, mais arbitrária será a sua agrupação.

---

[12] Brunot, *La pensée*..., p. 557.

Capítulo II
A expressão da "ordem" por meio de formas verbais indiretas

De um modo geral, a "ordem" pode ser formulada de duas maneiras diferentes; ou mediante uma forma direta, que chama imediatamente à ação o executante, ou por meio de uma fórmula indireta, em que se expressa a vontade do ordenante. No primeiro caso, as formas linguísticas representam, sobretudo, o executante, quer através das desinências verbais, quer através das formas de interlocução substantivas e pronominais, conforme vimos no capítulo anterior. O apelo direto à ação – neste caso, à execução da ordem – pode ser feito através de formas verbais, em que predomina o imperativo e conjuntivo presente formais, ou através da forma interjecional ou da forma-objeto direto da ação, valorizadas pelo gesto ou pela entoação. Mas estes meios de expressão da "ordem" serão estudados nos dois capítulos seguintes.

Neste capítulo vou tratar somente das formas indiretas; estas ora representam o ordenante ora assumem um caráter mais ou menos impessoal. A "ordem" consiste fundamentalmente numa asserção positiva ou negativa, de valor declarativo. Esta enunciação tem, no entanto, o valor de "ordem", pois assenta na autoridade do ordenante sobre o executante, donde dimana o seu caráter coercivo, e obedece às outras condições indicadas no capítulo anterior. Pode apresentar, por vezes, um matiz exortativo, de conselho ou de pedido, mais inerente ao significante do que ao significado da expressão linguística.

É que a "modalidade" da "ordem" não é, nestes casos, expressa suficientemente pelos verbos de vontade ou outros afins nem pelas formas impessoais. A entoação, o contexto, a situação e o gesto reforçam o fraco valor modal destas expressões, aumentando-lhes o caráter coercivo. Desta maneira, certas expressões indiretas tornam-se mais coercivas que algumas formas verbais diretas.

As formas, que apresento a seguir, são as que encontrei nos textos explorados. O seu número é muito elevado e, de certo, outras existirão, que não foram encontradas. Podemos, no entanto, ter a certeza de que as indicadas a seguir são as mais frequentes. A informação oral não me ofereceu mesmo nenhuma diferente das que encontrei nos textos; por isso quase me restrinjo a estas. Umas são, contudo, mais frequentes que outras, mas todas elas desempenham na expressão da "ordem" um papel muito reduzido, em relação às formas diretas.

Procurei, portanto, dar uma ideia aproximada da importância das várias formas de expressão da "ordem", recorrendo à estatística. As obras que me serviram de base foram dez para o português europeu e oito para o português do Brasil e vão marcadas com um asterisco na lista bibliográfica de textos.

O total de casos de "ordem", observados nestas dezoito obras, foi de 2.857 nos autores portugueses e de 2.613 nos autores brasileiros. A frequência de formas será dada em função destes números e de preferência em percentagem; distingo por meio de um P e de um B, indicados antes do número, respectivamente a frequência de formas nos autores portugueses e nos autores brasileiros. A frequência estabelecida tem sempre um caráter relativo e aproximado, pois, apesar de ter procurado ser objetivo, é possível que alguns casos me tenham escapado e outros tenham sido incluídos um pouco arbitrariamente, dada a dificuldade de definir a "ordem" com exatidão, sobretudo quando se trata do seu estudo através de textos escritos, conforme ficou já assinalado no capítulo anterior. Contudo, embora os números indicados não tenham um valor absoluto, têm no entanto um valor relativo e subsidiário, que nos ajudará a analisar melhor a realidade dos fatos. Há ainda uma outra restrição a fazer: apenas contei uma vez as formas que se repetiam numa mesma expressão de "ordem".[13]

1. Verbos de vontade e outros afins

A vontade manifesta-se com frequência através dos chamados verbos de vontade, como *aconselhar, desejar, esperar, exigir, mandar, ordenar, pedir, proibir, querer, suplicar,* etc. Há, contudo, outros que, em certas circunstâncias, exprimem igualmente a vontade, como *admitir, dispensar, lembrar, permitir,* etc. São, portanto, estas duas espécies de verbos que agora vamos observar na expressão da "ordem".

Todos eles traduzem, de modo concreto, a vontade do ordenante, que significa indiretamente uma obrigação, uma "ordem", para o executante.

Ordenante e executante encontram-se neste caso quase sempre em planos diferentes e até opostos. Na proposição principal domina a pessoa que ordena e só na proposição subordinada, se a há, é expresso o executante. Aqui apenas considero, porém, a proposição principal, onde é expressa a "modalidade" da "ordem". A forma verbal que aparece na principal é o indicativo presente e só muito raramente o pretérito perfeito, o imperfeito do indicativo, o condicional e o futuro perifrástico, cujo valor temporal é, nestes casos, de presente ou de futuro, porque de contrário não poderiam exprimir uma "ordem". A pessoa verbal é a primeira do singular e só muito raramente a primeira do plural, que ou tem valor majestático, ou indica mais de um ordenante, ou mostra que o ordenante se associa ao executante.

As formas da segunda e terceira pessoas gramaticais não são aqui estudadas, mas sim no capítulo seguinte, pois exprimem uma "ordem" que tem caráter direto.

---

[13] Ex: A dona de casa, a uma intrusa — "**Saia**! **Saia** da minha casa." (*Conde Barão*, 45).

Aqueles verbos podem exprimir tanto uma "ordem" afirmativa como negativa, mediante partículas negativas; há contudo alguns que só exprimem uma "ordem" na forma negativa e outros que só têm valor jussivo na forma afirmativa, fato que será assinalado. Tanto uns como outros podem ter como complemento direto um substantivo, o infinitivo impessoal ou uma proposição subordinada, cujo modo verbal é geralmente o conjuntivo presente. O caráter indireto destas expressões da "ordem" é mais patente, quando ao verbo de vontade se segue um substantivo ou um infinitivo impessoal, pois o conjuntivo presente da proposição subordinada é já um apelo, embora de certo modo indireto, ao executante.

A frequência das formas indicadas a seguir é de 1,85% em autores portugueses e de 1,22% em autores brasileiros. É curioso assinalar que metade desta percentagem é ocupada pela forma "quero" tanto em autores portugueses (P 0,9%) como em autores brasileiros (B 0,61%). Quanto às outras formas, não há nenhuma que sobressaia de modo nítido, sendo desnecessário indicar a sua frequência.

Verificamos através destes números que não são as formas mais usuais por que se exprime a "ordem". Têm de certo modo um caráter culto, mais patente numas que noutras, com exceção da forma "quero", a mais usual na língua corrente, conforme é facilmente verificável. Algumas formas são empregadas em casos de exaltação ou quando o ordenante encontra oposição da parte do executante, como *exijo*, *ordeno*, *mando*, *intimo*, etc. Têm, por conseguinte, um matiz afetivo e acentuam de modo rígido a vontade do ordenante e a sua autoridade.

A) **Acho:**
  1) A a B, irmão: "– **Acho** bom você vestir-se. O almoço está quase pronto." (*Madrugada*, 44)
  2) Numa discussão entre colegas: "– **Acho** que é melhor não acrescentares mais nada àquilo que já disseste." (*Oral*, Univers. l)

B) **Aconselho:**
A a BB: "– **Aconselho** aos senhores que se não intrometam onde não são chamados." (*Pescador*, 52)
C) **Não admito:** (Só exprime "ordem" na negativa)
  1) Entre colegas. O tratamento por "você", por não ser habitual, dá a esta "ordem" um caráter incisivo: "– **Não admito** que me fale nesse tom. Se é estúpida e não percebe as coisas, não deve tirar conclusões precipitadas." (*Calendário*, 116)
  2) Entre amigos. B censura o procedimento da noiva de A, que exige: "– Estou-me nas tintas para a ideia que fazes de mim. Mas **não admito** é que andes para aí a abocanhar o nome de uma mulher honesta!" (*Companheiros*, 503)
  É de salientar o valor enfático e reforçativo da expressão "não admito é que"; "abocanhar" traduz, pela sua dureza, o estado de irritação do ordenante, reforçando mais a "ordem".
  3) A tia, à sobrinha: "– Regina, eu **não** te **admito** censuras." (*Lei*, 41)
  4) Uma mulher, a um indivíduo que discute com ela: "– **Não admito** paleio, 'tá bem?!" (*Oral*, Mulher 1)
D) **Não consinto:** (Só exprime "ordem" na negativa)
  1) B, que é atriz, defende certas liberdades em cena. A opõe-se-lhe, "com convicção, firme": "– Pois muito bem! Eu, sendo teu amante, **não consinto** que o faças em caso algum!" (*Inimigos*, 137)
  2) B quer ir-se embora; A, "tomando-lhe a frente", ordena: "– **Não consinto**! O sr. é da família. Fique." (*Tal*, 88)
  3) O marido, à mulher, que traz os filhos malvestidos: "– **Não consinto** que se apresentem dessa forma." (*Oral*, M.L.)
E) **Desafio:**
Sua Alteza, a um amigo, que o criticava por cantar um hino revolucionário: "– Sim, senhor Amaral ... C'est du luxe ... **Desafio**-o a que faça o mesmo..." (*Alteza*, 83)

F) **Desejo:**
1) Durante uma investigação de roubo, o Administrador exige de uma colaborante: "– Vamos por partes. Primeiro **desejo** saber o que se passou." (*Santo*, 99)
2) Um polícia, a um detido: "– Quanto ao senhor, **desejo** que volte aqui (...). Leve a jovem a casa e apareça-me dentro de uma hora." (*Amanuense*, 113)

G) **Digo/ Disse:**
A forma de perfeito (**disse**) relembra uma "ordem" já dada, atualizando-a e tornando-a presente ao espírito do executante, até que este a cumpra. Embora a forma verbal "disse" seja de pretérito, o valor temporal da expressão é de presente ou futuro próximo, pois lembra que a "ordem" não foi cumprida e deve sê-lo ainda. O verbo da oração dependente é, geralmente, o conjuntivo presente, que contribui de modo especial para a atualização da "ordem", sendo, ao mesmo tempo, um apelo indireto à sua execução. Mas, mesmo no caso de o verbo da oração dependente ser o imperfeito do conjuntivo, como sucede no exemplo indicado em último lugar, o valor global da expressão é de presente, tornando a "ordem" igualmente atual; a única diferença é que, neste caso, a "ordem" tem sempre um valor terminativo, pois pretende por termo a uma ação que se vem prolongando desde o passado até ao momento presente, enquanto no primeiro caso pode ter um valor terminativo ou prescritivo.

1) O Conde, à Severa, obrigando-a a ir com o indivíduo que ela escolheu! "– **Digo**-te eu que vás! (...) Vai com ela, Custódia!" (*Severa*, 65)
2) B fala dos filhos do primeiro marido, que abandonou; o novo marido exige: "– Já lhe **disse** que não fale neles". (*Lampião*, 60)
3) A a B, criada: "– Já lhe **disse** que você não fala, Piedade." (*Avisos*, 262)
4) B é um cavalheiro importuno; A obriga-o a deixá-la em paz: "– Já lhe **disse** que me deixasse em paz!" (*Gaivotas*, 320)

5) A mãe, à filha, em tom de censura: "– Já te **disse** que te calasses." (*Oral, Encontro*)
H) Espero:
   O Sr. Vigário, a um grupo de gente moça, após um escândalo: "– Mas, enfim! Ficamos entendidos. E só **espero**, agora, que de futuro... se não repitam estas cenas..." (*Giestas*, 61)
I) Exijo:
   1) Num tribunal, o juiz ordena ao advogado de acusação: "– **Exijo** uma retração imediata do que acaba de dizer." (*Volfrâmio*, 377)
   2) O marido, à mulher, ambos preocupados com o que se passa com a filha: "– Diz tu o que sabes ou o que julgas, Etelvina. Acabas de pronunciar palavras que eu **exijo** que expliques!" (*Benilde*, 158)
J) Imponho:
   Uma senhora, a um cavalheiro atrevido: "– Agora para castigo, **imponho**-lhe a pena do silêncio; há-de estar três dias sem me dirigir a palavra." (*Conde Barão*, 26)
K) Intimo:
   A benzedeira, fazendo um exorcismo: "– Em nome do Padre, em nome do Filho, em nome do Espírito Santo, **intimo**-te a sair desta irmã..." (*Volfrâmio*, 316)
L) Lembro:
   O juiz, ao advogado, que se insurgia contra a sentença dos jurados: "– **Lembro** ao nobre causídico que o recinto não comporta manifestações estranhas aos recursos da lei!" (*Sem lar*, 214)
M) Mando/ Mandei:
   A forma de pretérito atualiza uma "ordem" já dada e que ainda não está cumprida. Tem caráter mais coercivo que a forma "disse", abonada atrás.
   1) Um veterano, a um caloiro: "– Pois **mando**-lhe agora que responda, sua besta impertinente!" (*Avisos*, 17)
   2) A, a um grupo de preguiçosos: "– **Mando** que escrevam, que trabalhem!" (*Amores*, 138)

3) Sinhô Juca, à filha, "com voz áspera": "– Já te **mandei** ir dormir, Don'Ana. Que está esperando?" (*Sem-fim*, 101)

N) **Ordeno:**
Sua Alteza, a uma viúva riquíssima, que se recusa, por cortesia, a revelar-lhe o montante do empréstimo, que lhe fez por intermédio dos secretários: "– **Ordeno**... Quero saber...". Um amigo, que está presente, ajuda: "– Diga, minha sr^a. Bem vê, é uma ordem... real." (*Alteza*, 189)

O) **Parece-me:**
Neste caso, só a situação nos ajuda a perceber nesta expressão uma "ordem" bastante atenuada:
Benilde, à velha criada: "– **Parece-me** que tens de vir ajudar-me a despir... e até a deitar-me, como dantes." A criada acede, dizendo: – "Sim, minha menina; vamos." (*Benilde*, 169)

P) **Peço/ Pedi/ Pediria/ Pedia:**
Esta forma dá um tom de pedido à "ordem", que se torna atenuada. É, portanto, uma maneira cortês de exigir, de obrigar. Para que seja considerada como "ordem" é necessário que tenha caráter coercivo, proveniente da autoridade do ordenante. Em certos casos pode mesmo assumir um caráter reforçativo; depende sobretudo da entoação com que a expressão é proferida e do vocabulário empregado.

1) O conselheiro, às netas que obedecem: "– **Peço**-lhes, minhas netas, que se recolham às alcovas." (*Iaiá*, 111)
2) Paulina, a Jorge, que, após tomar conhecimento da falência da noiva, hesita sobre se há-de casar ou não com ela; Paulina ordena, "enérgica, n'uma revolta": "– É escusado! ... ouvindo-o e vendo-o, fui eu que já refleti e **peço**-lhe, como o único favor que de si espero, que saia d'esta casa!..." (*Casino*, 178)
3) A a B, estranho que lhe entrou em casa, vindo duma "Boite" que fica no rés do chão; a rapariga ameaça com a polícia: "– Eu lhe **peço** que se retire. 'Aí em baixo' é uma Boite, que nada tem a ver com esta casa... (...) Eu posso chamar a Polícia, para tirá-lo daqui". (*Colar*, 84)

Capítulo II

4) A mulher, ao marido: "– **Pedi**-te para me não interromperes". (*Homem*, 81)

5) Mesma situação de c); o estranho continua renitente em sair; a rapariga renova a sua exigência, agora mais atenuada, pois o que ele lhe revelou é de importância para ela: "– Meu caro senhor, eu lhe **pediria** agora que fosse." (*Colar*, 86)

6) Num debate, o presidente chama à ordem um orador verboso: "–Desculpa interromper-te, mas, por economia de tempo, **pedia**-te que abreviasses." (*Oral, Univers.* II)

A forma "pedi-te" atualiza igualmente a exigência formulada, tal como as outras formas de perfeito já apontadas; essa atualização é corroborada, neste caso, pela forma de infinitivo conjugado, que representa o executante na sua desinência. A forma de condicional "pediria" dá um caráter eventual à exigência; o imperfeito do conjuntivo "fosse", da oração dependente, também não contribui de modo eficaz para atualizar a exigência; é a situação e o advérbio de tempo "agora" que tornam atual a "ordem"; o advérbio é, neste caso, um apelo à realidade, ao momento presente, tornando-se elemento fundamental na expressão da "modalidade". A "ordem" é, contudo, muito atenuada.

O imperfeito formal "pedia" tem valor muito semelhante ao da forma de condicional, com a diferença de que, no caso citado, a "ordem" é formulada pela primeira vez, de maneira atenuada.

Q) **Não permito/ Não vou permitir:**

Estas expressões só indicam uma "ordem" empregadas negativamente. A perífrase verbal "não vou permitir" é equivalente, de certo modo, à forma de futuro "não permitirei"; contudo, no exemplo indicado a seguir, esse caráter futuro é atenuado pelo advérbio temporal "agora", que é neste caso principal fator da expressão do tempo.

1) A a B, que critica um amigo: "– **Não** te **permito** que fales assim do Estêvão!" (*Avisos*, 308)

2) Avó, à neta, que critica os princípios por que a família se tem orientado: "– (...) E **não vou permitir** agora que minha neta venha pôr em dúvida os princípios em nome dos quais vivemos desde que somos uma família." A neta revolta-se, no entanto, contra tal proibição: "– A Senhora não tem de permitir coisa nenhuma. Eu penso e faço o que quero." (*Colar*, 115)

R) **Preciso/ Não preciso/ Precisamos:**
1) A mãe, à filha, em tom irritado e enérgico: "– Jogo franco, Benilde! (...) **Preciso** de saber o nome desse homem... o pai do filho que vais ter. O teu amante, em suma." (*Benilde*, 80)
2) O pai, ao filho, "com extrema secura": "– Eu **não preciso** que tu me digas coisa alguma." (*Ausente*, 103)
3) Manuela, a um galanteador importuno, depois de já o ter mandado calar: "– **Não preciso** cá de toques de flauta! Tenho os pássaros! (...). **Não preciso** de tocadores à porta!..." Logo a seguir, corrobora: "– E isto fica dito de vez! Não sou de repetições; quando digo não! – não!" (*Sol*, 14)
4) O marido, à mulher, que deu uma resposta atrevida a uma pergunta indiscreta da sobrinha: "– Olhe, 'senhora' dona Davina, **precisamos** acabar com essas provocações, está entendendo? A 'senhora' está ficando muito atrevida." (*Guerra*, 99)

É curioso este último exemplo. A forma verbal "precisamos acabar" não indica, neste caso, vários ordenantes, mas apenas que o ordenante se associa ao executante, embora de modo fictício, pois o significado da expressão é "precisas acabar", tornando-se assim discutível a sua inclusão neste capítulo. A associação de A a B deveria dar à "ordem" um caráter atenuante; mas tal não se verifica, pois o tratamento por "senhora", que, habitualmente, não é dado pelo marido à mulher no português do Brasil, dá um caráter de afastamento à expressão, desfazendo assim a associação indicada pela forma verbal. Além disso, a forma enfática "está entendendo" contribui também para tornar a "ordem" reforçada.

S) **Prefiro:**
1) O marido, à mulher, que lhe ia "falar francamente" sobre uma questão de família: "– **Prefiro** que não fale. Peço-lhe por favor." (*Marta*, 113)
2) Uma mulher, a um estranho que entrou em casa: "– Não. **Prefiro** que saia já, que saia imediatamente." (*Oral, Dia*)

T) **Previno:**
O marido, à mulher, em tom "firme": "– **Previno**-te de que amanhã iremos os dois à missa das sete horas." A mulher responde: "– Havemos de ver..." Ele insiste, de novo: "– Está resolvido..." Mas B não se convence ainda: "– Só se me apetecer, se eu quiser..." Então A assume uma atitude mais autoritária: "– Irás, porque eu te ordeno: tu és minha mulher." (*Promessa*, 20)

U) **Proíbo:**
Esta forma verbal, que só se emprega na afirmativa, exprime uma "ordem" proibitiva.
1) A dirige-se à filha e ao genro, que é a pessoa principalmente visada pela proibição: "– **Proíbo** a quem quer que seja aqui em casa a se utilizar desse telefone." O genro, "não se contendo": "– Se a advertência é endereçada a mim, senhora minha sogra, gastou inutilmente suas palavras." (*Sogra*, 10)
2) Numa fazenda acaba de morrer o patrão. Os escravos, recém-libertos, dão expressão ao seu contentamento; então o feitor ordena: "– **Proíbo**, formalmente, manifestações nas terras do morto. Festejo, só longe daqui." (*Seara*, 79)
3) O avô, à neta, que lhe fala do namoro da irmã: "– **Proíbo**-te, pela última vez, que me fales nisso! Boneca ainda não pensa em namoricos." (*Iaiá*, 99)

V) **Quero/ Não quero/ Queria:**
É o verbo "querer" que traduz mais frequentemente a vontade do ordenante, conforme ficou já assinalado. Emprega-se tanto na afirmativa como na negativa e tanto pode ter como

complemento direto uma forma nominal, como um infinitivo impessoal ou uma oração subordinada, onde predomina o conjuntivo presente.

1) Uma governanta, a uma nova criada: "– Mas quem toma conta da casa sou eu. **Quero** tudo muito direito, muito respeito aqui dentro! **Quero** trabalho." (*Rua*, 193)
2) Um oficial, ao cabo e, depois, ao sargento: "– Não quero grupos à porta, já disse!" "– **Não quero** ninguém nas ruas depois das dez horas, percebeu?" (*Paço*, 276)
3) Num bar, o proprietário, a dois clientes barulhentos: "– **Não quero** aqui conversa, 'tá bem?!" (*Oral*, P.)
4) O chefe, a dois subordinados, com quem se passou algo de extraordinário: "– E que sucesso foi esse? (Silêncio aterrorizado dos outros) – **Quero** saber o que foi!" (*Lampião*, 65)
5) O pai, ao filho: "– **Não quero** ouvir falar mais nisso, entendes?" (*Oral, Mandamento*)
6) Numa biblioteca, uma empregada autoritária, a alguns leitores insubordinados: "– **Não quero** ver ninguém em pé, faz favor." (*Oral*, F.)
7) A a B: "– **Não quero** que olhes p'ra mim, **não quero**, ouviste?" (*Pobres*, 249)
8) A senhora, a uma criada (está implícita a presença de outra criada, a cozinheira): "– **Quero** que me façam uma chávena de café e **quero** que você me traga aqui o meu casaco de peles novo." (*Homem*, 115)
9) O marido, à mulher: "– Tu auxilias-me em tudo o mais. Mas, no laboratório, **não quero** que ponhas os pés! É um perigo." (*Mundo*, 40)
10) Um pescador, ao pai (e irmão ausente): "– **Queria** que vossemecê, mais o Jesus, acabassem hoje esta rede (...): é que eu já tenho comprador para ela...". O pai acede: "– Vai descansado, Zé: fica pronta." (*Promessa*, 21)

Esta forma de imperfeito "**queria**" exprime uma "ordem" muito atenuada, devido ao valor eventual que encerra e à situação; o filho é, porém, neste caso o chefe de família.

W) **Rogo:**
Entre irmãs: "– Durante a romagem que ora encetas, eu te **rogo** volvas a nós tua redimida piedade, e assim mais consoladas seremos." (*Pescador*, 179)
Só muito atenuadamente esta forma exprime uma exigência no caso presente. Tem um caráter literário, devido à ausência de partícula de subordinação ("eu te rogo volvas").

X) **Suplico:**
1) A mulher, ao marido, que a traiu: "– Exalto-me, porque a sua presença me é odiosa, intolerável, e por isso lhe **suplico** que seja breve, que diga o que quer ou então que se vá, que me deixe em paz, que não me torture mais..." (*Casino*, 156)
2) A abandonou a esposa para viver com uma amante. B, cunhado de A, pergunta-lhe quando regressará para junto da esposa; A exige atenuadamente: "– **Suplico**-te que não mo perguntes." (*Inimigos*, 67)

Y) **Não tolero:**
O pai, à filha, que se recusa a aceitar o noivo que ele lhe quer impor: "– Agora **não tolero** que faltes à tua palavra! Não quero escândalos!" (*Marquês*, 14)

São estes os verbos de vontade e outros afins que encontrei nos textos consultados. As frases que os contêm são decomponíveis e transformáveis em expressões diretas, conforme podemos observar nos exemplos seguintes:
1) A a B: "– Peço-te, **chama** meu pai." (*Envelhecer*, 96)
2) A a B: "– Tu **tens** obrigação de mo dizer! Já que principiaste, tens de ir até o fim. Exijo-o!" (*Tempestade*, 153)
3) A a B: "– **Não me interrompa**, peço-lhe..." (*Alteza*, 205)

A forma verbal da proposição dependente passa para a principal e o verbo de vontade desempenha apenas um papel atenuante ou reforçativo. Em alguns casos, como no primeiro exemplo e no último, está intimamente ligado à forma verbal direta, de tal modo que esta se subordina implicitamente à primeira; a subordinação implícita é mais patente no primeiro exemplo ("Peço-te, chama meu pai"), devido à colocação, em primeiro lugar, do verbo de vontade.

2. Formas impessoais

Há certas fórmulas verbais que exprimem de modo impessoal uma "ordem" mais ou menos atenuada. A atenuação depende, sobretudo, da entoação e do estado de espírito do ordenante, mas a fórmula, pelo seu caráter mais ou menos indireto, não tem, por si, muita força coerciva. Esta depende, sobretudo, da situação.

O valor destas formas é, por conseguinte, muito diferente do dos verbos de vontade. Nas formas impessoais não há qualquer elemento explícito que traduza de modo categórico a vontade do ordenante. Este não impõe diretamente a sua vontade ao executante. Em grande número de casos, o executante nem sequer é representado linguisticamente. Este fato ocorre, no entanto, quando à forma impessoal se segue o infinitivo conjugado, uma proposição subordinada, geralmente com o verbo no conjuntivo presente, ou então quando o executante é interpelado por uma forma substantiva ou pronominal. Nestes casos, a "ordem" tem, evidentemente, caráter menos indireto, mas está longe de apresentar a força coerciva da forma verbal direta, como podemos observar nos exemplos seguintes:

1) Um amigo, a outro, que se encontra mal: "– **É melhor ires** para a janela, tomar ar." Mas como B hesita, A emprega a forma direta, mais coerciva: "– **Anda** para a janela, Chico." (*Circo*, 321)

2) A "fora de si", a B: "**É melhor** que **tu contes**..." Querendo, porém, acentuar a ideia, usa a forma direta: "– E, sobretudo, **conta** a meu filho, que não acredita em mim..." (*Afogados*, 162)

3) A sobrinha, à tia, demente: "– **É melhor ir-se** deitar." E, reforçando: "– **Vá** dormir, ande..." (*Justiça*, 186)

As formas impessoais são, portanto, reforçadas frequentemente pelas formas diretas, mais coercivas. No entanto, aquelas podem também aparecer isoladas, traduzindo igualmente uma "ordem". É preciso, contudo, atender à situação, ao contexto e à entoação, entre outros fatores, para lhes determinar o valor coercivo e considerá-las como "ordem". Ora verificamos que a sua frequência no campo das expressões da "ordem" é muito diminuta, mais ainda que a dos verbos de vontade. Essa frequência é a seguinte:
nos autores portugueses – 1,8%
nos autores brasileiros – 0,95%
Pode dizer-se que não há nenhuma forma que sobressaia de modo absoluto. No entanto a maior frequência é a da forma "é preciso", na afirmativa e na negativa (P 0,4%, B 0,24%). No que respeita ao português do Brasil, não há nenhuma outra forma que sobressaia. No entanto, no português europeu as formas com pronome indefinido "se" ocupam lugar de relevo (P 0,45%); seguem-se-lhe as fórmulas "é + infinitivo impessoal ou conjugado" (P 0,35%) e "é melhor + infinitivo ou proposição subordinada" (P 0,3%).

De modo geral, todas as formas impessoais podem ser empregadas afirmativa e negativamente, com infinitivo impessoal ou conjugado ou com proposição subordinada. Há, no entanto, algumas exceções, que serão vistas na exemplificação de cada forma.

A) "É + infinitivo impessoal ou conjugado": Quando esta forma tem sentido negativo ou proibitivo, a partícula negativa intercala-se entre "é" e o infinitivo:
  1) Uma amiga conforta outra, que chora a partida do amante: "– Agora, **é não se consumir**. Eu já chorei, assim, como você está chorando..." (*Guerra*, 130)
  2) A a B, em tom carinhoso: "– Sim, meu santinho?... (...) pois **é sentar-se** já e agora deveras..." (*Gente*, 174)

3) O capataz ordena aos trabalhadores: "– **É desferrar**, gente!";
ou chama-os: "– Eh gente!... **É vir** aqui!..." (*Gaibéus*, 91-97)
4) O médico, à doente: "– **É fazeres** outra vez as vitaminas..."
(*Companheiros*, 522)

B) "**É seu dever** + infinitivo": O irmão mais velho, ao mais novo, que acaba de livrar da tortura um escravo alheio: "– Repito-lhe: é **seu dever** devolvê-lo ao dono. (...) Leve-o daqui! Mande entregá-lo ao dono!" (*Seara*, 49)

C) "**É bom** + infinitivo ou proposição subordinada":
Também aqui a partícula negativa modifica, geralmente, o infinitivo e não a forma "é bom":
1) O médico e amigo da família, à mulher que contraria o marido: "– **É bom** não contrariar..." (*Guerra*, 157)
2) Um rebelde, "irritando-se", a dois viajantes, que caíram presos: "– Quantas vezes já lhe disse que a questão não é comigo, criatura! E **é bom** pararem com essas lástimas, que eu não sou homem paciente." (*Lampião*, 35)
3) Uma senhora, indignada, a um cavalheiro, que foi atrevido: "– E **é bom** que se vá embora". (*Caetés*, 9)

D) "**É escusado**" + infinitivo:
A a B, amante: "– **É escusado** voltares aqui." (*Tempestade*, 214)

E) "**É forçoso** + proposição subordinada":
A a B, noiva renitente, que se recusa a fugir: "– Não! Vem! É **forçoso** que venhas!" (*Marques*, 63)

F) "**É inútil** + infinitivo":
1) A a B, impedindo-o de falar: "– **É inútil** negar. O sr. Alberto de Menezes é... seu filho!" (*Troca-Tintas*, 125)
2) Um cavalheiro, à amante, que pretende trazer uma filha para casa, alegando que "a família que a está criando é pobre... e falta-lhe a assistência necessária...": "– **É inútil** dramatizar. O que pretendes não é possível." (*Mundo*, 55)

G) "**É melhor**"/ "Era melhor"/ "Será melhor" + infinitivo ou proposição subordinada:
Todas estas variantes podem vir seguidas de infinitivo impessoal ou conjugado ou de proposição subordinada. A partí-

cula negativa, quando existe, modifica o infinitivo ou a forma verbal da proposição dependente. O imperfeito formal "era melhor" dá um caráter eventual e atenuado à "ordem", equivalendo funcionalmente a "seria melhor". A forma de futuro "será melhor" tem caráter mais real e torna, portanto, a "ordem" mais coerciva. As duas variantes têm valor temporal de presente ou futuro muito próximo.

1) O sogro, ao genro: "– Temos conversado. Vem aí sua filha. É **melhor** calar-se..." (*Justiça*, 44)
2) A mãe, à filha: "– Regina é **melhor** não tomares essa resolução de ânimo leve. É **melhor** consultares tua tia." (*Lei*, 41)
3) Flor, "ríspida", ao primo, que emociona uma amiga, contando-lhe uma história do noivo, por ela julgado perdido: "– É **melhor** que tu te cales, Anésio!" (*Sinhá*, 83)
4) Arménio, à irmã, numa voz intimativa: "– Calas-te? É **melhor** que te cales". (*Bastardos*, 17)
5) O marido, à mulher: "– Tem juízo, mulher! (...) **Era melhor** que te calasses!" (*Gentio*, 189)
6) O filho, à mãe incógnita, que começa a desvendar-lhe a história da filiação: "– **Será melhor** esclarecer, sim". (*Lei*, 23)

H) "**O melhor é**" / "**O melhor será**" + infinitivo ou proposição subordinada:

Podem considerar-se estas formas como variantes da anterior. Há contudo uma diferença nítida. A anteposição do caracterizador do processo verbal ("melhor") à forma do verbo *ser* e a sua individualização mediante o artigo ("O"), que dá ao adjetivo maior valor nominal, contribuem para dar à expressão um valor intensivo, um alto grau, que a anterior não possuía. Esta diferença estilística não afeta, no entanto, grandemente o caráter coercivo da "ordem".

Esta expressão só excepcionalmente é seguida duma proposição subordinada:

1) A mãe, à filha: "– Paciência tenho eu demais. **O melhor é** que você vá indo para a aula." (*Tal*, 68)

2) A, ao marido e ao filho: "– **O melhor é** acabarem lá com a conversa. Chega de espetáculos. Ou ainda não estão satisfeitos?" (*Vindima*, 102)

3) A mulher, ao marido "– Bem, **o melhor é** tu mandares cá o teu sobrinho, para se entender diretamente com o sr. Zé Maria." (*Conde Barão*, 5)

4) Uma tia, à sobrinha: "– Deixa isso agora, Flor. **O melhor é** ires levando essas coisas para o quarto de Santa." (*Sinhá*, 63)

5) O marido, à mulher, combinando um encontro: "– **O melhor será** ires lá ter. Encontramo-nos lá. Eu vou cedo, vou às 6 horas". (*Homem*, 18)

I) "**É necessário**" + infinitivo ou proposição subordinada:

Pode seguir-se-lhe o infinitivo, uma forma nominal, ou uma proposição subordinada, com o verbo no conjuntivo presente. A partícula negativa pode vir antes da expressão, tornando-a equivalente a "é desnecessário", que não encontrei em nenhuma expressão de "ordem", a não ser que me tenha passado despercebida.

1) O patrão, ao empregado infiel, despedindo-o: "– **É necessário** sair logo." (*Caetés*, 190). O advérbio temporal tem, neste caso, o valor de presente imediato (= já) – como é habitual no português do Brasil – e não o de futuro próximo.

2) O futuro genro, à mãe de sua noiva: "– Micaela, tenha paciência ... **É necessário** que convença a Aurora a retirar-se antes que cheguem os toiros." (*Marquês*, 74)

3) O dono duma agência, ao boletineiro, servindo-se de um estratagema para ludibriar os clientes: "– (Dando-lhe os telegramas que tinha recebido). Aproveite estes para logo. É **necessário** que me mande dois telegramas da África." (*Troca-Tintas*, 43).

4) A acaba de receber uma trágica revelação e diz ao pai, que se preparava para a chamar à ordem, por ela não querer casar com o noivo que ele lhe propõe: "– **Não é necessário**, meu pai. Pode mandar entrar o tabelião." (*Marquês*, 38)

Capítulo II

J) "**É preciso**" + infinitivo ou proposição subordinada:
Também esta forma pode ser seguida de infinitivo impessoal ou conjugado, de proposição subordinada ou de forma nominal; na forma negativa exprime uma "ordem" proibitiva, podendo a partícula negativa vir antes da expressão ("não é preciso"):
1) A a B "interrompendo-a": "– **Não é preciso** continuar. Já sabemos tudo." (*Sogra*, 108)
2) Um agente de polícia, chamado para investigar um caso de roubo, ao indivíduo que se faz passar por administrador local: "– O que **é preciso** agora é muita discrição. É necessário que V. Ex.ª não diga a ninguém que eu me encontro aqui." (*Santo*, 65)
3) Entre duas amigas: "– Aliás, **é preciso** que me deixes entrar aos poucos nesse ambiente social de grande cidade." (*Seara*, 195)
4) A mãe, à filha, que vai ao médico: "– **É preciso** queixares-te de tudo quanto sentes, ouviste?" (*Lei*, 32)
5) O senhor de engenho, aos subordinados, durante a invasão das cheias: "– **É preciso** mandar canoa para o povo da Ponte. Lá é mais baixo, deve haver precisão de socorro." (*Menino*, 61)
6) A mãe, à filha: "– Deixaste o lume esperto? **É preciso** fazer mais café!" (*Gebo*, 23)

K) "**É tempo de** + infinitivo":
1) Entre dois indivíduos idealistas: "– A propósito é **tempo de** irmos apresentar os nossos cumprimentos à sociedade." (*Pescador*, 51)
2) A a B, amiga que vai casar: "– Vamos. Estarão notando a tua falta... **é tempo de** te acabares de vestir. Virão por ti." (*Envelhecer*, 96)

L) "**Não carece de** + infinitivo":
Uma rapariga, cortando "os rodeios e desculpas prévias" a um indivíduo, que ia "dirigir-lhe a palavra": "– **Não carece de** falar não, que eu já sei. Pensa que a gente não entende das coisas?" (*Amanuense*, 67)

M) "**Convém que** + conjuntivo presente" /"**Será conveniente** + infinitivo":

1) Aurora, a um meio-irmão, recomendando-lhe segredo para uma revelação, que ele lhe acaba de fazer: "– Por isso, **convém que** ele não saiba. Atenta bem: que ele não saiba!..." (*Marquês*, 35)

2) Um falso agente, a uma senhora que faz recomendações a um interrogado: "– O senhor Damião não necessita das recomendações de V.Ex.ª, por isso **será conveniente** não o interromper". (*Santo*, 87)

É de salientar o caráter cerimonioso e cortês deste futuro formal, que torna a "ordem" atenuada.

N) "**Há que** + infinitivo":

O amo, aos trabalhadores: "– **Há que** botar-se mais água a este mosto!" (*Giestas*, 99)

O) "**Tem que** + infinitivo":

O chefe dos cangaceiros, a dois viajantes que caíram prisioneiros, obrigando-os a levar-lhe uma carta ao Governo: "– Esse papel aí é muito pequeno. Vai ser carta para o Governo, **tem que** ser em papel decente." (*Lampião*, 45)

P) "**Vale mais** + infinitivo" /"**Não vale** + infinitivo":

1) Teodoro tranquiliza uma criança mais nova, a um ruído suspeito: "– Olha, se calhar é o vento... Mas **vale mais** não saíres de ao pé do teu avô, que eu cá vou ter com a minha avozinha." (*Pescador*, 14)

2) A a B, que faz sinais ao seu companheiro de jogo: "– Mau! **Não vale** fazer sinais!" (*Marquês*, 42)

Q) "**Não vale a pena** + infinitivo":

1) O patrão, ao feitor: "– Não faça caso, ti Seara. Vai e vai mesmo. **Não vale a pena** falar mais nisso." (*Vindima*, 25)

2) Leonor, pondo termo à discussão com o amante: "– **Não vale a pena** discutirmos." (*Inimigos*, 142)

R) "**A ver se** + indicativo presente":

Num restaurante, um cliente, ao criado: "– Hoje estou com pressa. **A ver se** não me demoram muito." (*Oral*, Cl. I)

S) "**Se**" representante do nome /"**Se**" apassivante do processo verbal:
   A "ordem" pode ser expressa, de modo impessoal, através da partícula "se", que, neste caso, não tem qualquer valor reflexivo. De todas as fórmulas vistas até aqui, esta é a mais impessoal, pois nem o ordenante nem o executante são representados, de maneira concreta, na forma linguística, exceto quando a representação se faz pelas formas de interlocução nominais. Eles são, contudo, representados implicitamente pela situação e pelo contexto, pois de contrário não haveria "ordem". A presença do ordenante, autor da "ordem", é a que mais se faz sentir.

   São, fundamentalmente, dois os valores das expressões deste tipo e dependem da maneira como é encarado o sentido de desenvolvimento do processo verbal. Se este é encarado a partir do agente da ação, a expressão linguística tem caráter ativo e a partícula "se" representa esse agente; neste caso "se" é uma categoria do discurso, pois representa a pessoa.

   Se o processo verbal é encarado a partir do objeto direto da ação, a expressão linguística tem sentido passivo e o valor da partícula "se" é apenas de apassivante da forma verbal; neste caso, "se" é uma categoria do processo verbal, pois dá sentido passivo à frase.

   Neste último aspecto, a expressão da "ordem" tem sempre o mesmo valor, em geral enérgico e categórico. Quando, porém, a partícula "se" representa o agente da ação, este é determinado pela situação e pelo contexto, pois tanto pode ser o ordenante como o executante. Em qualquer alternativa, "se" nunca exerce a função de sujeito gramatical, pois permanece sempre apegado ao verbo, como morfema. Do ponto de vista gramatical é diferente do "*on*" francês, mas do ponto de vista funcional ele representa como este o agente da ação e, neste sentido, pode ser considerado como sujeito psicológico da frase.

   A partícula "se" tanto representa o ordenante como o executante, quer separadamente, quer associando-os. Nem todos os casos em que "se" representa o ordenante podem ser consi-

derados como "ordem", pois, em grande parte deles, A apenas toma uma decisão que em nada vai influenciar o executante, cujo papel é, assim, de simples ouvinte; é o que acontece nestes dois exemplos:
 1) A, colega e amigo de B, conta um caso de morte, que causa certo horror; a certa altura, põe termo à sua própria conversa e muda de assunto: "– Pronto, não se fala mais nisso!" (*Companheiros*, 188) (= Pronto, não falo mais nisso!)
 2) Numa situação semelhante, uma amiga conta a outra um procedimento pouco cortês do seu primeiro noivo; por fim, acaba com a conversa, dizendo: "– Nunca o perdoarei pelo que fez a papai. Apenas isso, e não se fala mais em tal!" (*Sinhá*, 74) (= não falo mais em tal!)

Não é frequente, na expressão da "ordem" (só excepcionalmente o encontrei nos textos explorados), a partícula "se" representar o ordenante, fato que não é de estranhar, dada a sua fraca representação linguística, conforme verificamos no capítulo anterior. Podemos no entanto verificá-lo nos dois exemplos seguintes; o primeiro, recolhido oralmente, traduz, sob a aparência de pedido, uma "ordem" atenuada; o segundo é curioso, pois estabelece uma transição entre o aspecto ativo e o aspecto passivo da partícula "se":
 1) Numa conferência, um membro da presidência exige aos ouvintes: "– Pede-se o favor de não fumarem, visto que a sala é pequena e está muito cheia." (*Oral*, Presid.) (= Peço – ou, pedimos, no caso de falar em nome da presidência – o favor de não fumarem...)
 2) O marido "ordenou" à mulher: "– Cá o centeio quer-se regrado." (*Terras*, 77)

Apesar de, neste caso, o objeto direto da ação vir em primeiro lugar, o processo verbal não pode ser encarado a partir dele, pois a forma verbal indica a vontade do ordenante (= quero), enquanto o agente da ação exigida deve ser

o executante (a mulher); o valor funcional desta expressão é, portanto, bastante semelhante ao da anterior: "quero o centeio regrado (por ti) cá (em casa)."
Mas a partícula pronominal "se" pode também designar mais de um ordenante, ou então que o ordenante se associa ao executante; o seu valor é, nestes dois casos, de primeira pessoa do plural:
1) Indica mais de um ordenante neste exemplo: O dono da casa está com sua família; a "cigarra" da porta da rua bate e o criado "faz menção de atender"; A impede-o, dizendo: "– Não interessa! Hoje não se recebe ninguém!" (*Guerra*, 131) (= Hoje não recebemos niguém!)
2) A associa-se a B, no seguinte caso, embora um pouco ficticiamente, pois a "ordem" é mais destinada a B: em conversa com o filho, a mãe recomenda cuidado com o pai, que está doente: "Ele agora precisa ser tratado como se fosse uma criança. Perto dele nao se discute nada. Todos ouvem o que ele está dizendo. Ouvem e falam dentro da mesma ordem de ideias. Não se deve discordar dele, contrariá-lo, emocioná-lo. (...) Temos que escolher as palavras, pensar duas vezes antes de falar." (*Madrugada*, 46) (Se = nós, tu)
3) Valor semelhante tem a forma "se" neste caso: marido e mulher discutem, porque esta quer um anel que ele não está disposto a pagar; por fim, o marido põe termo à discussão, dizendo: "Está bem, não se fala mais nisso. Vou adquirir a joia." (*Sem lar*, 186) (= não falemos, não fales)

Mas nem sempre "se" indica de modo dúbio a primeira pessoa do plural e a segunda do singular. Há casos em que desempenha nitidamente o papel de segunda pessoa do discurso:
1) No comboio, a mãe, ao filhito, que ia atirar com um papel a uma senhora: "– Não se atira!" (*Oral*, M.) (= não atires)

2) A a B, que fala de uma pessoa (Clara) que não agrada a A: "Não se nomeiem n'os santos!" (*Giestas*, 116) (= Não fales nos santos [Clara])

3) O marido, à mulher, que o censura por vir tarde: "– Não podias almoçar onde passaste a noite?" Mas A não admite censuras: "– Então? Então! Acabou-se. Não se discute mais. A sr.ª Quitéria não vem hoje?" (*Vizinha*, 89) (= Não discutas mais)

4) O marido, à mulher, justificando uma aquisição: "– É preciso, é preciso. Nao se discute." (*Páscoa*, 99) (= Não discutas)

5) O professor, ao aluno: "– Para a outra vez faz-se menos barulho com esses pés, ouviu?" (*Amores*, 150) (se = tu, você: fazes, faça)

Até aqui o processo verbal tem sido encarado a partir do agente da ação, que é na maioria dos casos o executante. A "ordem" tem nestes casos caráter ativo, dinâmico.

Mas nem sempre o processo verbal, com a partícula "se", é encarado deste modo. Muitas vezes o objeto direto da ação tem papel primordial e, por isso, vem geralmente em primeiro lugar; do ponto de vista funcional o sujeito psicológico continua a ser o agente, normalmente omisso na expressão linguística, sendo mais uma vez o contexto e a situação que o determinam:

1) A mãe, à filha: "– Isso não se discute agora. (...) Deves fazer fé no que te dizem as pessoas que o sabem." (*Avisos*, 267)

2) O capataz, ao pessoal do trabalho: "– Quem chega à borda, anda p'ra riba!" "– as bordas não se cortam!..." (*Gaibéus*, 25)

Colocado em primeiro lugar, o objeto direto da ação ganha grande relevo e torna-se o elemento mais importante da frase.

3. Expressões categóricas indiretas

As formas aqui agrupadas obedecem à característica essencial das anteriores, ou seja, o executante não é interpelado diretamente. A "ordem" consiste numa asserção positiva ou negativa, de valor categórico, cujo cumprimento é tido como certo. Tem, portanto, um certo caráter impessoal, na medida em que nem o ordenante é designado na forma linguística nem o executante é chamado à ação, de modo direto.

A "modalidade" inclina-se para o lado do real, sendo representada, na maioria dos casos, pelo modo indicativo. O tempo predominante é o presente do indicativo, e ainda, num caso ou outro, o futuro do indicativo e o pretérito perfeito. A pessoa gramatical é quase exclusivamente a terceira do singular.

A frequência destas formas é ainda muito mais reduzida que a das anteriores, tanto em autores portugueses como brasileiros, pelo que nem vale a pena tomá-la em consideração.

A) Indicativo presente – 3ª. pessoa do singular e do plural

1) O juiz, ao oficial: "– Os senhores que vêm para o Conselho de Família e os srs. peritos mande-os entrar, se quiserem, para o meu gabinete. E aqui nesta sala **não entra** mais ninguém..." (*Justiça*, 105)

2) A impede a irmã e a avó de chamarem a polícia, "pondo a mão no telefone": "– Aqui ninguém **chama** a Polícia. Isto é casa de macho." (*Colar*, 169)

3) A repreende a noiva: "– Em brincadeiras de homem meninas **não se metem**." (*Colar*, 169)

4) O Juiz põe termo à discussão entre o promotor e o advogado, "fazendo soar o tímpano".: "– **Está** com a palavra a Promotoria!" (*Sem lar*, 167)

5) A, a uma pessoa importuna: "– Todos os dias você corre pra cá e vem se queixar de mim. Isso **não pode continuar!**" (*Sogra*, 110)

6) O marido, à mulher, em dia de ceia festiva: "– Eh, Augusta! Hoje o vinho **vai** do pipo meão. Uma quartola d'ele, ao menos." (*Giestas*, 114)

7) O capataz, aos trabalhadores: "– Esses bocados rezendes **ficam!**" (*Gaibéus*, 30)

8) A mulher, ao marido e um amigo, levantando "a voz metálica e terminante": "– Meus senhores, as histórias desse gênero **estão proibidas**..." (*Companheiros*, 650)
9) Uma inquilina, à filha da porteira: "– É por causa do caixote. Aquilo **tem de se limpar**, ouviste? Bem... – Que bom dar uma ordem, ser senhora da minha casa..." (*Companheiros*, 547)

B) Futuro do indicativo – 3ª. pessoa do singular
1) Num testamento, o autor estabelece: "– e, por sua morte, o remanescente da herança **ficará pertencendo** a seu filho e meu sobrinho." (*Troca-Tintas*, 152)
2) Uma rapariga abandonou a casa dos tios para fugir com o noivo; o tio quer impedir que o pai dela o saiba e por isso proíbe indiretamente a irmã e o cunhado dela de lho comunicarem: "– Ora muito bem, chamei-a para lhe fazer a seguinte comunicação: haja o que houver – estão me entendendo bem? – haja o que houver, Tancredo **não poderá tomar** conhecimento do ocorrido!" (**Guerra**, 119)

C) Pretérito perfeito – 3ª. pessoa do singular
1) Um capitão, aos cadetes, que estavam de conversa: "– **Acabou** a conversa, **acabou** a conversa." (*Oral*, Cap. V.)
2) Uma rapariga, ao noivo, que a ludibria, cortando-lhe a conversa "quase num grito": "– Pronto! **Acabou-se, acabou-se!**" (*Companheiros*, 736)
3) Um cavalheiro, à amante, "num grito, sentindo-se liberto de toda a prisão moral e sensual que os unia": "– Ah! mas agora já basta! **Acabou-se.**" (*Inimigos*, 150)

Estes tipos de perfeito formal têm caráter indireto, bastante diferente do de uma outra forma, que veremos no capítulo seguinte.

A distinção principal é que aqui a "ordem" tem caráter terminativo, enquanto na forma direta, que veremos, tem caráter prescritivo. Nos exemplos vistos, a forma verbal indica o aspecto conclusivo da ação exigida, cujo cumprimento, sobretudo no primeiro caso, é quase simultâneo com a formulação da "ordem". No último exemplo indicado, aquele que tem menor caráter coercivo, o aspecto conclusivo é ainda mais evidente.

4. Conjuntivo presente indireto

As formas de conjuntivo presente que exprimem a "ordem" de modo indireto são as da terceira pessoa do singular e do plural.

São estas, portanto, as que constituem o objetivo desta seção. As formas correspondentes à segunda pessoa do singular e plural serão estudadas no capítulo seguinte, pois interpelam de modo direto o executante, tal como acontece no imperativo.

São, em geral, duas as situações principais entre o ordenante e o executante neste processo da expressão da "ordem": A e B encontram-se face a face ou então há uma pessoa intermediária entre eles; neste caso o executante ocupa o lugar da terceira pessoa do discurso, podendo representar-se por C. A segunda pessoa intermediária pode ser apenas o interlocutor com quem A fala, não exercendo nenhum papel ativo na transmissão da "ordem", ou então pode atuar como executante secundário, encarregado de fazer chegar a C a exigência do ordenante; neste último caso C encontra-se ausente. Para que a manifestação da vontade de A tenha realmente o caráter de "ordem", sobretudo no caso de C estar ausente, é necessário que tenha como objetivo ser transmitida ao executante, pois em muitos casos o ordenante apenas exterioriza um desejo.

O conjuntivo tem então um caráter optativo e não jussivo. Embora estes dois aspectos pareçam facilmente distinguíveis, em certos casos só a situação e o contexto nos permitem diferenciá-los. A principal característica que distingue estes dois tipos de conjuntivo é-nos dada pela "modalidade". Enquanto no conjuntivo optativo a ação desejada tem sempre caráter eventual, no conjuntivo jussivo a ação, por ser exigida, tem caráter mais real; por outras palavras, no primeiro caso a realização da ação é independente da vontade de A, enquanto no segundo caso a ação nasce, por assim dizer, da vontade do ordenante.

Têm valor optativo as formas de conjuntivo seguintes, que saem do campo da "ordem":

1) A encara com B e deixa transparecer o desejo de que a não considerem ingrata: "– Não, não, de ingratidão **me não inculpem** – ó minha santa protetora." (*Pescador*, 59)

2) O marido conversa com a mulher sobre a falência da firma dos filhos e desabafa: "– E quanto ao mais... quem as arranjou **que as desfaça!**" (*Ausente*, 110)

As formas de terceira pessoa do conjuntivo jussivo são de pouca frequência na expressão da "ordem", tal como acontece com os outros processos indiretos. Assim, nos textos que me serviram de base, a frequência é de 1,85% em autores portugueses e 0,65% em autores brasileiros; tanto nuns como noutros, essa frequência é quase inteiramente preenchida pela forma da terceira pessoa do singular.

Como vimos atrás, o ordenante e o executante podem encontrar-se face a face ou então há um intermediário entre eles, quer o executante esteja presente, quer ausente. Vamos ver, portanto, de que maneira a terceira pessoa do conjuntivo exprime a "ordem" nestes casos.

A) A em face de B:

Quando ordenante e executante se encontram em presença um do outro, sem intermediários, o que dá caráter indireto à "ordem" é o fato de A não interpelar B, referindo-se apenas ao objeto direto da ação, considerado do ponto de vista funcional. Do ponto de vista lógico ou gramatical o objeto direto desempenha o papel de sujeito, mas o verdadeiro agente da ação, o sujeito psicológico, é o executante. Este valor é, sobretudo, patente nos primeiros três exemplos dos que cito a seguir e nos quais é manifesto o sentido passivo da "ordem":

Capítulo II

1) O patrão, ao pessoal da debulha: "– Olha p'r'o que estás a fazer, tu: **esses sacos que fiquem bem atados**." (*Amores*, 43)
2) O feitor manda varrer a eira a uma jornaleira: "– Pois! Da palha. **Que fique à noite varrida**..." (*Giestas*, 192)
3) Mesma situação de a): "– Cautela **que não fique por aí alguma coisa esquecida**: essas pás, esses 'baleios', tudo isso!" (*Amores*, 42)
4) O marido, à mulher, em dia de festa: "– Bem! Então **a ceia que seja mais grada** hoje, Augusta!..." (*Giestas*, 73)
5) A mãe, à filha: "– Ouve bem o que te vou dizer, Angelina; **e que isto fique** só entre nós duas." (*Avisos*, 271)

Mas há ainda um outro tipo de conjuntivo indireto ainda mais curioso, pelo seu sabor arcaico e popular. Trata-se de uma forma de certo modo impessoal em que o verbo concorda com o objeto direto da ação; a ausência da partícula "que" nestas formas parece-me aumentar o valor jussivo da expressão, tirando-lhe qualquer matiz optativo:

1) Um amigo aconselha outro: "– Paulo, **não te preocupe** o povo, que é cristão e por quem vela a Providência." (*Pescador*, 234)
2) A, à sua amante: "– Peço-te pelo que há de mais sagrado que me não mintas. E **não te importe**, não receies fazer-me sofrer..." (*Inimigos*, 147)
3) A, a um amigo: "– **Não te cegue** a amizade, Paulo." (*Pescador*, 252)
4) A, à noiva, receosa de que a censurem pela demora. "– **Não te dê guerra** o Ti'Jacinto! Nada ouvirá! Descansa!..." (*Giestas*, 194)
5) Clara, "n'um arreganho", ao Ti'Simão, que lhe critica os atos e a vida de miséria: "– Ah!... **Não lhe faça** afronta, Ti'Simão!... Nem por isso hei-de morrer!..." (*Giestas*, 81)

Nestas formas, todas negativas, o executante é representado linguisticamente pelo pronome pessoal "te" e "lhe", que, apesar de formas de complemento, tornam estas expressões menos indiretas que as anteriores.

Mas, embora funcionalmente o valor de "não te preocupe o povo" seja "não te preocupes com o povo" e "não te cegue a amizade" signifique "não te cegues com a amizade", há uma diferença nítida entre a forma impessoal e a pessoal, do ponto de vista estilístico. Essa diferença é explicada por Rodrigues Lapa, nestas palavras: "Quando o povo diz: 'Não **te esqueça** de ires à fonte', fala português clássico, sem o saber. Emprega o verbo "esquecer" como impessoal, à maneira de Camões, que o usou assim naquele admirável soneto 'Alma minha gentil'. Escreveu o grande poeta: 'Não te esqueça daquele amor ardente', dando um sentido especial à frase e insistindo mais sobre a ação e o objeto do que sobre a própria pessoa." (*Estilística*, 3ª. ed., p. 155)

Mas o ordenante pode insistir ainda mais sobre o objeto, pelo emprego de outras formas, que apenas se distinguem das anteriores pela ausência de pronome-complemento e por terem, em geral, caráter afirmativo. A transição entre umas e outras podemos observá-la neste exemplo de Aquilino Ribeiro.

Escrevia ele na primeira versão de *Terras do Demo* (ed. 1919, p. 130): A mulher recomenda ao marido que, acompanhado pelo filho, vai à feira: "– Ide com Santo António! (...) **Não te esqueçam** as testeiras, que não tenho que calçar."

Mas, na segunda versão (ed. 1946, p. 150), modificou para: "– Ide com Sant'António! (...) **Não esqueçam** as testeiras, que daqui a pouco não tenho que calçar."

Terá sido realmente feliz esta modificação? Considerando o contexto e a situação, parece que ela foi antes infeliz, pois a supressão da forma pronominal "te" veio criar uma séria confusão.

De fato não sabemos se a nova frase continua a ter um caráter impessoal, insistindo no objeto da ação (= as testeiras não esqueçam) ou se, pelo contrário, ela tem um caráter pessoal (= vocês não esqueçam as testeiras), pois o contexto diz-nos que B é acompanhado pelo filho, representado aliás na primeira parte da expressão ("Ide com Santo António!"). Enquanto na primeira versão só havia uma possibilidade (A dirigia-se só a B), agora passa a haver três: A pode dirigir-se só a B, A pode dirigir-se a BB de modo indireto, A pode dirigir-se a BB de modo direto. Qual das três possibilidades devemos admitir? É claro que só a comparação das duas versões nos permite concluir alguma coisa. Se o ordenante dirigisse a "ordem" apenas a um executante, de certo o autor não teria suprimido "te"; a primeira possibilidade fica assim eliminada. A "ordem" é, portanto, dirigida a dois executantes. Mas, neste caso, terá caráter direto e pessoal, insistindo no sujeito da ação ("vocês") ou, pelo contrário, terá antes caráter indireto e impessoal, insistindo no objeto ("as testeiras")? Atendendo ao tratamento, parece mais admissível este último caso, pois à primeira parte da frase corresponde a forma de interlocução "vós" ("Ide com Santo António!"), enquanto a esta corresponderia "vocês" ("não esqueçam..."). Em todo o caso pode manter-se uma certa dúvida, pois as duas formas de tratamento são frequentes em *Terras do Demo*, e poderia admitir-se que naquele caso houvesse transição de uma a outra.

Mas, mesmo que não se pusesse em dúvida o caráter indireto e impessoal da expressão, a ausência da forma pronominal "te" torna a frase menos afetiva e menos incisiva, pois já não permite chamar a atenção do executante.

Mais curioso ainda que todos os anteriores é o exemplo citado a seguir, cujo caráter é também impessoal e em que o objeto direto da ação vem em lugar de relevo, pois constitui uma espécie de "*propos*", separado da forma verbal pelo processo da segmentação:

1) A, "mergulhando nas suas contas", recomenda à mulher: "– E o feno às vacas!... **Não esqueça** também!" (*Giestas*, 72)

Há ainda outros processos impessoais, em que se insiste sobre o objeto da ação:
1) O marido, impaciente, à mulher: "– Bem. Agora **venha de lá o caldo**, que eu também sou filho de Deus." (*Amores*, 209)
2) A mãe, à filha, pedindo-lhe água a ferver: "– **Venha ela**." (*Paço*, 193)
3) A a B, despedindo-se: "– Mas, por conta, **venha de lá um abraço**." (*Seara*, 451)

Em todos estes casos, ordenante e executante encontram-se em presença um do outro; o que dá caráter indireto e impessoal à "ordem" é o aspecto formal das expressões.

Vejamos agora alguns casos em que há um intermediário entre ordenante e executante, mas estando este presente.

B) Entre A e C (presente) há um interlocutor passivo:

Quando o executante está presente, o que dá caráter indireto à "ordem" é não apenas o aspecto formal das expressões, mas também o fato de o lugar do executante ser o da terceira pessoa do discurso, ou seja, o de C. Entre A e C existe uma segunda pessoa intermediária, com quem A fala, mas que nenhum papel exerce na transmissão da "ordem".

Comecemos por observar alguns casos em que o executante se encontra entre vários interlocutores. O caráter indireto da "ordem" reside apenas na expressão:
1) A "gritando para fora" a um grupo de indivíduos, para que um deles leve um cavalo: "– **O Cambaio que leve o ruço!**" (*Severa*, 22)
2) A está entre seus familiares e diz a B: "– É minha vontade firme que o assunto fique concluído já. **Que o Bernardo não tenha** mais nada a tratar com o meu irmão, (marcando bem) nem conosco." (*Lá-Lás*, 125)
3) A, que vai exorcizar uma rapariga, diz às mulheres presentes: "– Se todas as presentes tiverem fé, nada lhe

acontecerá; por isso, quem não acreditar **que se vá embora**!" (*Crime*, 211)
4) A, às pessoas que o aconselham: "– E **ninguém se incomode, ninguém m'o venha ensinar**!" (*Giestas*, 185)

Nos exemplos seguintes o executante ocupa o lugar de terceira pessoa no discurso; entre A e C há um interlocutor passivo, pessoa a quem o ordenante se dirige diretamente:
1) Numa taberna, A, apontando C, diz ao taberneiro: "– Este camarada **que te pague**, agora já, a despesa deste pessoal." (*Noite*, 167)
2) A fala com um interlocutor e exige o testemunho de C: "– Está aí meu cunhado João **que diga**..." (*Terras*, 206)
3) Um médico recomenda aos familiares de um doente: "– Se houver qualquer coisa mandem-me chamar. Depressa, an! **A Ilda que dê** um salto ao telefone..." (*Companheiros*, 589)
4) A conversa com um amigo; a mulher deste chega, e A diz: "– Teu marido estava a fazer-me queixas de ti. Atura-o. (...) **Ele que t'as diga**. Até logo". (*Envelhecer*, 113)
5) A conversa com um amigo sobre sereias; como este duvida, A invoca o testemunho de C, que está presente: "– Sim, a sereia!... Que pensa? **O ti'Manuel que diga**, se há ou não há!..." (*Mar*, 88)
6) Mãe e filha conversam com uma amiga; esta pergunta à filha se não é tempo de se casar; a mãe intervém, dizendo: "– **Que trate** dela e da mãe, qu'inda é munto noba p'r'essas coisas! (*Gentio*, 201)

C) Entre A e C (ausente) há um interlocutor ativo:
Quando C está ausente, o interlocutor de A é o agente transmissor da "ordem"; o seu papel é de executante secundário, visto que a "ordem" é dirigida a C, terceira pessoa, e não a ele.
Nestes casos de "ordem" a transmitir, podemos falar de dois executantes: B, segunda pessoa, executante secundário, e C, terceira pessoa (ausente), executante principal:

1) O pai, à filha (Helena), mandando chamar a criada: "– **A Maria que a venha buscar** (Helena toca a campainha)" (*Justiça*, 190)
2) O patrão, ao empregado, dando-lhe ordens para o marçano: "– **O João que encha** as tulhas e **peneire** aquela farinha que veio do Soares." (*Marés*, 264)
3) O amo diz ao criado que o chefe da orquestra pode mandar os músicos embora: "– **Que mande** os homens embora, está claro!" (*Marquês*, 113)
4) O regedor, após ter interrogado um indivíduo, diz-lhe que chame outro: "– Então **venha o mulato**." (*Noite*, 196)

Nem sempre o interlocutor de A tem lugar secundário, em relação ao executante principal (C). Frequentemente se verifica uma acumulação de formas indiretas e diretas. O interlocutor do ordenante, interpelado diretamente, passa então a executante principal, em relação a C.

É o que podemos observar nos exemplos seguintes:
1) O patrão, ao criado, dando-lhe ordens para C: "– O *chauffeur* **que abasteça** o carro e **meta** mais um pneu sobressalente pois partiremos dentro de meia hora para um percurso longo! **Transmita** as minhas ordens na íntegra! Na íntegra, está entendendo?!" (*Guerra*, 120)
2) A chama os ganhões (ausentes): "– Ah!, Ti'Martinho! os **ganhões que venham** à ceia! E **diga** ao Geadas…" (*Giestas*, 138)
3) O médico, ao marido de C: "– Deitar nada! Que é que você entende? **Cuide** do seu fígado! **Fernanda que caminhe** um pouco no corredor. É melhor. Ajuda a descer a cria. Deitar nada!" (*Lugar*, 246)
4) O sobrinho, à tia: "– Quando eu sair, **telefona** à dona Mariana e **conta-lhe** tudo, ouviste? **Pede-lhe**, em meu nome, **que não deixe** o pai ler os jornais. **Ela que invente** um motivo qualquer mas **não deixe** o pai ler os jornais, compreendes?" (*Madrugada*, 396-7)

5) A senhora, à criada: "– Vai depressa e **que mandem** sem demora o telegrama à estação." (*Sabina*, 202)
6) O amo, ao ganhão: "– Não, podes ir. Ouves? Lá em casa **que tenham** a ceia a horas. Avia-te. Ouves, Francisco? Não piques os bois, a carrada é valente." (*Amores*, 43)

Em geral, o conjuntivo indireto está mais ou menos dependente de uma forma verbal implícita, que nuns casos é um verbo de vontade (**quero**), noutros é uma forma direta (**diz, diga,** etc.). A não representação destas formas dá caráter mais coercivo à "ordem" a transmitir, sobretudo nos casos em que C está ausente, pois ele é interpelado indiretamente. O valor do conjuntivo indireto sobressai nitidamente, se o compararmos com uma forma de conjuntivo dependente de um verbo explícito:
1) O pai, aos filhos: "– mas antes de morrer, **quero** que cada um de vós me vá buscar um vime seco e m'o traga aqui." (*Amores*, 403)
2) Uma rapariga, a um cavalheiro indiscreto: "– Mas o que já lhe peço é isto, se puder: **que não diga** essas coisas." (*Companheiros*, 66)
3) O conde, ao moço de estribeira: "– **Dize** ao Falua que me venha apertar as esporas." (*Severa*, 131)
4) A recomenda à criada: "– **Vai depressa dizer** ao António que meta a mala pequena dentro da carruagem e tome conta dos guarda-sóis, não se partam." (*Sabina*, 212)

Comparando estes exemplos com os anteriores, e até entre si, notamos uma nítida diferença. Enquanto os anteriores permitiam que se insistisse em C, mesmo quando este estava ausente, interpelando-o indiretamente, nestes apenas a primeira e segunda pessoa do discurso têm lugar de relevo. Assim no primeiro exemplo citado ("quero que cada um de vós...") acentua-se sobretudo a vontade do ordenante. O segundo exemplo já é mais curioso, pois a bipartição da frase ("Mas o que já lhe peço é isto, se puder: / que não diga essas coisas.") permite chamar a atenção tanto para a vontade do ordenante como para a importância da exigência; o valor dependente do segundo membro da frase é mais atenuado que nos outros exemplos. Nos dois últimos exemplos ("Dize ao Falua que..." e "Vai depressa dizer ao António que..."), embora sejam casos de "ordem" a transmitir, é sobretudo em B que se quer insistir, interpelando-o diretamente, pois é sobretudo dele que depende o cumprimento da vontade do ordenante. No último exemplo este valor é ainda mais expressivo, pois "vai depressa dizer" tem caráter muito mais reforçativo que o simples "dize"; contudo, a ausência de "que" em "e tome conta dos guarda-sóis", que torna a subordinação menos explícita, dá à última parte da "ordem" caráter mais expressivo, pois permite uma ligeira interpelação à terceira pessoa (António); a última parte da "ordem" ("não se partam"), que tem caráter advertencial, dado o seu isolamento pelo processo da segmentação, é especialmente dirigida à terceira pessoa e constitui a finalidade principal da vontade do ordenante.

Vemos, portanto, que o processo direto e o indireto, por vezes, se acumulam, ora com predomínio de um, ora de outro, permitindo deste modo que a expressão linguística da "ordem" traduza, sob variados matizes, a vontade do ordenante.

Capítulo III
A expressão da "ordem" por meio de formas verbais diretas

As formas verbais estudadas neste capítulo interpelam diretamente o executante, que é sempre a segunda pessoa do discurso. Este é chamado a atuar, quer através de formas nominais de apelo ou vocativas, quer sobretudo através das formas verbais, por cujas desinências ele é representado linguisticamente. Tanto pode ser interpelado pelas formas da segunda pessoa gramatical como pelas da terceira.

Geralmente, as formas da terceira pessoa gramatical são consideradas indiretas, sob o ponto de vista do tratamento, quando aplicadas à segunda pessoa do discurso. É o que nos diz Marilina dos Santos Luz:

> "A forma mais direta de dirigir a palavra a alguém é empregar o pronome *tu*. O tratamento começou a tornar-se menos direto com o uso do pronome *vós*. Quando fórmulas constituídas por um adjetivo possessivo e por um substantivo abstrato puderam ser usadas como locuções de tratamento, este tornou-se ainda mais indireto. Finalmente o uso da terceira pessoa verbal com um substantivo que designe um nome de cargo, uma profissão, o grau de parentesco, o título nobiliárquico, ou até o antropônimo, é uma prova mais evidente da tendência para evitar a individualização. Se a língua se enriqueceu com esta evolução sofrida pelo tratamento, a clareza da frase nada ganhou. Com efeito, a terceira pessoa verbal, dirigida à segunda pessoa do discurso, veio criar, na conversação de todos os dias, situações ambíguas que não raramente é preciso desvanecer." ("Fórmulas de tratamento no português arcaico", pp. 20-21) [grifos da autora]

Não há dúvida de que o "tu" é mais direto, mas certas formas de origem substantiva, como "você, vocês", à medida que foram adquirindo categoria pronominal, tornaram-se menos indiretas. Por outro lado, as formas de tratamento substantivas tornam-se também menos indiretas, pelo caráter vocativo, que geralmente assumem, na expressão da "ordem".

Confrontando as formas estudadas neste capítulo com as do capítulo anterior, creio que se justifica plenamente, salvo um ou outro caso duvidoso, a distinção feita entre expressões indiretas e expressões diretas.

Teremos realmente ocasião de verificar que "a terceira pessoa verbal, dirigida à segunda pessoa do discurso, veio criar, na conversação de todos os dias [no nosso caso, a expressão da "ordem"], situações ambíguas que não raro é preciso desvanecer.", como diz Marilina Luz.

É precisamente pelo fato de a terceira pessoa gramatical passar a ser dirigida à segunda do discurso que a conjugação verbal tem sofrido grandes alterações. Assim, ao estudarmos a expressão da "ordem", verificamos um alargamento do conjuntivo formal e um retrocesso do imperativo. No domínio das formas há, portanto, uma grande alteração, que todavia se não faz sentir no campo das funções.

É preciso, com efeito, termos presentes estas oportunas palavras de Molho, inspiradas, aliás, pela doutrina de Gustave Guillaume, seu mestre:

> "*Le mode impératif est en toute langue une manière de s'adresser à la personne: un mode de parole. Le binôme: mode de parole + mode de pensée, est partout présent et inévitable dans l'emploi que fait le discours du mode impératif. L'état de relation des deux termes du binôme varie toutefois considérablement d'un idiome à l'autre.*"

E analisando mais adiante o valor do imperativo formal em francês, diz o seguinte:

Capítulo III

"*Deux impératifs existent en français: l'impératif parlé tel et pensé indicatif [o mais frequente]; l'impératif parlé tel et pensé subjonctif [o dos verbos avoir, être, pouvoir, etc.]. L'obligation s'accuse du même coup dans cette langue d'opter, dans l'emploi qui y sera fait de l'impératif, pour l'une ou l'autre des deux combinaisons possibles: parole impérative et pensée indicative; parole impérative et pensée subjonctive – la parole impérative étant dans l'affaire l'invariant.*" (M. Molho, *Impératif, indicatif, subjonctif,* in F.M. XXVII, 3, pp. 199-200).

Com efeito, se considerarmos o imperativo verbal não apenas segundo este plano gramatical, mas sobretudo em sentido funcional, verificaremos então quão rica será a multiplicidade de aspectos do binômio de Molho (imperativo = modo de palavra + modo de pensamento). É essa riqueza de matizes que agora vamos observar, ao estudarmos as formas verbais diretas, que são as mais frequentes na expressão da "ordem".

Elas equivalem, portanto, mais que quaisquer outras ao imperativo. No entanto, nem todas têm igual valor jussivo, pois não apresentam o mesmo caráter enérgico. Há, contudo, duas formas que são as mais difíceis de distinguir, sob o ponto de vista funcional, e essas são o imperativo e o conjuntivo direto. Procurei, no entanto, manter, tanto quanto possível, as distinções formais, a fim de evitar confusão. Há, porém, no português do Brasil, certos vulgarismos verbais de caráter imperativo, que oferecem certa dúvida quanto à classificação formal; serão incluídos na seção sobre imperativo, o que plenamente se justifica no aspecto funcional.

A "modalidade" da "ordem" é expressa neste capítulo pelas formas verbais e sempre mais ou menos corroborada pela entoação ou pelo gesto. O seu valor vai do eventual ao real, mais ou menos assegurado, ou no presente, ou no futuro próximo e remoto.

I. Imperativo/ (Preâmbulo)

O imperativo propriamente dito, ou seja, formal, é considerado como o modo verbal mais empregado na expressão da "ordem" e outras manifestações da vontade. Ora isto não corresponde inteiramente à verdade, como iremos ver.

O imperativo formal português, tal como o imperativo espanhol, italiano ou romeno, apenas tem as duas formas da segunda pessoa do singular e do plural, que herdou do chamado imperativo presente latino, pois o imperativo futuro, que também possuía a terceira pessoa do singular e do plural, parece ter-se perdido inteiramente, talvez devido ao seu caráter demasiado literário. O imperativo presente latino, que alguns latinistas preferem designar como primeiro imperativo ou absoluto, em oposição ao outro, que será o segundo, ou relativo, não tinha portanto nem a primeira nem a terceira pessoa do singular ou do plural. Para preencherem estas falhas recorreram as línguas românicas às formas correspondentes do conjuntivo ou do indicativo presente. Assim o francês, por exemplo, apresenta no sistema gramatical do imperativo não apenas a segunda pessoa do singular e do plural, mas também a primeira do plural, que foi buscar, salvo algumas exceções, à forma correspondente do presente do indicativo.

É este, *grosso modo*, o quadro gramatical do imperativo na proposição afirmativa. Esse quadro não é, porém, o mesmo, quando se trata de exprimir uma "ordem" negativa ou proibitiva. O português e o espanhol mantêm-se mais conservadores, ao empregarem as formas do conjuntivo presente, tanto na segunda pessoa do singular (*não faças*, *no hagas*) como na segunda do plural (*não vos senteis*, *no os sentéis*). Procedem, afinal, de modo semelhante ao latim, que se servia do perfeito do conjuntivo (*ne feceris*, *ne feceritis*), cujo valor é, neste caso, idêntico ao do conjuntivo presente, também por vezes empregado (*ne requiras*). O italiano e o romeno já não procedem do mesmo modo, pois a segunda pessoa do plural é idêntica na afirmativa e na negativa (*portate*, *non portate*; *dai*, *nu dai*), enquanto na segunda do singular empregam a forma de infinitivo (*non parlare, nu cânta*, em oposição a *parla, cant*, da afirmativa); seguem, afinal, um processo também habitual em latim e que consistia em empregar a forma verbal *noli* seguida de infinitivo (*noli audire*). O francês, mais inovador neste campo, emprega única e simplesmente as mesmas formas na afirmativa e na negativa, tanto na segunda pessoa do singular (*porte, ne porte pas*) como na segunda do plural (*regardez, ne regardez pas*) e ainda na primeira do plural (*parlons, ne parlons pas*).

Um estudo diacrónico sobre estas diferenças e sua origem seria deveras interessante e útil, sobretudo se se alargasse também às línguas não literárias e até aos dialetos.

Este rápido preâmbulo, embora saia um pouco do âmbito deste trabalho, permite-nos situar o imperativo português no domínio românico e verificar a sua vitalidade.

A conjugação verbal, conforme já foi dito, está intimamente ligada com o sistema de tratamento, e as formas de imperativo mais do que quaisquer outras. Assim, o imperativo francês é o que tem mais vitalidade, em virtude de as formas de tratamento usuais serem *tu* e *vous*, seguindo-se-lhe também o romeno, que emprega formas idênticas (*tu, voi*). O mesmo não acontece, porém, em italiano, espanhol e português, onde *tu* e, sobretudo, *voi, vos, vós* já não têm a mesma vitalidade. Assim *tu* é substituído, com frequência, por *lei, usted* e *você*, que levam o verbo à terceira pessoa gramatical; e, com maior frequência ainda, *voi, vos* e *vós* são substituídos por *loro, ustedes* e *vocês*, que levam o verbo à terceira pessoa do plural. Deste modo se verifica que a forma do plural do imperativo tem muito menos vitalidade nestas três línguas mediterrânicas, passando a ser substituída pela terceira pessoa do conjuntivo presente.

É exatamente essa vitalidade que o estudo da expressão da "ordem" nos vai permitir observar, no caso do português europeu e do Brasil.

Como vimos, sob o ponto de vista gramatical, o imperativo português apenas tem as formas positivas da segunda pessoa do singular e do plural, sendo substituído na negativa pelo conjuntivo presente. São, pois, as formas genuínas de imperativo e aquelas que as substituem na negativa que agora vamos observar.

1. Imperativo positivo

A) 2ª. PESSOA DO SINGULAR (TU)

Geralmente, o ordenante emprega a forma da segunda pessoa do singular do imperativo (correspondente ao tratamento de "tu"), quando o executante é um igual ou um inferior, com os quais mantém relações de parentesco ou de familiaridade; indica, por conseguinte, uma certa intimidade e dá à "ordem" um matiz afetivo. Por vezes, também pode ser empregada quando o executante é um desconhecido, de hierarquia inferior à do ordenante; deste modo, a "ordem" ganha um certo tom arrogante e marca bem a diferença de níveis sociais.

A vitalidade desta forma de imperativo é bastante grande na expressão da "ordem", sobretudo no português europeu.

Assim, em relação à totalidade dos casos observados, a sua frequência é de 37,8%, em autores portugueses, e de 18,9%, nos autores brasileiros. Estes números revelam uma razoável diferença entre si, mas a frequência desta forma é ainda bastante elevada no português do Brasil. Este fato poderá surpreender-nos, se atendermos ao testemunho de alguns filólogos brasileiros, que se ocuparam do tratamento.

Assim diz-nos Said Ali: "Neste nosso Rio de Janeiro são milhares e milhares as pessoas a quem se fala quotidianamente. Não se ouve *tu* nem verbo com a respectiva terminação senão raríssimas vezes. Nestas condições teremos de assentar que *você quer, o senhor pode* denotam a 2ª. pessoa do discurso. *Tu* é – não o negaremos – dono legítimo desse lugar da 2ª. pessoa; mas o proprietário está quase sempre ausente. Bem ou mal, o lugar é ocupado por terceiros." ("De 'eu' e 'tu' a 'majestade'", em *A língua portuguesa*, V, pp. 272-273 – grifos do autor).

Capítulo III

Testemunho semelhante nos dá Antenor Nascentes: "O brasileiro acha bruto o tratamento de *tu*; dói-lhe no ouvido, talvez por causa do *u*. Razão pela qual lhe dá um emprego excepcional de que adiante nos ocuparemos." E, páginas a seguir, explica: "Tratamentos de pouco caso são: *tu* (...). Aqui está a exceção que assinalei para o *tu* no Brasil inteiro, exceto o Rio Grande. *Tu* é brutal e, por isso, usado para ofender: *Tu vais ver quem sou eu, seu moleque*." ("Fórmulas de tratamento no Brasil", in *R.P.F.*, III, pp. 59 e 64, respectivamente – grifos do autor).

Com exceção de Rio Grande do Sul, o tratamento de "tu" foi, portanto, quase inteiramente substituído pelo de "você". Sendo assim, é estranho que na expressão da "ordem" a frequência da forma de imperativo, na segunda pessoa do singular (*tu*), seja de 18,9%.

Uma explicação parece existir para este fato, posta de lado qualquer influência do Rio Grande do Sul nos textos escolhidos. À parte um certo número de casos, cuja frequência não estabeleci, em geral o pronome *tu* não vem expresso naquela forma de imperativo, que assim perde o seu caráter "brutal".

Ora esta forma verbal, desacompanhada de pronome, nem sempre supõe, do ponto de vista psicológico, intencional, o tratamento de "tu", como podemos observar nestes exemplos:

1) A, ao criado: "– Quando mamãe voltar **você mostre-lhe** essa roupa que ela mandará trocar por outra... (Batem palmas). **Vai** ver quem é, (...). **Escuta**, João. (Este volta). Se for alguém que pergunte por Zelda Argus, **manda** entrar." (*Sogra*, 31)

2) A, a um amigo, ao telefone: "– Como **vai**, Eduardo?... (...) Hein? **Fala** mais alto!" (*Guerra*, 108)

Em presença de casos deste tipo, põe-se mesmo um problema de natureza gramatical, já que do ponto de vista funcional não temos dúvidas sobre o seu valor imperativo ou jussivo. Mas, gramaticalmente, os verbos "vai", "escuta", "manda", "fala" serão formas de imperativo ou não serão antes formas de indicativo, pois supõem psicologicamente o tratamento de "você", explícito na frase anterior ("você mostre-lhe", "como vai, Eduardo?"). A distinção tem importância, pois cada uma das formas encerra um matiz estilístico diferente, apesar de desempenhar a mesma função. Este problema será porém analisado mais adiante, juntamente com o de outros vulgarismos de "imperativo".

Aqui apenas se pretende demonstrar que nem sempre é fácil saber se àquelas formas verbais corresponde o tratamento de "você" (e neste caso tratar-se-ia de um indicativo presente formal) ou se lhe corresponde o de "tu" (que acusaria a presença de um imperativo gramatical).

Nos exemplos citados não há dúvidas, pois o tratamento de "você" vem explícito, mas muitos casos há em que faltam elementos concretos, que nos permitam uma distinção gramatical e, consequentemente, estilística. Aqueles casos em que o tratamento de "você" vem explícito não foram incluídos na frequência de 18,9%; mas neste número foram incluídos exemplos em que era difícil, senão impossível, uma distinção. Sendo assim, a frequência da forma de imperativo, na segunda pessoa do singular, aumenta, mas tal fato não significa que a esta forma corresponda sempre o tratamento de "tu", pois na maioria dos casos ele não vem explícito.

Mas, por outro lado, qual será o motivo que levará o ordenante a empregar uma forma como "vai", "manda", "fala", e não o conjuntivo "vá", "mande", "fale", quando o tratamento normalmente concedido ao executante é de *você*?

A razão talvez seja de natureza psicológica; as formas "vai", "manda", "fala" são mais enérgicas e decisivas, dão à "ordem" maior caráter coercivo, são afinal mais diretas.

Vejamos agora alguns exemplos, em que a "modalidade" da "ordem" é expressa na segunda pessoa do singular do imperativo formal:

    1) A, ao criado: "**Vai**, Marcolino, **dize** a D. Francisco que hoje aqui o espero." (*Casamento*, 53)

    2) O pai "ordenou" à filha: "– **Tira** cinquenta mil réis do cofre e **dá** a Damião." (*Sem-fim*, 57)

3) A, em tom "danado", a B, que lhe veio bater à porta: "– **Vai-te** embora, menina. **Me deixa** dormir um pouco. (...) **Vai** pro raio que te parta." (*Pedro*, 37)
4) A, a um amigo: "– **Me escreve** o endereço aí num pedaço de papel." (*Madona*, 23)
5) Um credor, à sua cliente: "– Olha, ou pagas até segunda-feira de manhã ou protesto. **Tem** paciência, lá **te arranja**." (*Terras*, 39)

A colocação de pronome-complemento antes da forma verbal, embora seja mais usual no português do Brasil, também se encontra no português europeu, como acontece no penúltimo exemplo; o pronome, nesta posição, permite dar maior relevo ao ordenante (*me*) ou ao executante (*te*), conforme ele se refere à primeira ou à segunda pessoa.

Por vezes, a forma de imperativo vem acompanhada do pronome-sujeito, que permite chamar, de modo mais eficaz, a atenção do executante; a "ordem" torna-se, de certo modo, mais reforçada:

1) O patrão, ao feitor: "– **Tu**, Martinho, enquanto eu não voltar, **vigia-me** aí o serviço!" (*Giestas*, 107)
2) O feiticeiro, ao negro: "– Filho, não há desgraça sem cura. **Tu conta** p'ra eu, negro velho vai dar remédio..." (*Sem-fim*, 104)

A mãe, ao ausentar-se, recomenda à filha: "– **Tu olha-me** por tudo, rapariga. Bê lá os bitelos, num les falte nada." (*Gentio*, 244)

Há ainda um outro processo de reforçar esta forma de imperativo, sobretudo quando ela é monossilábica ou dissilábica. Como, nestes casos, a forma imperativa oferece pouca resistência, junta-se-lhe uma outra forma semelhante, que é geralmente "anda":

1) A, ao irmão: "– **Anda, vai** ver se o pilhas..." (*Volfrâmio*, 182)
2) O conselheiro, ao criado: – "**Anda, vai** lá para a cozinha que te deem de comer." (*Páscoa*, 43)

3) O conde, à Severa: "– Escolheste o Custódio? Então **vai, anda**!" (*Severa*, 64)
4) A, a um amigo: "– **Anda, mexe-te**." (*Noite*, 96)

A mesma expressão é igualmente empregada para reforçar outras formas de imperativo de maior número de sílabas, colocada também antes ou depois, como atrás:

5) Um amigo, a outro: "– Como faz o rouxinol e o melro, Labareda? **Anda, assobia** lá..." (*Promessa*, 63)
6) A insiste com B: "– **Escolhe, anda**! Olha como ele tine!" (*Severa*, 60)

Na língua falada, as duas formas de imperativo constituem, por vezes, como que um único sintagma, sendo pronunciadas sem qualquer interrupção:

7) A mãe recomenda insistentemente ao filho: "– **Anda vai** depressa, **anda avia-te**, ó António." (*Oral*, M.C.M.)

Um outro modo de evitar as formas monossilábicas ou dissilábicas do imperativo singular é usar uma espécie de circunlóquio, de caráter mais enfático; os mais frequentes são: vê se + indicativo presente, olha se + indicativo presente, olha + conjuntivo presente negativo:

1) A senhora, à criada: "– **Vê se tens** menos língua, mulher!" (*Vindima*, 323)
2) Entre dois amigos: "– **Vê se explicas**, homem, **vê se falas** como gente! Que é que estás para aí a dizer?" (*Companheiros*, 655)
3) Um colega, a outro: "– **Vê se te calas**!..." (*Páscoa*, 78)
4) O pai, à filha: "– **Olha se trazes** o candieiro." (*Gebo*, 47)
5) A a B: "– **Olha não percas** a brocha, folga-a mais..." (*Paço*, 188)

B) 2ª. PESSOA DO PLURAL (VÓS)

Esta forma de imperativo tem um uso reduzidíssimo na expressão da "ordem". A frequência, em relação à totalidade dos casos, é de 2,45%, em autores portugueses, e de 0,3%, nos autores brasileiros; este fato mostra-nos que a segunda pessoa do imperativo plural tende para o desaparecimento. Tal fato não nos surpreende, pois esta forma de imperativo supõe o tratamento de "vós", que se emprega muitíssimo pouco, como reconhecia já Cláudio Basto:

> "(...) E isto, já que se perdeu o hábito do tratamento de *vós*, tão elegante. Hoje, quase só o povo o emprega, em alguns pontos do Norte do País, e nos Açores – não falando das rezas, bem que muitas vezes o povo se dirija a Santos, tratando-os de *tu*." ("Formas de tratamento em português", in *R.L.* XXIX, pp. 193-194)

Também Antenor Nascentes nos diz que o tratamento de "vós" quase não existe no Brasil:

> "Tratamento literário é o de *vós*. Falam assim os oradores, sempre com o perigo de tropeçar nas formas verbais, principalmente nas de imperativo. Fora disto não vive no Brasil este tratamento." ("Fórmulas de tratamento no Brasil...", in *R.P.F.*, III, p. 63)

Em Portugal, só entre o povo é que ainda se emprega o tratamento de "vós" e, por conseguinte, a forma da segunda pessoa do imperativo plural. Assim 1,86% da frequência desta forma em autores portugueses (P 2,45%) foi-me dada por obras cuja ação decorre entre gente do povo (*Terras do Demo*, *Giestas* e *Tá Mar*).

Eis alguns exemplos:
1) O pai recomenda aos filhos: "– Agora **ide** por outro vime e **trazei-m'o**." (*Amores*, 404)
2) O cabo, aos soldados, depois de lhes transmitir instruções: "E agora, **girai**!" (*Paço*, 291)
3) Uma mulher, a alguns homens, que querem entrar-lhe em casa: "**Ide-vos** embora... **voltai** depois..." (*Crime*, 235)
4) A mulher, ao marido e a outra pessoa amiga: "– **Calai-vos**... **Calai-vos**, pelo amor de Deus!" (*Firme*, 30)

Esta forma de imperativo é ainda algumas vezes utilizada na linguagem do foro e da igreja:
1) Num tribunal, o advogado de acusação: "– Senhores jurados! **Contemplai** essa infame raptora." (*Lugar*, 145)
2) O advogado de defesa, aos jurados: "– Para terdes uma impressão do que valemos, colhidos pelos tormentos da vida, **polarizai**, em vossas consciências, as justificativas que formularei para contraprovar os argumentos do libelo!" (*Sem lar*, 176)
3) Numa prédica: "– **Livrai-vos** do Inferno, meus irmãos, antes que seja tarde! **Lembrai-vos** do que aconteceu com Sodoma e Gomorra". (*Gentio*, 124)

É muitíssimo raro que esta forma seja dirigida a um único executante. Quando tal acontece, a "ordem" tem um caráter jocoso:
1) Um cavalheiro, a uma senhora que se diz andar em missão de assistência: "– **Ide**, caridosa criatura, cumprir a vossa nobre missão de minorar o sofrimento do próximo". (*Tal*, 24)

Por vezes, também sucede que a esta forma do plural corresponda o tratamento de "vocês", que normalmente exigiria a terceira pessoa do conjuntivo presente; exemplos como o seguinte são, porém, raros:
1) Um padre recomenda a duas mulheres: "– E vossemecês, **sede** caridosas". (*Crime*, III)

2. "Imperativo" proibitivo

Dissemos já que o imperativo, em sentido gramatical, não tem formas próprias para exprimir uma "ordem" proibitiva, motivo por que recorre às formas da segunda pessoa do singular e do plural do conjuntivo presente. Qual o motivo de tal empréstimo?

Por que razão não recorre o português às formas de indicativo, como fazem algumas das outras línguas românicas?

Capítulo III

Essa razão é explicada por Paiva Boléo do seguinte modo:

> "Neste ponto, como em muitos outros, o português mostra-se extremamente conservador, ou se se quiser, acusa um atraso na evolução linguística em relação a outras línguas. Ele não faz mais do que continuar, através do latim, o estado de cousas indo-europeu. Efetivamente, no indo-europeu primitivo estabelecia-se uma distinção nítida entre ordem e proibição; o imperativo só era usado para a ordem positiva."

E, mais adiante, prossegue:

> "Quer dizer, o português e o espanhol, pelo emprego de formas diferentes para o imperativo positivo e para o imperativo proibitivo, mostram continuar, embora, de forma inconsciente, o sentimento linguístico antigo, que tinha mais confiança na realização duma ordem positiva do que na duma ordem negativa e atribuía àquela um grau maior de voluntariedade da parte do indivíduo que fala. É certo que uma proibição é também, em certo sentido, uma ordem "positiva"; mas, além de a ação não ser tão imediata como no imperativo positivo, há nela ainda talvez uma nuance de desejo, de conselho, de pedido – restos, porventura, do injuntivo indo-europeu, que veio a ser expresso, em grego e latim, de preferência pela forma conjuntiva." ("Tempos e modos", in *B.F.*, III, p. 25)

Esta distinção entre "ordem" e proibição é mais de natureza formal que funcional e semântica, como o próprio Autor reconhece, quando afirmava, páginas atrás:

> "O sentimento linguístico dificilmente perceberá diferença semântica entre a ordem positiva dada por uma mãe a um filho: "come devagar!" e a proibitiva "não comas depressa!", visto ambas poderem ser consideradas como ações a realizar imediatamente." (*idem*, p. 23)

A própria distinção formal tende para a redução e até para o desaparecimento (no plural, por exemplo), dado o progressivo emprego do conjuntivo presente na expressão da "ordem". Essa distinção apenas será feita pela presença ou ausência de partículas negativas, onde o advérbio de negação (*não*) nem sempre é exclusivo.

Mas, por outro lado, surpreende-nos o fato de as expressões de "ordem" proibitiva ou negativa serem em muito menor número que as de natureza afirmativa, como teremos ocasião de ver nas páginas seguintes, recorrendo à estatística.

Será este fato uma justificação de que o sentimento linguístico português continua a ter "mais confiança na realização duma ordem positiva do que na duma ordem negativa"?

A língua oferece variadíssimos processos sintáticos e lexicais para exprimir de maneira afirmativa a "ordem" proibitiva.

Note-se, contudo, que não se trata de reservar o imperativo para a "ordem" positiva e o conjuntivo para a "ordem" negativa. Este último serve indistintamente a uma e a outra. A distinção não é, portanto, modal (imperativo/ conjuntivo), tampouco semântica, mas sim de natureza sintática e psicológica. Reservarei, porém, para a Conclusão final, a apresentação de alguns exemplos, em que a "ordem" proibitiva é formulada afirmativamente.

A) 2ª. PESSOA DO SINGULAR (TU)

Esta forma do "imperativo" proibitivo tem uma frequência muito reduzida comparada com a do imperativo positivo (P 37,8%; B 18,9%).

De fato, aqui apenas é de 8,54% nos autores portugueses e de 2,52% em autores brasileiros.

O motivo de tal redução não está apenas relacionado com a questão do tratamento, sobretudo no português europeu, já que no Brasil a forma de interlocução "tu" luta ainda com maior relutância na expressão negativa; neste caso usa quase exclusiva-

Capítulo III

mente as formas correspondentes a um "você", por vezes psicológico, como veremos mais adiante, ao falarmos de determinados vulgarismos de "imperativo" brasileiro.

Eis alguns exemplos de "imperativo" proibitivo:
1) A a B: "– Agora a gente separa-se. E **não venhas** atrás de mim, ouviste?" (*Gaivotas*, 41)
2) O pai, à filha, que tenta explicar-se: "– **Não me fales! Não digas** mais nada." (*Benilde*, 152)
3) A, ao amante: "– Saio. De resto **não venhas** ver-me ao hotel. **Não me escrevas**." (*Degredados*, 139)
4) A, intervindo numa dissidência: "– Maria Bem! ... **Não lhe toques! Não te desgracêes!**..." (*Tá Mar*, 39)
5) A tia, ao sobrinho: "– Senta-te aqui, ao meu lado, e **não faças** barulho. (...) E, olha, **não fumes** aqui dentro, que não suporto o tabaco." (*Madrugada*, 70)
6) A, à prima: "– **Não me insultes! Não me tentes** a castigar-te!" (*Seara*, 392)
7) O avô, à neta: "– **Não digas** disparates." (*Iaiá*, 107)
8) A mulher, ao marido: "– **Não sejas** mau. **Não te aproveites** da minha situação, para humilhares-me..." (*Mundo*, 17)
9) A, ao noivo: "– Se a sentença for má, **nada faças** sem me ouvires... Prometes?" (*Marquês*, 103)

Para dar maior ênfase à "ordem", o ordenante emprega, por vezes, certas perífrases, formadas por um "imperativo" proibitivo seguido de infinitivo impessoal:
1) A, à noiva, "com a voz súbito dura": "– **Não me venhas falar** outra vez no teu Deus, que já detesto! Esse teu Deus tornou-se o meu rival." (*Benilde*, 139)
2) Um colega mais velho, a outro mais novo: "– **Não vás pensar** que te não entendo, ou te calunio." (*Avisos*, 165)
3) A, a uma amiga: "– **Não tentes atenuar** com essa mentira inútil o mal que me fazes..." (*Sabina*, 217)

A perífrase verbal, entendida em sentido amplo, tem uma importância extraordinária na expressão dos matizes do pensamento.

Na expressão da "ordem", as perífrases mais importantes são constituídas por uma forma verbal conjugada, mais ou menos auxiliar, seguida de infinitivo impessoal ou particípio passado. Irei indicando alguns dos seus valores, ao tratar de cada forma principal.

Observando os exemplos anteriormente citados, notamos que as formas perifrásticas tornam a "ordem" mais reforçada, mais categórica do que as formas simples correspondentes. Assim, "Não me venhas falar outra vez" e "Não vás pensar" tornam a proibição mais ampla e mais enérgica, extensiva ao futuro, ao passo que, se fossem substituídas pelas formas simples correspondentes ("não fales", "não penses"), a "ordem" teria apenas caráter imediato, momentâneo. Por outro lado, as formas perifrásticas evocam a ação a evitar, no seu processo de desenvolvimento demorado, como meio de chamar mais eficazmente sobre ela a atenção do executante.

O último exemplo, "Não tentes atenuar", é uma proibição enérgica e categórica que exclui qualquer possibilidade de contestação, reduzindo o executante a um estado de passividade.

A "ordem" proibitiva obriga, em muitos casos, a este estado de passividade, enquanto a "ordem" positiva tem quase sempre caráter ativo e dinâmico.

b) 2ª. PESSOA DO PLURAL (VÓS)

A segunda pessoa do plural do "imperativo" proibitivo é ainda muito menos frequente que a sua correspondente afirmativa. Nas obras brasileiras, que me serviram de base na determinação da frequência, nem sequer encontrei um único exemplo. Em autores portugueses, a frequência é de 0,17% e é nitidamente regional:
    1) A, à rapaziada que procura lenha para a fogueira do Natal: "– Não, amigos, lá isso não! (...) os cambões **não mos leveis**." (*Terras*, 204)

2) A, aos rapazes que cantam as janeiras: "– Olhai, rapazes, **não canteis**. A gente não tem alegria cá dentro para vos ouvir..." (*Firme*, 28)

3) "Uma velha", a duas raparigas: "– Filhas, atentai; **não vos achegueis** do Simão, que ele tem fama de lobisomem." (*Pescador*, 316)

4) A, "com autoridade", a dois amigos: "– Prior, Evaristo, **não atormenteis** essa mulher, que acusa de direito." (*Pescador*, 20)

3. Duas formas populares do imperativo plural

a) "Não suspeitai"

Vimos que as formas do plural do imperativo positivo e do "imperativo" proibitivo gozam de escassa vitalidade na linguagem corrente, mas que ainda são de uso na linguagem popular do Norte e Centro. A forma do plural do "imperativo" proibitivo é proveniente, como ficou dito, da segunda pessoa do plural do conjuntivo presente. Mas esta forma de conjuntivo é algo estranha para o ouvido popular que, em geral, apreende mal as terminações da segunda pessoa do plural dos verbos, e por isso as deturpa. Nada, portanto, mais simples nem mais cômodo do que recorrer à forma da segunda pessoa do plural do imperativo para exprimir uma "ordem" proibitiva, pois aquela é menos complicada que a do conjuntivo.

Não foi apenas a informação oral que me ofereceu semelhante forma. Na peça de teatro "O Pescador", de Fernando Amado, encontrei também alguns exemplos de todos os grupos verbais.

Isto não significa, porém, que a linguagem daquela peça seja popular; ela tem, ao contrário, um certo caráter literário e filosófico.

Eis alguns exemplos:

1) Um pescador, aos amigos: "– Amigos, **não suspeitai** da minha alegria! É vasto e soberbo o meu amor!" (*Pescador*, 192)

2) Advertência de A aos outros companheiros: "– Por benquerer **não ide** malfazer." (*Pescador*, 227)
3) Situação semelhante: "– A pérola, **não esquecei**, é afamada por difícil, e a raridade de trono é que faz encantadora a princesa." (*Pescador*, 277)
4) A tranquiliza os camaradas: "– **Nada receai**. Não daremos a última demão sem vós." (*Pescador*, 227)
5) A, aos irmãos, recomendando que não lhe tirem alguns objetos de estimação: "– **Não m'as tirai!**" (*Oral*, M.A.)
6) Um padre, a um grupo de crianças, proibindo-as de fazer demasiado barulho: "– **Não abusai**, porque vos pode dar mau resultado." (*Oral*, P.A.)

Até na linguagem de pessoas cultas chega a ser empregada como mostra o último exemplo. É que realmente a forma "Não abusai" parece ser muito mais expressiva que "Não abuseis"; o ditongo aberto da primeira forma tem muito maior sonoridade, prestando-se assim melhor para reforçar a "ordem".

B) "Ir-vos deitar" (como em espanhol)

Um outro processo popular de simplificar a forma do plural do imperativo é substituí-la única e simplesmente pelo infinitivo formal.

Trata-se porém de um infinitivo especial, pois, embora formalmente seja idêntico ao infinitivo impessoal, corresponde no entanto a uma intenção de pluralidade, tornando-se absolutamente equivalente ao imperativo plural. Ele supõe o tratamento de "vós"; é, portanto, uma forma verbal mentalmente conjugada. Distingue-se, porém, do infinitivo conjugado, não só pela ausência de qualquer terminação, mas sobretudo por ser empregado de modo direto na expressão da "ordem". Trata-se, em suma, de um autêntico imperativo, pela função, pelo sentido e pela intenção. Quando é seguido de pronome-complemento, identifica-se com maior facilidade e o seu valor torna-se mais patente.

Capítulo III

O emprego deste tipo de infinitivo entre as classes populares é uma maneira cômoda de evitar as terminações da segunda pessoa do plural do imperativo e do conjuntivo presente, pois aquela forma verbal tanto pode ser empregada na afirmativa como na negativa.

Não é, porém, exclusivo do português este tipo de infinitivo-imperativo; ele é muito mais frequente no espanhol, onde é usado mesmo na linguagem culta.

Assim diz um escritor espanhol, Júlio Camba, ao falar com certo humorismo dos "des" parasitários (marcha**d**, Madri**d**, etc.):

> "*Nadie dice 'marchad' en España, sino 'marchar', 'marchaos' y hasta 'marcharos'. Y claro está que nada de esto es muy gramatical; pero qué vamos a hacerle? Un idioma que estuviese obligado a ajustarse a la Gramática sería algo así como una Naturaleza que estuviese obligada a ajustarse a la História Natural.*" (Júlio Camba, *Mis páginas mejores*, BRH, Ed. Gredos, 1956, p. 227)

Nestas palavras se acentua bem o divórcio que, por vezes, existe entre a língua e a gramática, motivo por que seria incongruente pretender subordinar aquela a esta.

Como nota dou a seguir alguns exemplos deste tipo de "imperativo" espanhol, que nos permitirão uma comparação com os do português:

1) A mãe, ao marido e filho, que vão a passeio: "– *Ir despacio por el sol y no os sentéis en banco de piedra, sobre todo tu, Robertin, hijo.*" (Juan Antonio de Zunzunegui, *Esta oscura desbandada*, 2ª. ed., Barcelona: Visor Libros, 1957, p. 40)

2) A, a duas amigas que encontra na rua: "– ***Acompanarme** hasta la tienda.*" (idem, p. 317)

3) A, às filhas e às criadas: "– ***Descolgarla!** Mi hija ha muerto virgen! Llevadla a su cuarto e **vestirla** como una doncella.*" (F. García Lorca, "La casa de Bernarda Alba", in *Obras completas*. Madrid: Aguilar, 1957, p. 1.442)

4) A mãe, às filhas que lhe roubaram uma fotografia: "– *Qual de vosotras? (Silencio)* **Contestarme!**" (*idem*, p. 1.402)

Os exemplos (portugueses) citados a seguir foram em parte recolhidos da informação oral e em parte encontrados nos textos; tanto podem ser empregados afirmativa como negativamente. Nos textos encontrei bastantes exemplos de infinitivo impessoal em função imperativa, que apresento mais adiante, mas apenas alguns me parecem corresponder a uma intenção de pluralidade, a uma ideia de personalização, que caracteriza o tipo aqui estudado. Eis alguns exemplos, recolhidos oralmente na Beira Baixa (Teixoso):
1) O pai, aos filhos: "– **Ir-vos** deitar. Já é tarde." (*Oral*, M.F.)
2) A mãe recomenda às filhas: "– **Fechar** a porta, que entra lá o fumo." (*Oral*, M.A.)
3) A, aos trabalhadores (explicitamente dirige-se só a um, mas mentalmente, a todos): "– Ó Zéi, **trazer** de lá as ferramentas; **não vos esquecer** de nenhuma." (*Oral*, M.F.)
4) A mãe, aos filhos: "– **Não vos deixar** dormir aí. Ir para a cama." (*Oral*, M.C.M.)

Eis agora alguns exemplos recolhidos nos textos:
5) A fala a dois amigos acerca de um escândalo e por fim recomenda-lhes: "– O rapaz, o António, andou mal. Não há dúvida!... Mas a Clara teve mais culpas. 'Quem não quer ser lobo, não lhe veste a pele!' **Dar**, pois, tempo ao tempo... E **deixar** o resto por minha conta! A rapariga não ficará por se casar, se der em tomar juízo..." (*Giestas*, 105)
6) A fadista, aos do seu grupo: "– Também agora, rapazes, só em chegando o Marialva! Eu não sou oficial de boca aberta, hein? **Poupar** as goelas, que em vindo o conde há fado batido!" (*Severa*, 56)
7) O capataz, aos segadores: "– Eh gente! ... **Beber** auga e **pegar** na foice. Isto não é sesta." (*Gaibéus*, 37)

8) Um idealista incita a multidão: "– A morte! ... A ermida!... **Dar! Dar** tudo!... **Beijar** o chão!" (*Pescador*, 178)
9) O merceeiro, aos empregados: "– Rocha e Francisco, **escolher** isso tudo! Tu, **passar** a sacaria!..." (*Marés*, 233)

Estes dois últimos exemplos podem oferecer alguma dúvida, pois não é possível determinar se o infinitivo formal corresponde a uma ideia de pluralidade (= **dai tudo! escolhei** isso tudo!) ou se dependem implicitamente de uma expressão impessoal (= **é preciso dar tudo!** etc.). No último exemplo há mesmo transição de uma forma a outra. Notar-se-á, no entanto, grande diferença, se compararmos estas formas com o infinitivo exclamativo, de valor interjecional:

1) A mãe, às filhas: "– Tratem de se vestir. (Enxotando-as) Meninas! **Vestir! Depressa!**" (*Lá-Lás*, 12)
2) A mãe, aos filhos: "– Vamos! cama! **deitar!** São horas." (*Oral*, M.C.M.)

Aqui, a forma de infinitivo torna a "ordem" mais enérgica e reforçada, insistindo na ação de modo impessoal. Mas como o seu valor é diferente, será analisada mais adiante.

4. Alguns vulgarismos[14] brasileiros de "imperativo"

Vimos que a linguagem popular recorre, por vezes, à forma de plural do imperativo positivo para exprimir uma "ordem" negativa ("não falai", "não vos preocupai"). Esta forma foi encontrada exclusivamente no português europeu. Não parece, portanto, justificável a afirmação de Rodrigues Lapa: "É forma usual na língua popular brasileira, como se vê da cantiga: **Não tomai** outros amores / sem saber meu fim primeiro." (*Estilística*, 3ª. ed., p. 177).

O que existe no português do Brasil é uma forma paralela, mas só para a segunda pessoa do singular. Efetivamente, na lin-

---
[14] Ver: J. Mattoso Câmara Jr., *Dicionário de fatos gramaticais*, p. 215 ("Vulgarismos").

guagem popular e familiar usa-se com frequência a forma da segunda pessoa do singular do imperativo positivo para exiprimir uma "ordem" proibitiva. Assim, em vez de "não bebas", "não faças" ouve-se com frequência "não bebe", "não faz".

A estes casos de "imperativo" proibitivo não podemos deixar de associar outros semelhantes, de natureza afirmativa, aos quais já me referi atrás.

Comecemos precisamente por estes:
1) A mulher, ao marido, que se prepara para fazer uma patifaria: "– **Larga** esse jarro aí, Delfino, você está maluco!" (*Madona*, 139)
2) A mulher, ao marido: "– **Sai** daí, Couto, não seja bobo." (*Lugar*, 114)
3) A mulher pede ao marido que intervenha numa disputa: "– **Vai** lá dentro ver se consegue apaziguá-los e fazer com que se vão embora." (*Sogra*, 30)
4) A, ao criado: "– Mas **fala** o que ia dizer. Não direi nada a ninguém." (*Sogra*, 48)
5) A a B: "– Martuxa, **vem** cá. Sente-se aqui comigo." (*Marta*, 100)

Como vemos, às formas verbais *larga, sai, vai, fala, vem* não corresponde psicologicamente o tratamento de "tu" mas sim o de "você", que no primeiro exemplo vem mesmo explícito. Nos outros exemplos é subentendido pelas formas verbais:
1) "(Você) sai daí. Couto, (você) não seja bobo."
2) "(Você) vai lá dentro ver se (você) consegue..."
3) "Mas (você) fala o que (você) ia dizer."
4) "Martuxa, (você) vem cá. (você) Sente-se aqui."

Embora estas formas exerçam a função de imperativo, morfológica e semanticamente pertencem ao indicativo presente (3ª. pessoa do singular).

O que se passa com estas formas verbais afirmativas acontece também na negativa:

Capítulo III

1) A, ao criado, que o chamava gritando: "– Ó animal, **não grita** pelo meu nome. Se alguém perguntar por mim, diga que não estou, que desapareci..." (*Sogra*, 80)
2) A sogra, ao genro desditoso: "– **Não chora** que eu vou ver o que posso fazer por você." (*Sogra*, 105)
3) O marido, à mulher: "– **Não chateia** mais com essa teimosia que já está se tornando ridícula." (*Sogra*, 23)
4) O pai, ao filho: "– **Não joga** pão no chão que Deus castiga!" "– Se você continuar a esfregar esse arroz, apanha." (*Madona*, 75)
5) A, a um subordinado, ensinando-lhe como deve proceder: "– Olha, ocê pega assim... agora vira assim (...). E **não mexe** no canudo, que ocê atrapalha tudo." (*Sinhá*, 40)

Também a estas formas negativas corresponde psicologicamente o tratamento de "você", quer explícito, quer suposto pelas formas verbais afirmativas, por conseguinte, a origem de *não grita, não chora, não chateia, não joga, não mexe* é não o imperativo (2ª. pessoa do singular), mas sim o indicativo presente (3ª. pessoa do singular). A distinção continua, portanto, a ser semântica e morfológica, mas não funcional.

Há, por outro lado, um certo número de formas verbais deste tipo, em que vem explícito ou implícito o pronome "tu".

Comecemos também por exemplos de natureza afirmativa:
1) Duas crianças divertem-se a contar. A, que já sabe contar até alguns milhares, desafia B a contar até uma elevada quantidade. A meio da contagem, a mãe de A chama-as e são obrigadas a interromper. A não desiste da competição e previne que continuarão logo que possam: "– Não faz mal. **Tu começa** outra vez..." B objeta: "– Mas eu já estava em 727...", ao que A responde: "– Não. Assim é fácil. Eu quero ver é contar em seguida..." (*Rua*, 43)
2) A convida outra criança a brincar: "– Mina, tu quer brincar de cavalinho? Eu sou o cavalo, **tu monta** em mim..." (*Rua*, 49)

3) Dois irmãos vão comprar brinquedos, mas nenhum quer falar. Então A encoraja: "– **Fala tu.**" Mas B não está de acordo: "– Não. Tu é que está com o dinheiro." A determina então: "– Não. **Tu pede** e eu pago. Cada um faz uma coisa." (*Rua*, 227)

Nestes exemplos não parece haver qualquer distinção morfológica, pois todas as formas verbais nos parecem de imperativo. Mas há contudo uma distinção semântica e estilística, que o último exemplo citado me parece concretizar, devido à colocação do pronome-sujeito. Assim, a posposição do pronome em "Fala tu" torna a "ordem" mais imediata. Neste caso, trata-se de um imperativo, tanto pela função como morfológica e semanticamente. Mas a anteposição do pronome em "Tu pede", que permite insistir sobretudo no executante e não na ação exigida, torna a "ordem" menos imediata. O mesmo me parece dar-se nos dois exemplos anteriores, em que "Tu começa", "tu monta" indicam ações a efetuar num futuro próximo.

A estas formas corresponde explicitamente o tratamento de "tu". Mas, se repararmos, no último exemplo há oscilação entre o "tu" explícito e o "você" suposto do ponto de vista psicológico: "**Tu** é que (**você**) **está** com o dinheiro."

É curiosa, sem dúvida, esta confusão, pois o pronome moribundo "tu" vem ocupar o lugar de um "você" psicológico. É o que parece dar-se em "Tu pede", "Tu começa", "tu monta".

A esta confusão de tratamento se refere Antenor Nascentes:

> "O tratamento de *você* se mistura com o de *tu*. Eu disse que o brasileiro julga bruto o tratamento de *tu*. Julga bruto, porém, no pronome reto. No pronome oblíquo emprega-o sem sentir brutalidade. Comumente ouvem-se frases deste teor: 'Você esteve (repare-se na colocação do pronome, bem brasileiro [?]) na praia? Eu também estive, mas não te vi lá.' Explica-se facilmente. Como pronome objetivo *te* é mais leve do que *você*. Se se empregasse *você* a frase ficaria: 'Eu também estive, mas não

Capítulo III

vi você lá.' Frase pesada. O brasileiro não usa *o, a*, como caso objetivo de *você*. Usa o mesmo *você* do caso sujeito. Há certa repulsa por estas formas átonas. Parecem-nos vazias." ("Fórmulas de tratamento no Brasil...", in *R.P.F.*, III, p. 68)

Contudo, pelos exemplos anteriormente citados, verifica-se que esta mistura de tratamento favoreceu o pronome "tu", atribuindo-lhe uma forma verbal correspondente a "você". Portanto, as formas verbais "tu pede", "tu começa", "tu monta", que funcionalmente são de imperativo, semântica e morfologicamente pertencem ao indicativo presente (3ª. pessoa do singular) (*você*) *pede*, (*você*) *começa*, (*você*) *monta*. Isto justifica-se plenamente pelo sentido; realmente, quando se empregam na expressão da "ordem" as formas de indicativo, a ação exigida não é tão imediata.

Observemos agora alguns casos de "ordem" proibitiva, em que o pronome "tu", quer explícito, quer implícito, oscila com "você", suposto por certas formas verbais da terceira pessoa gramatical:

1) A, a um foragido das suas relações: "– Vê se foge. Salva tua vida. E **não dá** tiro não que eles [polícia] te matam." (*Pedro*, 69)
2) Uma mulata, a um português atrevido: "– **Tu não me machuca**, ouviu? Não gosto de brincadeira com português. Português é muito bruto..." (*Rua*, 199)
3) A, a um irmão mais novo: "– Tito, **não corre** desse jeito! Tu pode se machucar..." (*Rua*, 167)

Também aqui o pronome "tu" ocupa o lugar que psicologicamente pertence a "você". Trata-se por conseguinte de mais um caso de mistura das duas formas de tratamento:

1) "(Tu – você) vê se (você) foge. Salva tua vida. E (tu – você) não dá tiro..."
2) "Tu (você) não me machuca, (você) ouviu?"
3) "Tito, (tu – você) não corre desse jeito! Tu (você) pode se machucar..."

Apesar de exercerem a função de imperativo, estas formas são como todas as anteriores, semântica e morfologicamente originárias do indicativo presente (3ª. pessoa do singular). Há, porém, alguns casos em que parece haver uma influência analógica do imperativo afirmativo na formação do imperativo negativo:

1) A, a um amigo: "– Mas anda, rapaz! E **não pensa** mais nessa gaja. Está morta, enterrada!" (*Falecida*, 302)
2) A a B, pedindo socorro para um moribundo: "– Acende uma vela, Pai-Velho, acende uma vela! **Não deixa** que ele morra sem uma vela! **Não deixa** que ele morra sem uma vela na mão!" (*Lampião*, III)
3) A mãe recomenda ao filho: "– Xexé, **tu não bebe** mais, sim?" "– Meu fio, **não bebe**, tua mãe fica triste, meu fio, **não bebe**." (*Lugar*, 59)

Nos primeiros dois exemplos, visto que se mantém a forma da segunda pessoa do singular do imperativo afirmativo ("Mas **anda**, rapaz!", "**Acende** uma vela, Pai-Velho"), sentem-se as formas verbais "não pensa", "Não deixa" como imperativo negativo correspondente. No último exemplo ("tu não bebe") o tratamento concedido pela mãe ao filho é realmente o "tu", que neste caso denota carinho.

Apesar da influência analógica do imperativo afirmativo nestas formas de imperativo negativo, não é de excluir também uma influência paralela das formas de indicativo, analisadas anteriormente.

Todos estes exemplos nos permitem, afinal, verificar uma curiosa confusão de formas verbais do imperativo (2ª. pessoa do singular) com a terceira pessoa gramatical do indicativo presente.

É, portanto, um caso de convergência de formas em que permanece a distinção semântica, apesar da função imperativa de todas elas.

Seria interessante determinar a origem desta confusão de formas, que deve ser, com certeza, de natureza histórico-social e

Capítulo III

está intimamente relacionada com o problema do tratamento. Mas tal objetivo está fora do âmbito deste trabalho.

Podemos, no entanto, afirmar que tal confusão torna, no campo da "ordem", o português do Brasil mais inovador que o português europeu, pois naquele o imperativo é substituído pelo indicativo e pelo conjuntivo presente, enquanto neste é, sobretudo, substituído pelo conjuntivo presente.

A frequência das formas aqui analisadas é de 1% para a "ordem" proibitiva ("tu não bebe") e de 1,72% para a "ordem" afirmativa ("[Você] sai daí"); é possível, contudo, que neste último caso me tivessem escapado bastantes exemplos, incluídos na frequência do imperativo afirmativo (2ª. pessoa do singular), dada a dificuldade de distinguir morfologicamente uma forma da outra, sobretudo quando faltam elementos explícitos que permitam a distinção.

Em autores portugueses apenas encontrei dois exemplos de "ordem" proibitiva, semelhantes aos anteriores; o primeiro acusa influência brasileira:

1) Um recém-chegado do Brasil, à irmã: "– Quando eu fui ao Bràsil, si fàrtou di dizer mal di nós todos! **Não faz** caso, mana!" (*Gentio*, 84)
2) Um domesticador de circo treina uma jumenta: "– **Salta**, Boneca." "– Boneca, **não salta**!" (*Circo*, 42)

Neste último exemplo será fácil admitir uma influência analógica do imperativo afirmativo ("Salta") na formação da "ordem" proibitiva ("não salta").[15]

---

[15] É curioso notar que no outro extremo da România, ou seja, na Roménia, também se usa, como no português do Brasil, a forma de imperativo afirmativo (neste caso, etimológica) na "ordem" proibitiva, em vez do infinitivo, habitual na segunda pessoa do singular. Assim diz Iorgu Iordan: "*Nu pot fi primite, chiar dac se intrebuinteaz in vorbirea familiar si popular moldoveneasc, nu f (pentru nu* face*), nu zi (pentru* nu zice*),* nu te du *(pentru* nu te duce*), s.a.*"(*Gramatica Limbii Romane*, Editura "Cartea Românească", Bucuresti [1937], p. 191). Também só é usada na linguagem popular e familiar.

Por vezes acontece ouvirmos na língua falada exemplos deste tipo, em que é manifesta a ideia de indicativo:
1) Durante uma instrução, um militar prepara-se para subir um muro; o capitão-instrutor verifica que o muro está caiado de fresco e ordena: "– Pronto. **Não sobe, não sobe.**" (*Oral*, Cap. V)

A "ordem" dada supõe o tratamento de "você" ("Você não sobe") e tem caráter absoluto, categórico, definitivo.

II. Conjuntivo jussivo direto

Há, fundamentalmente, dois tipos de conjuntivo presente independentes: o conjuntivo optativo e o conjuntivo jussivo. O primeiro exprime exclusivamente um desejo, realizável ou irrealizável; o segundo exprime uma "ordem" e, funcionalmente, é equivalente ao imperativo.

O conjuntivo jussivo emprega-se sobretudo na terceira pessoa gramatical, do singular e do plural, e ainda na primeira pessoa do plural. Na segunda pessoa gramatical, tanto do singular como do plural, emprega-se apenas na forma negativa, em que exerce a função de "imperativo" proibitivo, como vimos atrás. Quando se emprega a forma da segunda pessoa gramatical trata-se de um conjuntivo, não jussivo, mas optativo[16].

O conjuntivo jussivo tem caráter direto, ativo, dinâmico e é a principal forma verbal empregada na expressão da "ordem".

Este fato é devido, como já vimos, à transformação operada no sistema do tratamento.

Comparando globalmente a frequência de todas as formas do conjuntivo jussivo direto, incluindo as do "imperativo" proibitivo (conjuntivo formal), com a percentagem das formas

---

[16] Ex: O patrão, ao feitor, que desejaria ter tantos contos como de estrelas vê brilhar no firmamento: "– **Fales** verdade e **tenhas** esses contos todos." (*Gaibéus*, 95)

do imperativo formal (afirmativo), notamos as seguintes diferenças:

	CONJUNTIVO	IMPERATIVO
Português europeu:	43,49%	40,25%
Português do Brasil:	64,49%	19,2%

Estes números, embora de caráter relativo, mostram-nos claramente a importância do conjuntivo jussivo na expressão da "ordem". Enquanto no português europeu a vantagem deste é apenas levemente superior, no português do Brasil ela é avassaladora.

Verificamos, portanto, que o imperativo formal deixou de ter a primazia na expressão da "ordem" e que esta é principalmente expressa pelo conjuntivo formal.

Esta substituição de formas terá, porém, empobrecido a noção de "ordem", quer dizer, terá dado a esta um caráter mais brando, menos enérgico, características geralmente apontadas ao conjuntivo?

Tal pergunta só se justificaria se o valor expressivo duma forma dependesse inteiramente do significante e não fosse definido também pela situação, pelo contexto, pelo gesto e pela entoação. Assim estes fatores contribuem, muitas vezes, para tornar o conjuntivo mais enérgico e categórico que o imperativo:
  1) O professor chama um aluno, que normalmente trata por "tu"; mas como ele se faz desentendido, o professor ordena-lhe, categórico:" – Sim, és tu, p'ra que queres os olhos? **Avance e perfile-se**." (*Amores*, 151)

A forma de conjuntivo é, portanto, neste caso mais enérgica que o imperativo, por sair do normal.

Do ponto de vista funcional não há distinção entre imperativo e conjuntivo direto. Essa, quando existe, é determinada por outros elementos, que não as formas verbais.

1. Conjuntivo afirmativo

A) 3ª. PESSOA DO SINGULAR ("VOCÊ")

A terceira pessoa gramatical do conjuntivo direto é sempre dirigida à segunda pessoa do discurso, na expressão da "ordem".

Esta forma supõe um tratamento pronominal ("você" e variantes), de origem substantiva, que pode vir explícito ou implícito, ou ainda um tratamento mais ou menos nominal ("Senhor", etc.), conforme vimos no Capítulo I, ao estudarmos a representação linguística do executante.

A frequência desta forma é bastante elevada, sobretudo no português do Brasil: nos autores portugueses é de 21,14%; nos autores brasileiros é de 39,83%.

Embora não tivesse procurado determinar qual a frequência, neste caso, da forma de tratamento "você" e de outras nominais, por o assunto dizer mais diretamente respeito a um estudo sobre as formas de interlocução, podemos no entanto afirmar que "você" é a mais frequente, sobretudo no português do Brasil. Como diz Antenor Nascentes, "o tratamento íntimo entre iguais é o de *você*, em todo o Brasil, com exceção do Rio Grande do Sul, onde se usa o de *tu*." ("Fórmulas de tratamento no Brasil", in *R.P.F.*, III, p. 59).

No português europeu, "o tratamento íntimo" continua ainda a ser o "tu".

O ordenante emprega, portanto, a terceira pessoa gramatical, quando tem relações de intimidade com o executante, ou ainda quando este é um desconhecido. Mas pode também empregar esta forma, quando, a despeito da intimidade ou parentesco que os une, quer dar à "ordem" um caráter mais enérgico e categórico.

O "você", em vez de "tu", marca então o afastamento entre o ordenante e o executante, acentuando a inferioridade deste, mas a "ordem" não perde, por tal motivo, o seu caráter direto e atuante. Eis alguns exemplos:

1) A intervém numa briga entre dois indivíduos: "– **Largue** o cabo, que se desgraça! Tudo se faz a bem, sr. Tomé, **largue** vossemecê o cabo!" (*Amores*, 45)
2) B declinou o convite de A para almoçar; este insistiu, porém, e "ordenou": "– **Sente-se** aí! Você merece tudo, homem!" (*Aves*, 45)
3) Uma dama convida um adorador a ler-lhe uns versos: "– **Leia-me** então lá isso... Mas primeiro **acomode-me** as almofadas..." (*Gente*, 197)
4) Um "bruxo", a um menino atrevido: "– O fidalgo **esteja quedo**, que o que bole, Barzabu o inventou" (*Susto*, 29)
5) O juiz, ao oficial: "– **Entregue** estes mandados ao Frazão... Eu depois lhe falarei... **Recomende-lhe** o mais absoluto segredo..." (*Justiça*, 113)
6) A filha, ao pai, em tom autoritário: "– **Avie-se** e **deixe-se** de palavreado! Dantes saíam antes de o sol nascer... Agora são mais ronceirões que a carroça do Chico Liró!..." (*Sol*, 17)
7) A, a um subordinado: "– Sargento, **traga** uma segunda prova dessa bestcira." (*Caetés*, 33)
8) A neta, à avó, em tom enérgico: "– **Cale** a boca, **cale** a boca, você ainda nos endoidece a todos." (*Colar*, 134)
9) O superior, ao subordinado: "– **Cumpra** as ordens que recebeu, alferes." (*Sinhá*, 58)
10) O chefe, a um subordinado: "– Parece que vem gente pela estrada. Você **saia** por aí, **vá se metendo** por baixo das moitas, **fique vigiando**. Se vê que é macaco tomando chegada, **atire** logo, sem esperar sinal." (*Lampião*, 123)

No exemplo seguinte podemos verificar a transição de "tu" a "você", que dá à "ordem" um caráter jocoso, e não propriamente de reforço:
1) Na escola, o professor vai percorrendo os alunos até encontrar aquele que há-de chamar à lição: "– Tu não... Tu não... Tu não... Tu, olá, **venha** cá!" (*Amores*, 150)

B) 3ª. PESSOA DO PLURAL ("VOCÊS")

A frequência da terceira pessoa do plural, aplicada à segunda pessoa do discurso, é muitíssimo menor que a da forma anterior. Com efeito, a percentagem é apenas de 4,27% nos autores portugueses, e de 3,98%, nos autores brasileiros.

Até certo ponto estranhamos que assim aconteça, pois, enquanto no singular o tratamento de "tu" alterna, em maior ou menor frequência, com o de "você", no plural verificamos que a forma de interlocução "vós" é muito rara. Ora o vácuo deixado por este pronome só pode ser preenchido por "vocês" ou outra forma de interlocução, que leva o verbo à terceira pessoa gramatical.

Como explicar então a reduzida frequência desta forma verbal, no plural?

O fenômeno é de natureza geral e afeta todas as formas verbais do plural. Abster-me-ei, por tal motivo, de tentar uma explicação, antes de chegar à Conclusão final.

Vejamos alguns exemplos, em que a "ordem" é expressa pela terceira pessoa do plural do conjuntivo direto, sempre dirigido à segunda pessoa do discurso:

1) A exige a libertação de um seu protegido: "– **Deixem-me** em paz esse desgraçado" (*Bastardos*, 50)
2) A, a alguns colegas: "– **Despachem-se** que eu tenho pressa." (*Calendário*, 110)
3) A, a dois estranhos que encontrou em casa: "– E com que direito entraram nesta casa? Quem são os senhores? Por onde vieram? Vá! **Respondam**! Por onde entraram?" (*Santo*, 14)
4) Um chefe, aos do seu grupo, durante a revolução: "– **Esperem** por mim, ou notícias minhas, uns em casa do Murillo, outros em casa de Heloísa. Melhor ainda, **instalem-se** nessas duas casas quanto antes. **Aguardem** meu recado ou minha presença." (*Seara*, 435)
5) Um chefe de revoltosos obriga dois prisioneiros a leva-

rem uma carta às autoridades: "– **Agora se aviem**, seus moços, e **me levem** a carta. Vocês vão sair daqui com uns guarda-costas." (*Lampião*, 48)

6) A, a pessoas amigas, pelo telefone: "– Não, não posso descer já... **Sigam** que eu irei mais tarde. Depois explico." (*Sem lar*, 202)

7) Durante um ataque à sua residência, A dá ordens aos subordinados: "– Cale essa boca, negra, que ainda não morreu ninguém!... E vosmecês aí **deixem-se** de chiliques. Passa para cá, alferes, e senta-te um pouco." (*Sinhá*, 51)

2. Conjuntivo negativo

A) 3ª. PESSOA DO SINGULAR ("VOCÊ")

A frequência desta forma, na expressão da "ordem" é de 5,21% no português europeu, e de 11,28%, no português do Brasil. A diferença é compreensível, pois o português do Brasil emprega, na negativa, o tratamento de "você" com mais frequência que o de "tu". Estes números estão, pois, em relação inversa com os que indicam a frequência do "imperativo" proibitivo ("tu"), conforme podemos verificar:

	"Imperativo" proibitivo ("tu")	Conjuntivo presente negativo ("você")
Português metropolitano:	8,54%	5,21%
Português do Brasil:	2,52%	11,28%

Comparando, porém, respectivamente a frequência da terceira pessoa do singular do conjuntivo negativo (P 5,21%; B 11,28%) com a da mesma forma do conjuntivo afirmativo (P 21,14%; B 39,83%)

notamos que são em muito maior número os casos de "ordem" positiva. Este fator é igualmente comum às outras formas verbais e parece haver para ele uma explicação de natureza psicológica, a que já me referi atrás, e que só é igualmente possível tentar na Conclusão final, após ter analisado todos os tipos de expressões da "ordem".

Eis alguns exemplos desta forma negativa:

1) A, a uma pessoa das suas relações: "– Se a Leonor sente prazer em me insultar, **não se furte** a esse prazer. Continue!" (*Inimigos*, 118)
2) Uma mulher, a um indivíduo que a repreendeu: "– Tenha vergonha vossemecê, qu'é home e velho! **Não se meta** em demandas de mulheres." (*Tá Mar*, 90)
3) A, a um tio, impedindo-o de entrar num compartimento: "– Aí **não entre**. Aí é o laboratório das minhas experiências." (*Vizinha*, 102)
4) Durante um combate, um graduado ordena a um soldado. "– **Não gaste** munição à toa!" (*Madrugada*, 90)
5) O marido, à mulher, que falou numa pessoa contra a qual A tem má vontade: "– **Nunca mais fale** nele, **nunca mais fale** nesse vagabundo de cais". (*Afogados*, 90)
6) A mulher, ao marido, que quer revelar à sobrinha uma infidelidade do marido desta: "– Não, **não faça** isso, seria uma desumanidade... O melhor é inutilizarmos as provas..." (*Guerra*, 116)

B) 3ª. PESSOA DO PLURAL ("VOCÊS")

A frequência desta forma negativa é apenas de 0,91%, nos autores portugueses, e de 0,61%, nos brasileiros. Estes números continuam a demonstrar que a "ordem" proibitiva é muito menos frequente que a "ordem" afirmativa.

Eis alguns exemplos:

1) O capataz, aos trabalhadores: "– Esse apertar bem temperado!... **Não deixem** isso à bambalhona, mas **não me partam** as canas!" (*Gaibéus*, 116)

2) Um merceeiro, às criadas: "– **Não me venham** para cá com padres nem com missas!" (*Páscoa*, 43)
3) O dono da casa, a dois amigos desavindos: "– Antão, senhores olhem as besitas! **Não façam** arraial!" (*Conde Barão*, 41)
4) A, à mulher e à filha: "– **Não abram**! **Não abram**! Mulher! Filha! Esperem! Estão ali!" (*Gebo*, 70)
5) Um padre, a duas raparigas maledicentes: "– Vamos! Então que é isso? **Não digam** impropriedades, minhas filhas." (*Iaiá*, 129)

3. 1ª. pessoa do plural

Vimos já, no Capítulo I, que a primeira pessoa do plural do conjuntivo presente pode ter três valores: pode indicar uma decisão, que o ordenante toma para si próprio, a qual fica fora do campo da "ordem"; pode ser dirigida a um ou mais executantes, aos quais o ordenante se associa para cumprir, como eles, a ação formulada; pode ser dirigida exclusivamente a um ou mais executantes aos quais o ordenante se associa ficticiamente, na generalidade, para tornar a "ordem" mais atenuada. Quando a forma verbal tem este último valor torna-se mais direta e atuante que no caso anterior.

A frequência desta forma verbal é de 3,25% (na negativa: 0,42%), nos autores portugueses, e de 6,27% (na negativa: 0,71%), nos autores brasileiros.

Nos exemplos seguintes o ordenante inclui-se entre os executantes para cumprir, como eles, a "ordem" formulada:
1) Um camponês, aos do seu grupo, após terem maquinado um ato de vingança: "– **Vamos** lá, companheiros – decidiu ele" (*Aves*, 58)
2) Um médico, a um amigo, que o acompanhou na assistência a uma moribunda: "– **Vamos** embora. Não servimos para nada." (*Companheiros*, 594)
3) A, ao amante: "– Volta para casa! ... (Noutro tom, com resolução) **Separemo-nos**, Ricardo!" (*Inimigos*, 24)
4) A, ao irmão, quando pressente avizinhar-se a revolução: "– **Ponhamos**, sim, a salvo os membros da fa-

mília; **preparemos** Rodrigo Sérgio para o seu curso" (*Seara*, 158)
5) A mulher, ao marido, decidindo que não esperem mais pelas visitas: "– Ah! querido, então **não esperemos** mais. Toma um táxi aí na porta e vai apanhar o teu carro na garagem..." (*Sem lar*, 199)

A "ordem" proibitiva, formulada na primeira pessoa do plural, é geralmente dirigida ao executante, pois ela supõe no espírito do ordenante a convicção e realização prévias daquilo que vai exigir.

Enquanto na afirmativa o cumprimento da "ordem" atinge também o ordenante, na proibição depende apenas do executante.

Observemos os seguintes exemplos, em que a primeira pessoa do plural é dirigida exclusivamente a um ou mais executantes, começando pelos de natureza afirmativa:
1) Por vezes, o ordenante, reconhecendo que a exigência é apenas destinada ao executante, passa da primeira à terceira pessoa, como acontece neste exemplo, em que o pai se dirige aos filhos: "– Hoje, meninos, **falemos** de vocês; ou antes: **falemme** os três do que aconteceu durante esses anos." (*Seara*, 45)
2) A sogra, ao genro impertinente, que a censura: "– **Vamos acabar** com isso." (*Sogra*, 12)
3) O instrutor, aos instruendos: "– **Vamos estar calados**, nossos cadetes!" (*Oral*, Cap. V)
4) O gerente, a um empregado da firma, que pede prorrogação para uma letra já vencida: "– Mande para protesto." "– **Não falemos** mais. Mande!" (*Marés*, 303)
5) A, a um amigo, que o contesta: "– António, **não contestemos**." (*Pescador*, 151)
6) A, à amante, que o censura: "– Olhe, **não discutamos** pelo telefone, Bianca. Venha hoje à tarde." (*Madrugada*, 297)
7) A, a uma amiga: "– É, Sara, tens toda a razão. **Não falemos** mais nisso.(...) Deixa-me agora um pouco." (*Seara*, 167)

III.
1. Indicativo presente

A "modalidade" da "ordem" pode ser expressa por uma forma verbal do indicativo presente. O valor desta forma, salvo uma ou outra exceção, é bastante diferente do imperativo ou conjuntivo jussivo. No indicativo presente a "ordem" é encarada como real, isto é, há certeza absoluta de que ela será cumprida. O ordenante limita-se apenas a informar, a elucidar o executante sobre aquilo que ele há-de fazer. Da parte deste, não há qualquer reação nem resistência. Em geral, a forma de indicativo tem valor futuro. A ação exigida não é tão imediata como no caso do imperativo e conjuntivo jussivo. Vejamos, porém, o que nos diz Paiva Boléo a tal respeito:

> "A forma do indicativo presente (à qual chama, neste caso, 'imperativo de recados ou de informação') não é somente mais polida (cf. 'faça favor' e 'faz favor'); é mais realista, põe a ação diante dos olhos, para o que contribui o gesto, que nestes casos costuma desempenhar papel importante. Nós como que convidamos o interlocutor a acompanhar-nos em imaginação, realizando *in mente* as ações que ele depois irá, de fato, realizar sozinho." ("Tempos e modos...", in *B. F.*, III, p. 24) [grifos do autor]

A frequência das formas de indicativo presente é bastante reduzida na expressão da "ordem": nos autores portugueses, é de 1,8% (predomina a forma afirmativa da 2ª. pessoa do singular, "tu": 0,91%); nos autores brasileiros, é de 1,99% (sobressai a 3ª. pessoa do singular, "você": 1,47%).

Observemos alguns exemplos de "ordem" positiva:

A) 2ª. PESSOA DO SINGULAR ("TU") (AFIRMATIVA)

1) O patrão, ao criado, dando as ordens de véspera: "– De manhãzinha, **rodas-me** a saber do sr. morgado: que lhe

mandamos todos muitos recados e saber se está melhor. **Passas** à vinda por Vale de Ferreiros, e **cortas** uma carga de lenha, que há-de ser preciso alguma fornada." (*Amores*, 283)

2) O pai, ao filho: "– **Fazes** favor **começas** amanhã mesmo **a tratar** da tua transferência para o Porto. **Vais acabar** o curso lá." (*Companheiros*, 382)

3) Um cliente, ao criado do café: "– Ó Manuel, **trazes-me** um "Whisky" com água do Luso? Quero "Old Rarity", não te **esqueças**." (*Homem*, 57)

4) O chefe, a um subordinado: "– Pois. Agora **ficas** tu de sentinela." (*Noite*, 106)

5) A, a um amigo: "– **Combinamos** uma coisa. Tu **vais, vês** como estão os ares, e **voltas** por aqui a buscar-me dentro de uma hora. Valeu?" (*Severa*, 101)

6) A, ao cunhado e à sogra, distribuindo-lhes serviço: "– Vá, toca a andar! Tu, João, **vais-me** para os tojos da Concelha; vossemecê, mulher, vai acabar de sachar a leira. Vida, que se faz tarde." (*Terras*, 112)

7) A tia, ao sobrinho, que está doente: "– **Tomas** agora tua dose de sulfa e depois toca a dormir." (*Madrugada*, 460)

B) 3ª. PESSOA DO SINGULAR ("VOCÊ") (AFIRMATIVA)

1) A ensina a B o caminho a seguir: "– Vossemecê **cola** por aí acima, **volta** à sua mão esquerda, em descobrindo um atalho, e daí a nada **enxerga** o "monte" Roleiros." (*Bastardos*, 130)

2) Um cliente, ao merceeiro: "– **Vende-me** duzentos gramas de passas, se faz favor." (*Homem*, 17)

3) O patrão, aos empregados: "– A menina Dulce **leva** a máquina ali para dentro e **passa** isto a limpo. O Sr. Esteves **vai** consigo e **dita**." (*Troca-Tintas*, 21)

4) A, ao porteiro: "– Ó sr. Jerónimo... **Chega** cá acima, faz favor..." (*Vizinha*, 135)

5) A dá instruções a um amigo para o livrar da polícia: "– Saímos juntos daqui, (...) Pelo canto direito você fica espiando. (...) Venho chegando devagar, em primeira, (...) Então você **abre** a porta, **bate** por fora e **pula** no carro.(...) Entendeu?" (*Madrugada*, 235)
6) A, a um amigo: "– Meu velho, você hoje **bota** pra fora a história da marca." (*Bagaceira*, 61)
7) A a B: "– Ó Jurema, **lembra** amanhã a seu pai para comprar as velas." (*Tal*, 11)

As formas do plural são muito menos frequentes que as do singular. Em seu lugar empregam-se as formas do plural do conjuntivo jussivo. Quando se trata de formas convergentes (por exemplo: "vão" indicativo e "vão" conjuntivo; "vamos" indicativo e "vamos" conjuntivo), é a situação, o contexto e a entoação que lhes dão o valor jussivo. Há, contudo, alguns exemplos de formas deste tipo:
1) O regedor, a dois detidos: "– Bem, **acabamos** com a conversa. Vocês **vão** para a outra sala e as testemunhas já dirão quem fala verdade." (*Noite*, 196)
2) A, a um amigo: "– Isso há-de resolver-se. Vocês **fazem** um protesto..." (*Marés*, 266)
3) A polícia, aos manifestantes: "– Deixem passar, vá! **Fazem** favor de dispersar." (*Páscoa*, 160)

Também são menos frequentes as formas negativas do indicativo presente. Em geral, estas assumem um caráter mais categórico que as afirmativas.

c) 2ª. PESSOA DO SINGULAR ("TU") (NEGATIVA)

1) Um amigo, a outro, que o aborrece: "– **Não me boles** mais com o juízo, aviso-te!" (*Noite*, 121)
2) Um médico, a um amigo, a quem vai contar pormenores sobre a vida de uma das suas clientes: "– É revelar-te o segredo profissional, mas tu **não dizes** nada." (*Boneca*, 59)

3) Um rapaz irritado, à antiga noiva, que praticou para com ele um ato de vingança: "– Não, não. D'aqui já tu **não sais** sem n'as teres comigo!..." (*Giestas*, 199)
4) A dá instruções a um amigo para lhe preparar a fuga com a noiva: "– Depois, quando eu entrar com a Aurora na sege, **não esperas** mais nada, **não atendes** mais nada: bates a todo o galope, sem olhar para trás!" (*Marquês*, 57)

D) 3ª. PESSOA DO SINGULAR ("VOCÊ") (NEGATIVA)

1) Uma mulher, "feroz", a uma vizinha: "– Vossemecê **não sai** hoje daqui, sem me contar, bem contadinho, o que tem a dizer do meu marido!" (*Promessa*, 53)
2) A, a um amigo, que quer pagar a despesa feita por ambos num café: "– O Sr. Marquês **não me faz** esta desfeita..." (*Homem*, 61)
3) A, a um grupo de pessoas: "– Ninguém **avança**! Quem der um passo, morre!" (*Marés*, 285)
4) A, a um amigo que, sentindo-se lesado, vai reclamar: B: "– Se o senhor não levasse a mal... eu obtemperaria, não é..." A: "– O senhor **não obtempera** coisa nenhuma!" (*Guerra*, 144)

Também são raras as formas negativas do plural:
1) Numa taberna, um meliante, aos do seu grupo: "– É uma aposta. Apostamos uma notinha de cem paus (...). Claro, os camaradinhas **não arredam** desta loja para fora." (*Volfrâmio*, 224)
2) A senhora, ao criado, que vem anunciar uma visita: "– **Não recebemos**, Joaquim. Nao estamos para ninguém." (*Lá-Lás*, 11)

2. Auxiliares modais

Vimos no Capítulo I, ao tratar da "modalidade" da "ordem", que ela pode ser indicada por auxiliares modais, mais ou menos corroborados pela situação, pelo gesto, pela entoação, etc.

Capítulo III

Os principais auxiliares modais são, na expressão da "ordem", os verbos *poder, ter de* (ou *que*), *dever, escusar de, precisar de*, seguidos geralmente de infinitivo impessoal.

Há outros auxiliares, que têm, sobretudo, valor temporal e formam com o infinitivo impessoal, o gerúndio ou o particípio expressões perifrásticas que dão um matiz especial à "ordem", quer reforçando-a, quer atenuando-a. Há, contudo, dois auxiliares temporais que merecem menção especial e que serão estudados mais adiante quando observarmos a expressão da "ordem" pelo futuro. São eles os verbos *ir* e *haver de*, que, seguidos de infinitivo impessoal, formam um futuro perifrástico.

Agora vamos sobretudo ver como e quando é que os auxiliares modais servem na expressão da "ordem". As formas, que neste caso se empregam, são as do indicativo presente, segunda e terceira pessoas gramaticais e, excepcionalmente, a primeira do plural. Predominam as formas do singular.

A) POdER (INDICATIVO PRESENTE)

Esta forma verbal encerra, geralmente, um matiz de convite ou de permissão, que na expressão da "ordem" é bastante reduzido. A não ser que seja reforçada pela entoação, esta forma verbal é mais branda que o conjuntivo jussivo ou o imperativo, pois é menos atuante. Na expressão da "ordem" tem sempre carácter obrigatório, cujo grau de intensidade depende da situação, do gesto e da entoação.

A frequência é relativamente baixa, sobretudo nos autores portugueses: P 0,49%, B 1,3%.

Predominam as formas afirmativas e, entre estas, as do singular.

Eis alguns exemplos:
1) O cliente, ao criado do hotel: "– Basta... **Podes levar** a garrafa, Bento." (*Boneca*, 19)

2) A a B (criado de raciocínio lento): A: "– **Podes-te ir embora**." B: "– Si siôra. (Fica parado.)" A, "mais alto": "– **Podes-te ir embora!**" B: "– Si siôra. (Sai apressado.)" (*Degredados*, 129)
3) A, ao motorista de táxi: "– Afinal... Antes de ir à Baixa (desculpe!) ainda tenho de ir à Avenida de Roma. **Pode voltar** aqui à esquerda. Isso, isso!" (*Gaivotas*, 182). Observação do Autor: "Já o carro entrava numa vasta rotunda, ajardinada ao centro, quando estas *novas ordens* foram dadas." (p. 183)
4) No tribunal: o juiz, à testemunha: "– A senhora **pode retirar-se**." (*Volfrâmio*, 377)
5) A, aos criados: "– **Podem retirar-se** vocês... E não falem nada lá dentro, ouviram?" (*Sinhá*, 52)
6) A, à mulher e filhas: "– Não! **Podeis ir pondo** a ceia ao lume!..." (*Giestas*, 73)
7) A, aos subordinados: "– **Podemos ir!** – ordenou" (*Circo*, 333)

A "ordem" proibitiva, expressa por este auxiliar, tem caráter mais categórico que na afirmativa:
8) A, ao subordinado: "– **Não podes fugir** para longe" (*Noite*, 121)
9) Um governante, a um jornalista: "– E – vou lhe fazer uma confidência – **não a pode publicar** porém (...)" (*Seara*, 345)
10) Um agente da polícia, a um indivíduo: "– **Não pode entrar**, cavalheiro." B: "– Mas que houve aqui?". A: "– Não interessa. **Não pode entrar**." (*Madrugada*, 28)
11) O juiz advertiu, "com a ajuda da campainha enérgica: "– O advogado **não pode continuar** a atacar os poderes públicos!" (*Bagaceira*, 233)

B) TER DE/ TER QUE (INDICATIVO PRESENTE)

Esta forma modal tem caráter mais coercivo que a anterior, pois se impõe como obrigação absoluta para o executante; não

encerra, em geral, qualquer matiz de convite. Por vezes o seu caráter coercivo decorre da força das circunstâncias de que o ordenante se aproveita para manifestar e impor a sua vontade. A ação exigida não é, porém, tão imediata como quando é expressa pelo imperativo ou conjuntivo. A frequência desta forma verbal é mais reduzida que a da anterior: P 0,52%; B 0,22%.
A forma negativa exprime uma proibição categórica e absoluta.

Eis alguns exemplos:
1) A, ao empregado: "– Ora vamos lá. Esse casaco fora. **Tens de arranjar** um guarda-pó." (*Marés*, 247)
2) O professor, ao aluno: "– **Tens que me aprender** bem essa tabuada, ouviste?" (*Páscoa*, 38)
3) A, a um subordinado: "– Amanhã (...) você **tem de pôr** as caixas daqui para fora" (*Circo*, 392)
4) A, a um irmão recém-chegado, que vem assumir a gerência dos negócios da família: "– Agora, você **tem que tomar** conta de tudo, Nando." (*Madrugada*, 45)
5) Os agentes da autoridade, a uns infratores: "– Não queremos cá saber, **têm de pagar** a multa" (*Volfrâmio*, 29)
6) A, ao criado: "– Cale a boca, Manuel (...) O homem pode estar ferido, (...). **Temos que achá-lo.**" (*Seara*, 147)
7) Um agente da polícia, a um colega menos graduado; procuram ultrapassar um automóvel: "– **Temos de lhes passar** à frente." (*Homem*, 154)
8) A noiva, ao futuro marido: "– Há uma condição que eu imponho absolutamente: andar só. Quero sair, entrar, girar, e o senhor **não tem que saber** de onde eu venho nem para onde vou. Nem m'o pergunta." (*Degredados*, 63)

c) Dever (indicativo presente)

Esta forma verbal tem pouco caráter coercivo; este é dado pela situação e pela entoação. Na maioria dos casos não exprime uma ação obrigatória mais ou menos imediata, mas exclusivamente um convite, um conselho. Nestas condições não pode considerar-se uma "ordem", pois o ordenante não procura impor a sua vontade, apenas manifesta o seu desejo, deixando inteiramente livre o executante.

A frequência é, por tal motivo, bastante reduzida (P 0,35%; B 0,26%).

Vejamos alguns exemplos:
1) A, ao cunhado, que abandonou a família: "– Sou eu que te peço! A tua filha faz anos, está doente... **deves ir vê-la!** Tens o dever de ir." (*Inimigos*, 80)
2) A obriga o filho a cumprimentar a madrasta: "– Esta é a sua nova mãe, filho. Ela não é sua mãe verdadeira, mas você, como um cavalheiro, **deve tratá-la** como se fosse. Tome-lhe a benção..." (*Madrugada*, 37-38)
3) A, "enérgica", a B que é apanhada a beijar o antigo noivo, agora ferido num combate: "– Tchê, Flor! Tem medida! **Não deves esquecer** que és noiva – e do meu neto!" (*Sinhá*, 90)
4) A, à irmã: "– Bom... Está bem... O que tu **não deves é falar** nessas coisas que não entendes..." (*Justiça*, 37)
5) Uma enfermeira, ao marido de uma doente: "– Tenha paciência... **Não deve excitá-la** agora..." (*Tempestade*, 223)

D) Escusar de (indicativo presente)/ Quitar de (pop.)

As perífrases constituídas por estes dois auxiliares modais, seguidos de infinitivo impessoal, são um processo curioso de formular positivamente uma "ordem" proibitiva. Em vez de se dizer: "não venhas", afirma-se: "escusas de vir" ou "quitas de vir" (forma popular, usada em algumas regiões). Estas formas lembram ao executante a inoportunidade e a desnecessidade de praticar a ação proibida.

A frequência destas formas é, contudo, mais reduzida que a da anterior (*dever*), pelo que nem vale a pena indicá-la.

Capítulo III

1) A a B, colega desordeiro: "– Olha, menino. **Escusas de vir** para cá fazer cenas, porque a gente já tem muito com que se entreter." (*Companheiros*, 730)
2) O patrão, à serviçal, caída em desgraça: "– E tu, desavergonhada... Rua! Não sou que dê coutada a malandros!... **Escusas de vir** já p'ra as malhadas!..." (*Giestas*, 209)
3) A, à criada: "– E você **escusa de se preocupar** mais, e se apoquentar, que isto agora é comigo..." (*Avisos*, 206)
4) A, a um conterrâneo, em tom de desafio: "– Homem, **quita de fungar** (...). Aqui não se fazem tibornadas. Ou pega ou larga!" (*Volfrâmio*, 160)
5) Um doente, à mãe: "– **Quita de dar** um passo que no meu corpo não poisa sinapismo quanto mais cáustico!" (*Volfrâmio*, 231)

e) Precisar (de) (indicativo presente)

A "ordem", mediante a perífrase formada por este auxiliar seguido de infinitivo, é afirmada como uma necessidade (ou desnecessidade, no caso da negativa) mais ou menos imperiosa, conforme a situação.

Quanto à frequência, está nas mesmas condições da da forma anterior (*escusar de*).

1) A mulher, ao marido: "– Mas também, Felício, **precisas tratar de** uma vez dessa tosse, que não me deixa dormir de noite." (*Tal*, 10)
2) A, ao criado: "– Vê lá, seu engraçadinho! **Precisa perder** esse costume de se meter na conversa de seus patrões." (*Sogra*, 96)
3) A, a um amigo, que se alarga na conversa: "– Sim, mas **não precisas detalhar** muito... senão acabas tirando-me o apetite..." (*Mundo*, 43)
4) A, a um colega: "– **Não precisas de dizer** mais nada. O João já está absolutamente convencido e já te perdoou." (*Calendário*, 225)

5) Entre dois irmãos: B: "– Você deixará que Arnaldo o ajude? Promete? Posso pôr no telegrama?" A (chefe de família): "– **Não precisa pôr** no telegrama. É um excesso. E não estamos em maré de dinheiro." (*Madrugada*, 45)

IV.
1. Futuro categórico. Futuro sugestivo

A "ordem" pode também ser expressa pelo futuro do indicativo, que tem geralmente dois valores fundamentais: categórico e sugestivo. O futuro categórico tem mais caráter coercivo que o imperativo e o conjuntivo jussivo. Enquanto estas formas verbais exprimem uma ação mais ou menos eventual, o futuro categórico indica uma ação real, que o executante não poderá deixar de cumprir. Neste sentido, o valor do futuro categórico não é tanto temporal, mas sobretudo modal.

O futuro sugestivo tem caráter menos coercivo que o imperativo e conjuntivo jussivo e indica uma ação absolutamente eventual; o seu valor é mais temporal que modal. Esta diferença entre os dois tipos de futuro está bem patente no resumo que Lia Wainstein faz de uma obra de M. E. Lerch sobre o assunto:

> "(...) comme 1' impératif, le futur peut exprimer toutes les nuances qui vont du commandement à la prière. Pourquoi le sujet parlant recourt-il alors à une autre forme que l'impératif? Et pourquoi justement au futur? La raison en est que le futur peut être tantôt plus fort et tantôt plus faible que l'impératif. Le futur catégorique signifie: tu feras cela, je vai imposer ma volonté, que tu le veuilles ou non. Par contre, le futur suggestif part d'une question comme 'tu le feras, n'est-ce pas?' ou d'un conseil comme 'tu le feras, si tu m'en crois'. Le sujet parlant se sert du futur au lieu de l'impératif afin de ne pas donner à ce qu'il commande la forme du commandement. Le futur catégorique repose sur un truc psychologique: pour anéantir la résistance éventuelle de l'entendeur, le sujet parlant s'efforce de lui montrer l'inanité de cette

résistance: par là, le futur catégorique 'tu te tairas' doit produire plus d'effet que l'impératif 'tais-toi'. Et à cause de sa force, l'emploi du futur catégorique est limité aux cas où le sujet parlant redoute une résistance. La nuance qu'il comporte est la menace qui peut être exprimée par le ton, les gestes ou des mots. Le futur suggestif, par contre, est très fréquent. Il est plus faible que l'impératif, car il comporte des égards envers l'entendeur. Le sujet parlant ne peut l'employer que quand il s'attend à ce que l'entendeur se laisse convaincre." [17]

Nem sempre porém é fácil distinguir na língua escrita os dois tipos de futuro, sobretudo quando faltam elementos como a entoação e o gesto. A distinção só pode então ser feita à base da situação e do contexto.

Uma variedade do futuro categórico é o chamado "futuro bíblico" que, como a própria designação indica, é próprio dos preceitos bíblicos e evangélicos. Esta variedade de futuro é explicada por Paiva Boléo do seguinte modo:

"Um outro caso bem conhecido de tempo, com significação modal, é o do futuro com sentido de imperativo de conselho ou de preceito, caso peculiar também a outras línguas, tanto românicas como germânicas: 'Não matarás!', 'Honrarás pai e mãe!'. Não é a futuridade que se quer aqui exprimir, como seria no provérbio: 'Filho és, pai serás, assim como fizeres, assim acharás'. Trata-se dum verdadeiro imperativo, que oferece, no entanto, uma nuance diferente da do imperativo sob forma conjuntiva: 'não mates!' Nesta forma a ação é mais imediata e traduz de preferência a vontade do 'imperante' (não quero que mates); naquela é principalmente ao 'imperado' que nos dirigimos (toma bem conta, pensa bem no que te digo: não deves matar)." (Paiva Boléo, "Tempos e modos...", in *B.F.*, III, p. 32)

---

[17] M. E. Lerch, *Die Verwendung des romanischen Futurums*, Reisland, Leipzig, 1919. (Lia Wainstein, *Expression du commandement* ..., pp. 9-10.)

Esta variedade de futuro apenas é usada na linguagem eclesiástica para relembrar os preceitos evangélicos; é empregada exclusivamente na segunda pessoa do singular, que designa todo o crente; é uma curiosa maneira de individualizar, singularizando. Em vez da segunda pessoa do plural ("vós"), que englobaria de modo vago todos os crentes, a forma do singular revela bem que o preceito é dirigido a cada um dos executantes (ao "imperado", como diz Paiva Boléo). Aqui encontramos patente como a "ordem" se torna mais eficiente, quando dirigida a cada um dos executantes através de uma forma do singular, ainda mesmo quando constituem um conjunto, uma massa compacta. Exemplos de futuro bíblico:

1) "**Regarás** a terra com o suor do teu rosto – dissera o Senhor." (*Volfrâmio*, 56)
2) Um pastor protestante relembra a um amigo as palavras bíblicas: "**Não farás** para ti imagem de escultura, nem figura alguma (...). **Não as adorarás nem lhes darás** culto, porque eu sou o Senhor Teu Deus." (*Rua*, 189-190)
3) Um padre relembra igualmente aos ouvintes o preceito evangélico: "– **Não dirás** falsos testemunhos contra o próximo." (*Oral*, P.A.)

A frequência das formas de futuro (categórico e sugestivo) é reduzida na expressão da "ordem" (P 0,28%; B 0,42%), visto que o primeiro é pouco usual e o segundo nem sempre designa uma exigência. Predomina a segunda pessoa do singular.

A) ALGUNS EXEMPLOS DE FUTURO CATEGÓRICO

1) A sogra, ao genro, que se prepara para abandonar a mulher e levar o filho com ele: "– Nunca! entendes? **Nunca o farás!** (...) Pois se partires, **partirás** sem ele (filho)..." (*Casino*, 105)
2) A vai contar um acontecimento da sua vida a um amigo; mas exige peremptoriamente: "– O meu jovem amigo **será** discreto e **não perguntará** o motivo. (...)

Capítulo III

Nunca contei esta história a ninguém. Tome isto como uma prova de estima." (*Lugar*, 162-163)

3) O chefe, a um subordinado, durante uma revolução: "– Você fique aqui. Há muito trabalho à minha espera; (...). Não deixe ninguém entrar. A sombra que vier detenha-a e chame-me. Se resistir, **abriremos** caminho à bala." (*Seara*, 475)

4) B percebe, no próprio dia do casamento, que o seu grande amigo e preceptor a ama e decide: "– Porque direi, diante de todos, o que te disse há pouco: – não me caso". A "intimativo": "– **Tu não farás, não dirás** tal coisa.", B: "– direi". A, "terrível": "– Nunca! **Nem o pensarás** jamais. Cuidado..." (*Envelhecer*, 97)

5) Uma mulher, a um indivíduo que a perturba: "– **Não te calarás**, estafermo!" (*Pescador*, 343)

Esta expressão negativa de valor exclamativo tem, na realidade, valor positivo; é um caso de antífrase, empregada pelo ordenante para dar caráter mais reforçativo à "ordem".

A "ordem" torna-se também mais coerciva, quando se emprega uma perífrase com o auxiliar modal "ter" (no futuro):

6) A, a um amigo que, ao pressentir o perigo, procura retirar-se; A, "agarrando-o", ordena: "– Venha cá... venha cá... o senhor não pode desertar! O senhor **terá que ficar** no seu posto!" (*Guerra*, 143)

7) Um preceptor e amigo, à sua pupila, que vai casar: "– **Terás**, porém, **de mostrá-los** (livros) a teu marido. A ele compete, agora, dirigir as tuas leituras." (*Envelhecer*, 51)

8) Um advogado, ao cliente: "– Não há nada a fazer. **Terá de esperar**." (*Homem*, 24)

B) Alguns exemplos de futuro sugestivo

Em muitos casos, o valor deste tipo de futuro é muito semelhante ao do indicativo presente, cujo valor temporal era, como vimos, de futuro mais ou menos próximo. O ordenante, através do futuro sugestivo, limita-se a instruir, a ensinar, indica o "*modus faciendi*", como podemos ver nestes exemplos:

1) A, à costureira e amiga: "– Estão aqui (as fazendas). Cortarás pelas medidas antigas. O corpo é o mesmo." "– Com a fazenda mais clara, **tu farás** este (vestido) da golinha de fustão, com a outra, o *tailleur*." (*Mundo*, 37)
2) A, ao testamenteiro e amigo, entregando-lhe o testamento: "– Estão aqui (as minhas últimas vontades). **Tu reconhecerás** a minha assinatura, **legalizarás**, como for preciso, o documento." (*Envelhecer*, 147)
3) A combina com um amigo um plano de fuga: "– Você **despedir-se-á** de mim e **irá** *incontinenti* ao café da rua Pernambuco, de onde me **telefonará**, dando-se como secretário da Universidade. **Dirá** a mim, ou a quem atender a chamada, que o Reitor quer ver-me com urgência." (*Amanuense*, 79)
4) O avô, à neta: "– Tu Helena, **esperarás** que eu te chame." (*Justiça*, 54)
5) O senhorio, ao procurador, por carta: "– O meu amigo **tratará** de tudo como se para si fosse. E não esqueça a casa de banho." (*Marés*, 190)
6) A tia, à sobrinha, depois de pensar sobre uma exigência que lhe fizera e contra a qual B protestou: "– Nesse caso, **não lhe dirás** nada." (*Guerra*, 135)
7) O regedor, a um queixoso, adiando o interrogatório: "– **Falaremos** disso mais tarde, senhor Gonçalo..." (*Noite*, 198)
8) A interrompe a conversa de seus familiares: "– Bem, isso vocês **decidirão** depois. Agora o mano vai fazer a '*toilette*' para o almoço." (*Guerra*, 152)

Em alguns casos o futuro formal não tem valor temporal de futuro, pelo que se torna sobretudo uma fórmula cortês, polida, para atenuar a exigência, que se inclina para o simples convite. Veremos no Capítulo V a importância das fórmulas de cortesia na atenuação da "ordem".

1) O marido, à mulher: "– **Fará** favor de me acompanhar um momento..." (*Alteza*, 143) (= faça favor, faz favor)
2) A, ao sr. abade, que lhe solicita um favor: B: "– Faz-me então um favor?" A: "– **Dirá**." (*Amores*, 92) (= diga)
3) Um cavalheiro, à mulher que ama: "– V. Ex.ª **dirá** o que devo fazer..." (*Casino*, 151) (= diga)

2. Futuro perifrástico

Os verbos auxiliares "haver de" e "ir", no indicativo presente e seguidos de infinitivo impessoal, indicam um futuro mais ou menos próximo, dentro do qual a "ordem" será executada.

Contudo, nem sempre o valor dominante destas perífrases é temporal; em muitos casos têm significação essencialmente modal. Por conseguinte, conforme o valor dominante – visto que não pode haver predomínio absoluto de um ou de outro na expressão da "ordem" – é temporal, ou modal, assim estas perífrases têm caráter sugestivo ou categórico.

A frequência destas perífrases é ainda mais reduzida que no caso do futuro categórico e sugestivo, pelo que não vale a pena indicá-la. Predominam a segunda e terceira pessoas do singular na forma afirmativa.

A) HAVER DE (INDICATIVO PRESENTE) + INFINITIVO

Vejamos primeiro alguns exemplos em que predomina o valor modal desta perífrase e, consequentemente, o caráter categórico. A "ordem" é, nestes casos, voluntariosa e decisiva; tal como vimos para o futuro categórico, também neste caso a "ordem" é, por vezes, reforçada pela ameaça. O caráter futural da perífrase é contrariado por advérbios de tempo de valor imediato, presente (*agora*, *já*, etc.).

Nestas condições, "haver de" é sobretudo um auxiliar modal, equivalente a "ter de":
   1) O rei, à feiticeira: "– Você **há-de-me dizer** se o rapaz do meu jardim é homem ou mulher! Senão morre!" (*Amores*, 383)

2) O rei, ao "rapaz do jardim": "– Mas agora aqui é que m'o hás-de dizer! És homem ou és mulher? Responde!" (*Amores*, 384)
3) O senhorio, à rendeira, que lhe trouxe uma oferta: "– **Hás-de tornar** a levá-los, senão fico mal contigo (...)" (*Volfrâmio*, 21)
4) A, ao empregado: "– Bem, desata lá (...). Mas **hás-de te despachar** que não tenho um minuto a perder." (*Volfrâmio*, 63)
5) A, em tom "violento" e ameaçador, ordena a B, possessa, que não se quer submeter ao fogo santo: "– **Hás-de querer**, maldita! Espírito imundo! Matadora!!..." (*Crime*, 217)

Mas, na maioria dos casos, a perífrase "haver de + infinitivo" tem apenas valor temporal e caráter sugestivo, limitando-se apenas a exprimir uma exigência com a qual o executante está de acordo. O seu matiz futural é corroborado por advérbios de tempo, que encerram a ideia de um futuro mais ou menos próximo (*amanhã, logo*, etc.). Para que a expressão possa, nestes casos, ser considerada como "ordem" é necessário que ela tenha caráter obrigatório e não indique exclusivamente uma probabilidade, mais ou menos hipotética.

Eis alguns exemplos:
1) O pai, ao filho: "– Ó António (...) vai lá ver que tal está a noite; e se estiver amanhã capaz, **hás-de chegar** ao Picão do Corvo, p'ra ver lá isso da alvaneira." (*Amores*, 283)
2) A, a um amigo: "– Homem, **hás-de me ensinar** esse raciocínio para meu governo." (*Envelhecer*, 69)
3) A, a uma amiga: "– **Hás-de me dar** uma fronha para o travesseiro..." (*Severa*, 206)
4) A convida um irmão mais novo a assistir a uma reunião: "– **Hás-de ir** comigo, Lélito, porque vejo que te não são indiferentes estas coisas..." (*Avisos*, 389)
5) A mãe, aos filhos: "– Ficais aqui, mas **haveis de estar** muito quietos." (*Volfrâmio*, 361)

Capítulo III

6) A mãe, aos filhos: "– Vocês em acabando de comer **hão--de rezar**, e depois tomar a benção àquele homem mais moço" (*Amores*, 389)

B) IR (INDICATIVO PRESENTE) + INFINITIVO

Também nesta perífrase pode predominar, como na anterior, o valor categórico ou o sugestivo, determinados sempre pela situação, contexto, entoação ou gesto.
Têm caráter mais ou menos categórico os seguintes exemplos:
1) A, a um intruso, que o insulta na própria casa: "– Você **vai sair** daqui num repente, seu bêbado vadio! Não insulta mais um Parra, debaixo do teto dos Parras" (*Noite*, 87)
2) O chefe, ao subordinado: "– Maneta: tu que refilaste há pedaço, **vais ser** o primeiro a molhar os pés. Mas entesa esses ossos." (*Noite*, 145)
3) O patrão, à serviçal, que acusou um trabalhador de a ter violentado (este, porém, negou): "– Você **vai jurar** em cima deste livro santo como contará a verdade de tudo. (...) Vamos, bote a mão aqui em cima e diga o nome de quem lhe fez mal." (*Menino*, 93)
4) A tia, à sobrinha, que oculta o mistério da sua maternidade: "– Pelo amor de Deus, Benilde! pelo teu Deus: **não vais continuar** essa comédia?!" (*Benilde*, 92)
5) O pai, ao filho, impedindo-o de falar (em tom autoritário): "– **Não vais dizer-me** mais nada." (*Oral, Mandamento*)

Nos exemplos seguintes predomina o caráter sugestivo, instrutivo:
1) A, a um subordinado: "– Mas na é só isso, ah! Lebório! Espera. (...) Tu **vais** depois **arranjar-me** duas torres, han! ... Dois homes que sejam duas esmerações." (*Tá Mar*, 37)
2) O regedor, ao cabo de ordem: "– Você **vai acompanhar** estes amigos ao Maranhão." (*Noite*, 202)

3) A ao criado: "– Já que aqui está, **vai arranjar-me** uma xícara do meu chá. Bem forte, sim?" (*Alteza*, 20)
4) O médico, à doente: "– Bem – **vai-me fazer** o seguinte: esse remédio, aqui, você **vai tomar** duas colheres de sopa, uma no almoço e outra no jantar." (*Falecida*, 240)
5) A, ao criado: "– Militão, você **vai montar** no meu cavalo e tocar a toda p'rà fazenda dos Badarós, entregar essa carta a Sinhô." (*Sem-fim*, 148).
6) Um chefe rebelde, a dois prisioneiros: "– Mas em troco **vão me fazer** um favor. **Vão me levar** uma carta." BB: "– Às suas ordens, capitão!" (*Lampião*, 44)

V. Imperfeito do indicativo e condicional formais

É raro o emprego do imperfeito do indicativo e do condicional na expressão da "ordem", pois lhes falta, na maioria dos casos, o mínimo de caráter coercivo, necessário para serem considerados como tal. Só a situação, o contexto, a entoação e o gesto podem ajudar-nos a determinar-lhes o valor. Mesmo quando exprimem uma obrigação, conservam sempre um matiz de convite, pedido e desejo. A exigência que formulam é, por conseguinte, muito atenuada; a ação solicitada tem caráter mais ou menos eventual.

O valor temporal destas formas verbais é o de presente ou futuro mais ou menos próximo.

Eis alguns exemplos:
1) A, à nora: "– Tu **devias** ir à devoção, ao Te Deum, rapariga!... Ouviste o que disse o padre? E depois o teu Zé havia de gostar...". B ("Rígida, violência interior"): "– Não vou." A: "– Não sejas assim, mulher: tu tens os teus deveres... (...) Anda, vai-te preparar..." (*Promessa*, 77)
2) A, a uma amiga: "– **Não te importavas** de levar a pequena para o quintal, Flávia? Crianças a ouvir as conversas dos mais velhos, acho mal..." (*Companheiros*, 159)

3) Num restaurante, um cliente, ao criado: "– **Trazia-me** o guardanapo." (*Oral*, Cl.I)
4) A mãe, ao filho (este vai sair; a exigência já tem muito pouca probabilidade de ser aceite): "– Mas **vestias** as outras calças." (*Oral*, M.C.M.)
5) Num restaurante, um cliente, ao criado: "– **Não se importava** de me trazer outro pão?" (*Oral*, Cl. l)
6) Uma preceptora quer manter o seu pupilo afastado das más companhias; por isso exige à mãe de um companheiro daquele: "– A senhora **poderia** principiar pelo Joca – sugeriu resoluta." (*Seara*, 35)

VI. Formas verbais de valor interjetivo

Há um certo número de formas verbais que são empregadas com valor interjetivo na expressão da "ordem". Em geral, não indicam o executante por meio de qualquer desinência morfológica. Mas, apesar disso, o seu caráter direto, atuante, dinâmico é extraordinário e não menos importante que o das formas verbais conjugadas, vistas atrás. O valor direto é-nos dado, sobretudo, pela entoação, pelo gesto e pela situação, fatores sempre presentes na expressão da "ordem", mas que, neste caso, exercem um papel fundamental.

A maior parte das expressões aqui agrupadas são constituídas por uma única forma verbal que enuncia a ação exigida. A "ordem" ganha, deste modo, em sincretismo e em eficiência, tornando-se enérgica e categórica. Mas essa forma verbal ou sintagma é equivalente a uma verdadeira frase, em que o predicado é o próprio verbo, de caráter mais ou menos intransitivo e em que o sujeito psicológico da ação exigida, coincidente ou não com o sujeito gramatical, é o próprio executante. Sendo assim, o executante (sujeito psicológico) é chamado diretamente à atuação, sem qualquer subterfúgio linguístico.

Estas expressões apenas se distinguem das interjeições propriamente ditas, porque o seu conteúdo significativo é sempre constante, é sempre um conteúdo verbal que diz respeito ao processo de desenvolvimento da ação, exceto num ou noutro caso.

A frequência global das formas aqui agrupadas é bastante reduzida: 1,4%, nos autores portugueses, e 0,76%, nos autores brasileiros. As mais frequentes são as expressões verbais interjetivas do tipo: *basta, chega, basta de + subst.*, etc.

1. Infinitivo impessoal direto

O infinitivo impessoal não encerra neste caso nenhuma ideia de pluralidade, ou melhor, não é conjugado mentalmente pelo ordenante; tanto pode ser dirigido a um como a vários executantes. Apesar do seu caráter reduzido e exclamativo, equivale a uma autêntica frase, em que o infinitivo é o predicado, com caráter intransitivo, e o sujeito psicológico é o próprio executante. Funcionalmente, é um autêntico imperativo, enérgico e categórico de realização imediata. A frequência é muito reduzida (P 0,35%); nos autores brasileiros quase não aparece.

Eis alguns exemplos:
1) A mãe, à filha: "– Teresa, estas batatas ja estão cozidas, **aviar!** (...) **Aviar!**" (*Amores*, 235)
2) A mãe, aos filhos: "– **Persignar** e **vestir**, vamos! Calças... colete... os jaquetões... tomem!" (*Amores*, 161)
3) O patrão, aos malhadores, após ter feito uma recomendação: "– E **aviar**, toca a aviar!" (*Amores*, 42)
4) O marido, "terrível", à mulher, que vai intervir na conversa: "– **Calar!**... Não é nada contigo!..." (*Giestas*, 167)
5) O sr. Vigário, às raparigas que aguardavam o resultado de um escândalo: "– Porque esperamos nós mais?! Não ides já fartas de comédia?! **Aviar!**... **Andar!**..." (*Giestas*, 66)
6) Num restaurante, um cliente, ao criado: "– Está bem. Eu espero um pouco, mas **não demorar** muito." (*Oral*, Cl. 1)
7) O dono, ao cão: "– Cá... chorro! 'chorro!" E, num grande entono: "– **Já se deitar**" (*Bagaceira*, 135-136)

8) A, a um compadre para que não dê ouvidos ao que diz o filho: "– Oh! Oh! **Deixá-lo** falar, compadre!..." (*Giestas*, 95)

Mas o infinitivo nem sempre tem este caráter dinâmico e intransitivo. É também frequentemente empregado na máxima, no preceito, no aviso. Neste sentido diz Rodrigues Lapa: "Quando a ordem é dada a um conjunto de pessoas indeterminadas, ou quando se quer diminuir a importância da pessoa a quem se fala [são deste teor, até certo ponto, os exemplos vistos atrás], fazendo incidir a atenção sobre o ato em si, emprega-se o infinitivo." (*Estilística*, 3ª. ed., p. 177).

É no caso da "ordem dada a um conjunto de pessoas indeterminadas" que o infinitivo tem valor preceitual, próprio de normas escritas, como nos seguintes exemplos:

1) "**Não desprezar** o convívio dos humildes." (preceito evangélico) (*Avisos*, 35)
2) "**resolver** o seguinte exercício"
3) "**não fazer lume**"
4) "**não se debruçar**"

2. Gerúndio jussivo e particípio enérgico

São também formas pouco usuais, quase não encontradas nos textos. Contudo, na linguagem oral empregam-se com valor semelhante ao do infinitivo. São igualmente formas exclamativas, de valor categórico.

O gerúndio, pelo som nasal da terminação, desperta de modo enérgico a atenção do executante:

1) A mãe chama o filho pela segunda vez: "– Vamos andando cá para dentro. **Andando**, vá!" (*Oral*, M.C.M.)
2) Um oficial, aos subordinados: "– Todos **atirando**, enquanto o Augusto ficar lá fora!" (*Madrugada*, 344)

O particípio passado é igualmente enérgico e categórico, pois exige o cumprimento imediato da "ordem" dada:

1) O professor, aos alunos: "– Canalha! – gritou-lhes então, batendo o pé. – Corja de atrevidos! **Sentados**, já!" (*Amores*, 151)
2) A mãe, aos filhos: "– Bico **calado**, hein? Não falem na história do Xexé!" (*Lugar*, 64)
3) O oficial, aos soldados: "– **Calados**! Já disse! (*Oral*, Cap. V.)
4) Um padre, em tom "duro", às suas paroquianas maledicentes: "– **Caladas**! Tomai freio nesses corações de bronze (...) **Caladas**! já disse!!" (*Crime*, 176)

3. "Imperativo de irritação" (Calou! Girou!)

Trata-se de uma forma de pretérito perfeito que, do ponto de vista funcional, é um imperativo enérgico e categórico, de valor exclamativo, como as formas de gerúndio ou particípio passado.

Esta forma de pretérito, com valor imperativo, foi já mencionada e explicada por Paiva Boléo. Vale a pena citar a sua explicação, apesar de ser um pouco longa, pois ela é muito elucidativa:

> "O caso mais extremo que conheço desta 'antecipação da imaginação' é o que se verifica em português com o imperativo de certos verbos usado com forma de pretérito, caso que, com meu conhecimento, não foi ainda registrado pelos gramáticos ou pelos sintaticistas e não tem correspondente, salvo erro, nas outras línguas românicas e germânicas. Em Aquilino Ribeiro (*Jardim das Tormentas*, p. 208) encontra-se a seguinte expressão, que é também da linguagem corrente: *Girou!* – Trata-se, é bem de ver, dum imperativo bastante enérgico, empregado em caso de irritação. Pela sua própria natureza, observa com razão Wackernagel 'todo o imperativo é, em certo sentido, futural; aquilo que se ordena pertence sempre ao porvir'. O português, ao invés, está tão impaciente no caso indicado, que a ordem é dada como estando já realizada! Na linguagem familiar pode ouvir-se dizer a uma

Capítulo III

> criança ou a um inferior que se está a tornar impertinente: '*calou! calou!*' Note-se que, mesmo para as pessoas a quem normalmente se daria o tratamento de 'tu' ('cala-te!') se emprega neste caso a 3ª. pessoa. É a supressão da nota afetiva, o distanciamento" ("Tempos e Modos", in *B.F.*, III, pp. 28-29) [grifos do autor]

Nos textos apenas encontrei um único caso deste tipo ("girou!"); contudo, na linguagem oral é frequente o emprego de outras formas (sobretudo, "calou!"):

1) O chefe, aos contrabandistas, seus subordinados (estão escondidos numa serra): "– ficam aqui quatro homens de plantão; dois, pelo menos, de olho aberto. De olho aberto, entendes tu? e o resto... **girou!** pra que não julguem que há por aqui arraial." (*Noite*, 98)
2) O oficial, aos soldados: "– **Calou!** ca... **lou!**" (*Oral*, Cap. T.)
3) A mãe, à filha que chora: "– Pronto, pronto. **Calou.**" (*Oral*, M.A.)
4) A ("enérgica"), ao irmão, que a importuna: "– Não o recebo, **acabou!** E a ti mesmo! Aflige-me ouvir-te!" (*Lá-Lás*, 112)

4. Imperativo e conjuntivo interjecionais

Certas formas de imperativo e de conjuntivo perdem, na expressão da "ordem", o seu valor morfológico e tornam-se sobretudo interjetivas. As suas desinências não desempenham, por conseguinte, qualquer papel na representação do executante. Assim, essas formas que são principalmente do singular, tornam-se gritos exclamativos, de valor jussivo, que tanto podem ser dirigidos a um como a vários executantes.

A) ALGUNS EXEMPLOS DE IMPERATIVO INTERJETIVO

1) O capataz manda largar os trabalhadores, para o almoço: "– Eh, gente!...: **Desferra!**" (*Gaibéus*, 38)

2) A ("com ira"), a um grupo de pescadores: "– **Arreda**, violadores!... **Arreda**, faroleiros!..." (*Pescador*, 178)
3) Entre os pescadores, após o recolher das redes: "– **Levanta**! – **Estica**!" "– **Remexe**! – **Aparta**!" (*Pescador*, 13)
4) O feitor, aos trabalhadores: "– **Deixa** de conversa, gente! (...) **Bota** pra diante o serviço." (*Menino*, 163)
5) "E vendo que a dança arrefecia, todos acoroçoavam: – **Toca** fogo na canjica! Aí, negrada! Eita pau!" (*Bagaceira*, 79)
6) A, aos fadistas: "– Eh, rapazes! **Toca a afinar** a guitarra, que hoje há fado batido!" (*Severa*, 29)
7) Num grupo de mulheres: "– **Toca a cantar**, raparigas... Cantar!" (*Pobres*, 55)
8) O arrais desperta os pescadores: "– São horas! **Toca a erguer**!" (*Paço*, 45)
9) O fiscal, ao trabalhador: "– **Toca** para a frente!" (*Volfrâmio*, 71)

B) ALGUNS EXEMPLOS DE CONJUNTIVO INTERJECIONAL

As formas de conjuntivo, mais frequentes, com valor interjetivo, são "Vamos!" e "Vá!"[18]. São ambas formas de animação e reforçam, por vezes, outras expressões de "ordem" (cf. Capítulo V):
1) O pai "ordena enérgico" à filha, que se não despede da avó como deve: "– Não foi assim que você aprendeu. **Vamos**, como é?" (*Marta*, 44)
2) A pergunta à mulher: "– **Vamos**, Marta, o que é que há?" (*Marta*, 54)
3) A "vendo a indecisão" dos pescadores, já chamados pelo arrais, ordena: "– Então?! Larga o tacho! **Vamos**! Toca a andar!" (*Mar*, 96)
4) A, à amante, encorajando-a a falar: "– **Vá**!... Eu vou ajudar-te a vencer-me..." (*Inimigos*, 21) (= fala, diz)

---

[18] Ver mais adiante a forma de animação "Vá" (conjuntivo formal).

Capítulo III

5. Outras expressões verbais interjetivas

Há ainda outras expressões verbais, de caráter interjetivo, que indicam "ordem". São expressões que, do ponto de vista gramatical, pertencem quase exclusivamente ao indicativo presente (3ª. pessoa do singular).

Em relação a todas as formas deste grupo (VI), são estas expressões as mais frequentes (P 0,95%; B 0,7%). Empregam-se sob forma simples ou sob forma composta, constituindo-se neste caso uma espécie de locução verbal substantiva, em que o elemento verbal e o elemento nominal se ligam pela preposição *de*.

Vejamos alguns exemplos de formas simples e compostas:

A) Basta!/ Basta de + substantivo!

1) A, a uma amiga, que reprova a moral do século e o procedimento ingrato do noivo: "– **Basta**, Iracema. Julguei-te mais forte; mais capaz de compreender." (*Seara*, 380)
2) O marido, à mulher, em tom "enérgico": "– **Basta**! É uma miséria esta discussão." (*Degredados*, 121)
3) O sr. Vigário, "com energia", a B, que difama uma rapariga: "– **Basta**! **Basta**! Este lugar não é..." (*Giestas*, 55)
4) A, a uma intrusa, que lhe conquistou as simpatias do marido ("no auge da indignação, gritando"): "– **Basta**! **Basta de pouca vergonha**!" (*Conde Barão*, 45)
5) A, ao criado indiscreto ("exaltando-se"): "– **Basta de perguntas**! Vamos, vista já esse uniforme" (*Sogra*, 15)
6) A mãe, à filha, que está a ser incorreta com uma amiga (censura e indignação): "– Menina, **basta de indelicadezas**!" (*Oral*, *Encontro*)

B) Bonda!/ Bonda de + substantivo! (Popular)

1) A mãe, à filha, "quando ela lhe está a deitar o café": "– **Bonda, bonda**." (*Tá Mar*, 14)

167

2) A, a um amigo: "– Vá, Miguel! **Bonda de paleio!**... Mostra agora as tuas habilidades!..." (*Giestas*, 40)
3) O pai, ao filho: "– **Bonda de palavreado**, rapaz!" (*Gentio*, 70)

C) CHEGA!/ CHEGA DE + SUBSTANTIVO!

1) A interrompe um amigo, que lhe vai dar um conselho: "– **Chega**, já sei o que vais dizer, e isso não interessa!" (*Mundo*, 52)
2) A faz calar um amigo: "– **Chega**! Sinto que a minha cabeça está girando, girando..." (*Deus*, 92)
3) A, a um amigo que o abraça: "– **Chega**, homem, **chega**, que você me amassa todo." (*Madrugada*, 291)
4) A, "enérgico", a uma intrusa indelicada: "– **Chega de tapeações**! Não continuará a transitar impunemente por essas ruas, praças e becos." (*Tal*, 73)
5) A ("violento"), à avó: "– **Chega de** *tricot*, avó!" (*Afogados*, 141)

D) VÁ...!/ VÁ DE + SUBSTANTIVO!/ VÁ DE + INFINITIVO!/ VAI DE + INFINITIVO!

Se bem que gramaticalmente se trate de uma forma de conjuntivo presente (3ª. pessoa do singular), aqui tem absoluto valor interjetivo, pois não há qualquer concordância entre a forma verbal e o executante, sujeito psicológico da ação exigida; também não há qualquer outro sujeito gramatical explícito ou implícito. Trata-se, essencialmente, de uma forma de animação, de incitamento:

1) A, à mulher: "– **Vá**, (...) Bot'ádiente. Cais são-nas minhas cov'nienças?" (*Tá Mar*, 133) (= fala...)
2) A, a um amigo ("compelindo-o"): "– **Vá, vá**, prior." (*Pescador*, 101) (= continua a conversa)
3) O capataz, aos trabalhadores: "– **Vá** com cuidado, gente!..." (*Gaibéus*, 24)

4) A, ao marçano: "– Eh, rapaz! **Vá** lá ao carro de mão. Levas uma galheta. Tens de arrebitar essas orelhas." (*Marés*, 209)
5) O arrais ("que separou as cordas em dois lotes, em tom brusco"), a outro pescador: "– **Vá** lá a ver isto!... (Picaró pega dum lado, ele do outro e carregam as cordas para o vão da escada)" (*Tá Mar*, 27)
6) O sr. Vigário ("gravemente"), a interlocutores pouco delicados: "– **Vá de chalaça!** Com coisas sérias não se brinca." (*Giestas*, 114)
7) O capataz, aos trabalhadores: "– **Vá de graças!**... Bonda de risos!..." (*Gaibéus*, 128)
8) Idem: "– Eh, gente!... São horas, **vá de andar!** Eh! cachopos!" (*Gaibéus*, 23)
9) Idem: "– Eh, gente!... **Vá de animar** essas mãos que isto assim de enterro. Porrada pequena!..." (*Gaibéus*, 75)
10) Idem: "– **Vai de rodar** e ir à ceifa!..." (*Gaibéus*, 77)

VII. Expressões interrogativo-exclamativas

Há variadíssimas expressões de caráter interrogativo-exclamativo que marcam nitidamente uma "ordem". A entoação desempenha neste caso papel primordial e tem muito maior importância que as próprias formas verbais, pois é ela que exprime essencialmente a "modalidadade" da "ordem".

Até certo ponto, toda a interrogação dirigida a um ouvinte, e que visa a uma resposta, tem caráter imperativo. O caráter coercivo da interrogação dimana da autoridade do interrogante, que torna obrigatória a resposta do interrogado. Por vezes, o que se verifica é uma transição da interrogação à forma verbal imperativa, de caráter direto e atuante, como nos seguintes exemplos:

1) A neta, à avó: "– Então foi com Joviano Macedo, que esteve aqui nesta casa. **Que foi feito dele, hein? Responda.**" (*Colar*, 168)

2) O marido, à mulher, que está indisposta: "– **Que tens? Diga! Fale!** (*Tempestade*, 58)

Outras vezes a forma verbal direta precede a interrogação, que deste modo se torna imperativa:
1) O advogado, a um infrator: "– Mas, **dize-me** cá, rapaz, tu não sabes que não se pode entrar sem licença na propriedade alheia? (...) **Que tiraste de lá?**" (*Volfrâmio*, 16)
2) Um feitor, aos rendeiros do patrão: "– O patrão agora sou eu. **Vamos, que desejam?**" (*Noite*, 223)

Mas a expressão fundamental é, nestes casos, a forma verbal direta, pois é ela que indica a "modalidade".

Aqui apenas procurarei apontar alguns casos de interrogação imperativa, em que é fundamental a entoção. Os casos encontrados não são muitos, pois geralmente a entoação não é indicada de modo explícito. Neste sentido, torna-se difícil determinar-lhes o valor.

A frequência encontrada foi de 0,6%, nos autores portugueses; nos autores brasileiros, encontrei apenas um ou outro caso isolado. Naquela percentagem não estão incluídos os casos que continham uma forma direta, do tipo que vimos acima.

A forma verbal destas expressões tanto pode ser o presente do indicativo, como o futuro, o perfeito, etc. O seu valor temporal é sempre de presente ou de futuro imediato.

Os matizes afetivos destas expressões são de censura, de reprovação, de impaciência, de convite, de ameaça. A entoação é, em geral, categórica e enérgica. É ela que dá valor direto, dinâmico e atuante a estas expressões, que do ponto de vista formal têm, por vezes, um certo caráter indireto.

Eis alguns exemplos:
1) A mulher, ao marido, que a importuna: "– **Tu calas-te**, maldito? Mas **calas-te** duma vez para sempre, **ouviste?**... Nunca mais se fala aqui nesse homem." (*Promessa*, 78)

Capítulo III

2) Um cadete, a um colega, ao verificar o alinhamento de uma formatura (censura e reprovação): "– **Tu estás quieto?!!**" (*Oral*, C.)
3) No comboio: a mãe, ao filho, que se debruça da janela (censura e reprovação): "– Ó Fernandinho, **tu chegaste para trás?!**" (*Oral*, Mulher II)
4) O marido, à mulher: "– **Deitas-te ou não?** Até estou apoucado de te ver assim parado…" (*Susto*, 194)
5) O pai, à filha, que está a chorar (ameaça): "– **Tu calaste! Ou apanhas!**" (*Oral*, J.P.)
6) A, à irmã: "– **Então esse jantar é para hoje ou para amanhã?** – reclamou a voz da exigência" (*Bastardos*, 14)
7) O alferes, aos soldados (ameaça): "– **Ou vocês apertam**, ou eu meto-os na forma em acelerado!" (*Amores*, 191)
8) O marido, à mulher: "– Ó Ana! Ó mulher dos meus pecados! **Não me tirarás** de cima do lume esta amaldiçoada caldeira?!" (*Amores*, 208)
9) A, a um amigo vagaroso: "– **Você não acabará de amarrar** essa gravata, homem?" (*Caetés*, 78)
10) O marido, à mulher: "– Ó estupor, **tu não te calarás!**" (*Pobres*, 315)
11) A filha não respondeu ao chamamento da mãe; então esta, "imperativa, tornou ao regougo": "– **Tu num oubistes**, mulher?" (*Gentio*, 21) (= Vem cá)
12) A está doente; batem à porta, mas a filha (B) não responde; então A desperta-a, em tom imperativo: "– **Ouviste, Ó Ilda?**" B: "– Lá vou, mãe…" (*Companheiros*, 57) (= Vai lá abrir a porta!)
13) O pai, à filha, que vai falar: "– **E se te não metesses onde não és chamada?!** – atalhou, desabrido, o pai." (*Vindima*, 75) (= não te metas…)
14) O pai, ao filho: "– **Que vem para aqui o pendente meter o bico!**" ("Jaime (B) foi esconder-se na loja das vacas a chorar.") (*Terras*, 44) (= Vá-se embora, não é para aqui chamado).

Capítulo IV
A expressão da "ordem" por meio de formas não verbais

A "ordem" nem sempre é expressa por meio de uma frase logicamente articulada, em que a "modalidade" é indicada por uma forma verbal. Frequentemente, a "ordem" apresenta-se sob forma simples e reduzida, constando apenas do objeto direto da ação exigida. A situação, a entoação e o gesto são, neste caso, de capital importância. Ordenante e executante encontram-se em presença um do outro, sem que haja entre eles qualquer intermediário. A entoação e o gesto suprem a ausência da forma verbal, exprimindo, por conseguinte, a "modalidade". Deste modo, a "ordem" assume caráter direto, pois chama o executante à atuação. Este é, por vezes, interpelado através de formas vocativas.

A frequência global das formas não verbais que exprimem "ordem" é de 4,37%, nos autores portugueses, e de 4,28% nos autores brasileiros, fato que revela uma curiosa coincidência.

A maior parte das formas aqui estudadas tem valor interjecional e exclamativo. Contudo, certas formas, habitualmente incluídas no campo das interjeições, conservam ainda o seu valor nominal, adverbial, etc., pelo que é preferível distingui-las das interjeições propriamente ditas, elementos expressivos de conteúdo significativo variável.

Procurarei, no entanto, agrupar estas expressões não apenas sob o ponto de vista formal, como tenho feito até aqui, mas também em campos semânticos.

I. **Formas nominais**
   (Frequência: P 2,31%; B 3,19%)

1. Vocativo imperioso

O vocativo é, pela sua natureza, a forma mais direta de interlocução.
É um chamamento, um apelo, uma forma de despertar a atenção. E este chamamento, este apelo pode significar uma "ordem", desde que se verifiquem as condições necessárias para isso. O vocativo é então um apelo direto à atuação. Este é o papel da forma vocativa em todas as expressões de "ordem"; vimos logo a sua importância, quando no Capítulo I tratamos da representação linguística do executante. Aqui apenas nos interessam aqueles casos em que o vocativo isolado pode significar uma "ordem", reduzida deste modo a um apelo ao executante. A situação define a ação exigida pelo ordenante, a qual é representada por uma forma verbal implícita, dela dependente: "Vem cá", "cale-se", "despache-se", "espera aí", etc.
A forma vocativa pode ser, neste caso, um nome próprio ou um nome comum.
Eis alguns exemplos:

1) A chama o criado, "batendo palmas": "– **Seu Hilário! Seu Hilário!**" B ("à porta"): "– Pron... pronto..." (*Guerra*, 124)
2) A está impaciente, pois urge partir e B demora-se; chama então, "imperioso": "– **Fábio!**" (*Seara*, 305)
3) A, "a Boneca, indicando a caixa de música": "– **Boneca!** (Boneca corre a abri-la)" (*Iaiá*, 119)
4) A, em tom "enérgico", a B, que vai sair: "– **Rapaz!** (Péricles volta-se). Nem pense em deixar esta casa, sem revelar esse segredo!" (*Deus*, 66)
5) "(Lá-Lá levanta-se e vai distraída tocar piano. Dona Teresa repreensiva) **Lá-Lá!**" (*Lá-Lás*, 101)
6) A mulher, ao marido, cuja conversa a importuna: "– (Com secura, atalhando-o) **Ó Eduardo**, por quem é!..." (*Casino*, 28)
7) "(Envesgando um olhar para Aurora, sacode os ombros e vai a sair, quando um brado dela o detém) **Evaristo!**" (*Marquês*, 32)

8) A, "em tom de estentor" e com um "brado suspende o tumulto" das mulheres, que não querem deixá-los partir para o mar: "– **Mulheres!**" (*Pescador*, 15)

2. Expressões de natureza informativa

Certas formas e locuções frásicas de caráter nominal enunciam, de modo simples e, em geral, sem grande coerção, aquilo que o executante deve fazer. O ordenante não tem necessidade de impor a sua autoridade, pois não há oposição nem relutância da parte do executante. A forma verbal é determinada pela situação: "dá", "traz", "quero", etc. Por vezes, certas formas verbais reforçam estas expressões, mas o seu papel é secundário, pois a "modalidade" da "ordem" não é indicada por elas:

1) O marido, à mulher: "– Josefa! Ouves? **P'ra cá esse garrafão** que está ao pé da arca, avia-te! **A caneca também**, ouviste?" (*Amores*, 51)
2) Mesma situação: "– Josefa! Ó Josefa! **Nesse alguidar do meio umas sopas de vinho p'r'o "Sultão"**, ouviste?" (*Amores*, 52)
3) O patrão, ao marçano: "– **O tabuleiro no balcão e isso pra dentro.**" (*Marés*, 233)
4) O capataz, aos trabalhadores: "– **Essas enxadas bem ao fundo!**..." (*Marés*, 172)
5) O patrão, ao ganhão: "– Olha, descarrega na tulha do meio. Na tulha do meio, não ouves? **Os bois para o lameiro.**" (*Amores*, 43)

Em determinadas situações (o patrão, aos subordinados; um cliente, ao criado dum café, etc.), o ordenante indica apenas o objeto da sua vontade. A "ordem" ganha em sincretismo e rapidez. A situação dispensa qualquer forma verbal explícita:

1) O patrão, ao feitor, que trata da preparação do vinho: "–...**A primeira carrada, amanhã!** porque esse mosto há-de ferver nas outras dornas!..." (*Giestas*, 98) (= quero que levem...)

2) Um cliente, ao criado do café: "– **Um café bem quente**. E um conhaque mas num copo de balão, ouviu? Bem aquecido." (*Gaivotas*, 12)
3) Situação idêntica: "– **Uma cerveja bem gelada**, amigo Bacurau." (*Caetés*, 115)
4) Numa mercearia, uma cliente a B: "– **Uma caixa de lumes e dez réis de aguardente**, Mariana..." (*Mar*, 105)
5) O marido, à mulher: "– **O meu chapéu, a minha vingala! Ó Chica!**" (*Conde Barão*, 26)
6) O chefe, aos subordinados: "– Quando Lampião dá boa noite, todo o mundo se descobre! **Chapéu na mão**, cabras! Lampião está aqui e está dando boa noite!" (*Lampião*, 128)

Este mesmo processo, que poderíamos designar de economia vocabular, é ainda utilizado quando a situação se torna aflitiva ou o ordenante tem urgência em obter aquilo de que precisa. Neste caso o objeto da ação ou é a única palavra que constitui a "ordem" ou então vem em primeiro lugar como parte mais importante da frase. Instintivamente, o ordenante é levado a indicar com energia aquilo de que precisa:

1) Um médico presta assistência a uma doente; o coração desta fraqueja e ele grita imediatamente à sua auxiliar: "– **A coramina**, Flávia!" (*Companheiros*, 52)
2) Um padre cuida de uma doente; esta desmaia e ele reclama: "– **Água!**... A Joana desmaiou... dê-me água, mãe!" (*Crime*, 163)
3) Situação idêntica: "– Vossemecê não ouve, mãe? Dê-me cá uma cadeira... ai, o sangue que esta ferida deita! **vinagre**, tragam-me vinagre..." (*Crime*, 125)

Também, por um processo semelhante ao anterior, o ordenante pode indicar, numa palavra apenas, o objetivo que deve ser atingido pelo executante. A orientação para tal objetivo é, por vezes, corroborada pela preposição "para", que precede o

nome. Quando este é pronunciado só, adquire maior valor exclamativo e torna-se mais enfático, mais enérgico:
   1) O pai, aos filhos: "– **Pra mesa**, meninos.", e logo a seguir, em tom mais enérgico: "– **Mesa**." (*Rua*, 254)
   2) O pai chama o filho para a lição: "– **Lição**, Paulinho..." (*Rua*, 124)
   3) A, à irmã que o esperava a desoras: "– Vamos, são horas. **Cama!**" (*Companheiros*, 126)
   4) A, ao motorista do táxi: "– **Para a Baixa!** Vamos para a Baixa!" (*Gaivotas*, 181)
   5) A mãe, à filha: "– Já **p'ra casa**, sua porca! Lá falamos!" (*Gentio*, 231)

3. Expressões categóricas

Certas expressões são acompanhadas de um tom de voz que supre por completo a ausência da forma verbal. Em geral têm valor exclamativo e mais ou menos interjecional. Exprimem uma "ordem" enérgica, categórica e autoritária. Nestas expressões, os nomes interjecionais são, por vezes, reforçados por formas adverbiais de quantidade.

A) APELO AO SILÊNCIO

Há um certo número de expressões nominais que são mais enérgicas para "mandar calar" do que as próprias formas verbais.
Todas as expressões, indicadas a seguir, pertencem ao mesmo campo semântico e poderiam ser substituídas por uma forma imperativa do verbo "calar": "cala-te", "calem-se", "estejam calados", etc.
   1) O pai, ao filho, que discute com a mãe: "– Schiu! **Pouco barulho**... Já sei o que tu queres... É dinheiro, não é?" (*Casino*, 24)
   2) Pai, ao filho: "– **Sem barulho**, ouviu, Paulinho? Sua mãe vai dormir." (*Rua*, 34)

3) A, ao "rancho folgazão": "– **Menos bulha!**..." (*Giestas*, 35)
4) A a B: "– Não precisas de o dizer, garoto. Mas, já que vieste, aguenta. Despe essas calças e prende-as ao pescoço. E **pouca conversa**." (*Noite*, 112)
5) O sr. vigário, "com energia", a um indivíduo difamador: "– Bem! bem!... Acabemos com esta vergonha! **Nem mais uma palavra!**" (*Giestas*, 59)
6) A a B, após uma conversa: "– E **nem uma palavra** sobre isto, ouviste?" (*Sinhá*, 91)
7) Entre dois amigos: A: "– Diz, pá." B exige, porém: "– Segredo!..." (*Marés*, 242)

A forma mais enérgica para mandar calar é, sem dúvida, "silêncio!", não só pelo seu valor expressivo, mas também por ser um apelo absoluto à inação.

Enquanto as formas anteriores apelam para uma redução de atividade, esta, como a última ("nem mais uma palavra!"), exige uma abstenção completa de falar:

1) "Uma voz autoritária", aos presos: "– **Silêncio! Ordem!**" (*Seara*, 301)
2) A mãe, ao filho: "– Cala-te tu aí! Deixa eu desabafar primeiro, depois falas tu! Eu agora estou com a palavra! Silêncio!..." (*Sinhá*, 27) Neste exemplo, é nítida a gradação desde a forma verbal até à forma interjecional, categórica e absoluta, que constitui a "*ultima ratio*".
3) A, "impondo-se", a dois indivíduos que lhe criticam a conduta comercial: "– **Silêncio!**" Eles calam-se, mas pouco depois "tentam falar" de novo; então A, "imperioso", ordena: "– **Silêncio**, já disse!..." (*Troca-Tintas*, 17)

Certas expressões perdem, por vezes, o seu conteúdo significativo inicial e adquirem um valor convencional, tornando-se maior, por conseguinte, o seu caráter interjetivo:

1) O marido, à mulher: "– Schiu! **Nem pio!** (...) – **Moita carrasco!**" (*Amores*, 325)

2) A recomenda segredo à criada sobre um determinado assunto, mas esta lamenta ter já contado a uma pessoa; então A exige: "– Está bem, está bem, à Olímpia não faz mal; ante os outros – **bico**!" (*Seara*, 440) (= bico calado)

B) "Rua!" "Andor!"

Duas formas, de valor nominal muito reduzido, são especialmente enérgicas para "mandar embora" ou "despedir" um importuno: "Rua!" "Andor!".
São ambas usuais na língua falada, sobretudo a primeira. Seria curioso determinar a origem de "Andor!", empregada neste caso como equivalente de "Rua!". O substantivo *andor* (sege) parece ser de origem oriental (malaia: *andola*) e creio que não existe noutras línguas românicas.
Mas a forma interjetiva "andor!" (= *rua!, vá-se embora!*) será aquele substantivo de origem oriental, que neste caso perdeu quase todo o valor nominal? Ou não terá antes na sua origem o infinitivo verbal "andar!" (é frequente na linguagem popular a expressão "ponha-se no andar da rua!"), que teria sofrido contaminação daquela forma nominal?
Eis alguns exemplos:
1) A, a um importuno, "apontando-lhe a porta": "– E agora, **rua**, que a porta é larga?" (*Severa*, 78)
2) O genro, à sogra: "– **Pr'à rua**, que é sala de cães!" (*Terras*, 140)
3) A, ao irmão: "– (Num salto, empurra Jesus e fecha, violento, a porta.) **Rua, rua!**" (*Promessa*, 94)
4) A expulsa de sua casa duas importunas, ameaçando-as com uma vassoura e num "grito de ódio": "– E rua!... Rua!... Ou racho-as!..." (*Sol*, 31)
5) A, a um cavalheiro importuno: "– **Rua daqui!** Cuidas que é só viver à custa de mulheres, traste? – **Rua daqui!**" (*Severa*, 89) O valor nominal desta expressão é quase nulo.
6) A, "enérgica", a duas importunas: "– **Andor! Andor!** Toca para a rua! Não ouvem?" (*Sol*, 73)

7) O tio, ao sobrinho: "– Que está vossemecê aqui a cheirar? **Andor! Andor!** Isto não são conversas para fedelhos!" (*Gaivotas*, 153)
8) Um indivíduo, a uma mulher que lhe entrou em casa; A "puxa-a por um braço" e põe-na na rua: "– Não ouves?... **Andor! Andor!**..." (*Sol*, 52)
9) Um oficial, a dois soldados curiosos, que ouvem uma conversa à qual não são chamados: "– Eh! pchiu! **Andor!**"; mas como são teimosos e se afastam lentamente, A ordena energicamente: "– **Andor! Andor!** já disse!" (*Oral*, Cap. V)

4. Expressões de advertência

Algumas formas nominais indicam uma advertência para o executante, são uma espécie de "ordem" preventiva, que vai influenciar o seu procedimento. Exprimem uma "ordem" de certo modo atenuada, a não ser que a entoação lhe dê valor categórico.

Por vezes, a advertência tem um leve tom de admoestação ou de censura.

A) ATENÇÃO/ MUITA ATENÇÃO

1) A, à noiva: "– **Atenção!** Teu pai já deve ter entrado na arena." (*Marquês*, 103)
2) A, aos seus subordinados: "– **Atenção**, pessoal!" (*Seara*, 325)
3) A adverte B: "– **Muita atenção** com esse cavalheiro [3ª. pessoa do discurso] que, às vezes, não é nada certo!" (*Santo*, 17)

B) CAUTELA!/ CAUTELINHA!

1) A recomenda a uma amiga: "– **Cautela** com a Totó..." (*Alteza*, 156)

2) A, ao despedir-se da comadre, adverte: "– Como está a nevar, ponha bem o chale p'la cabeça, e **cautela** com as escadas." (*Amores*, 284)

3) A, à irmã, "em voz baixa, carregada de ameaças": "– Mas **cautelinha** com a língua, que o mano já tem dentes e sabe morder!" (*Marquês*, 79)

c) Muito controle...

1) A, a um amigo, cujos princípios morais não são muito conformistas: "– E **muito controle moral** aqui em casa antes que minha sogra se intrometa nesse assunto escabroso". (*Sogra*, 78)

d) Cuidado!/ Cuidadinho!/ Muito cuidado!

1) A recomenda a um amigo: "– **Cuidado** que eles não o vejam." (*Sogra*, 47)

2) A "dava ordens" aos que faziam mudança de mobílias: "– **Cuidado** com a lâmpada, rapaz! Epa! Não exerga? Devagar com o andor. Bote ali..." (*Lugar*, 92)

3) O patrão, ao subordinado: "– Vê lá como puxas isso! **Cuidado** com esse pano, homem!" (*Circo*, 51)

4) Um criado adverte, "impaciente", um carregador, receando que este lhe risque as paredes da casa com o volume que transporta: "– Por aqui, senhor, venha por aqui... mas **cuidado**, hein, **cuidado**..." (*Mundo*, 47)

5) A, a um amigo, após ter-lhe contado um segredo: "– **Cuidadinho** com a língua, ouviu?" (*Sol*, 58)

6) A, a um criado atrevido: "– **Muito cuidadinho**, hem! Olha que minha sogra..." (*Sogra*, 75)

7) A patroa, a dois criados, que transportam uma bagagem: "– **Muito cuidado** com isso, hein?" (*Sinhá*, 64)

E) PRUDÊNCIA!

1) A, a dois noivos atrevidos: "– Amigos, **prudência**! Nós não estamos no cinema, hein?" (*Alteza*, 216)

F) MAIS RESPEITO!

1) Uma mulher, "autoritária", a um cavalheiro "malicioso": "– **Mais respeito**, sêo Plácido!" (*Sogra*, 113)

G) TENTO/ TERMOS

1) O pai, à filha: "– **Tento** na bola, ouves?" (*Amores*, 352)
2) A mãe adverte a filha, um pouco estouvada: "– **Termos**, rapariga, **termos**! Olha que te dou nesses focinhos" (*Gentio*, 159) (= tem juízo)

H) NADA DE + SUBSTANTIVO

Esta locução exprime uma "ordem" proibitiva, que geralmente se apresenta sob o aspecto de advertência, de exortação ou de conselho.

1) O pai, ao filho, que o acarinha por lhe ter dado dinheiro: "– **Nada de expansões**... Fazes favor de me largar." (*Casino*, 24)
2) A, a um amigo: "– Pois fica-te de emenda meu rapaz: **nada de contrabando, nada de coisas ilegais**..." (*Promessa*, 58)
3) A sogra: "– Senhor meu genro, **nada de gracinhas** equívocas, impróprias para menores!" (*Sogra*, 14)
4) A mãe, aos filhos: "– Ai filhos! Por amor de Deus! **Nada de vergonhas**!..." (*Lá-Lás*, 14)
5) O médico aconselha à mãe da doente: "– Ora! **nada de apreensões** surpérfluas! Por agora, o que temos é de conservar a cabeça bem clara e remediar da melhor maneira o que sucedeu." (*Benilde*, 71)

5. Expressões exortativas

Certas expressões, predominantemente afetivas, tornam-se uma espécie de incentivo para o executante. São formas de apelo variadas, que vão influenciar o procedimento do executante e indicam, em geral, interesse solícito e carinhoso da parte do ordenante.

a) CALMA

> 1) O médico, ao doente, que quer levantar-se para ir votar: "– **Calma**, homem, **calma**. Mais um voto menos um voto não fará diferença." (*Madrugada*, 447)
> 2) O tio, à sobrinha, preocupada com as profecias de uma bruxa: "– **Calma**, minha filha! (...) Não podes dar importância às vozes de uma Bruxa." (*Calendário*, 249)
> 3) O chefe, a um subordinado, que faz objeções às suas ordens: "**Calma, calma** e cale a boca, imbecil" (*Madona*, 180)

b) CORAGEM/ MUITA CORAGEM

> 1) Um padre, a uma penitente, após terrível crise: "– E agora, **coragem**, minha senhora. A crise passou…" (*Degredados*, 211)
> 2) O marido prepara a mulher para o momento difícil que se avizinha: "– **Coragem**, 'senhora' dona Davina… coragem…" (*Guerra*, 147)
> 3) Um médico encoraja uma pessoa amiga, que passa por uma terrível provação: "– Até já, e **muita coragem**, mas se te faltar fica, e deixa o futuro ao destino." (*Lei*, 55)

c) JUÍZO/ MUITO JUIZINHO

> 1) A aconselha a um jovem imprevidente: "– **Juízo**, António! Não te botes a perder!…" (*Giestas*, 172)

2) A mãe, à filha, desesperada: "– **Juízo, juízo**, querida filha..." (*Pescador*, 44)
3) Mesma situação de 1); avizinha-se o marido de A, que põe fim à conversa: "– Ele aí vem! **Caluda!** ... E agora, **muito juizinho!**..." (*Giestas*, 159)

D) OUTRAS EXPRESSÕES EXORTATIVAS (MENOS FREQUENTES)

1) O patrão, ao empregado: "– Vá! Vá! **Força! Dinamismo** é o que se quer!" (*Troca-Tintas*, 28)
2) A, a um amigo: "– Zé Pedro, **mais indulgência**... Eles nunca viram uma autópsia." (*Companheiros*, 313)
3) O patrão, ao empregado, desgostoso com o negócio: "– **Paciência**, João." (*Homem*, 166)
4) A, a uma amiga, que critica a "tirania dos homens": "– **Resignação, resignação**, Totó." (*Boneca*, 143)
5) Um pescador, às mulheres apavoradas e apreensivas com a sorte de seus homens: "– **Ânimo! Refreai vãs apreensões! Serenidade! Firmeza!**" (*Pescador*, 15)
6) A, à sua futura nora, triste pela ausência do noivo: "– Que tristeza!... Mas... **coração ao alto**, pequena, que tristezas não pagam dívidas." (*Terrinha*, 45)
7) O chefe, aos seus homens, antes de empreenderem a ação planeada: "– A coisa está bem figurada! Agora, **olho fino, mão certeira** e **perna lesta**, hein?" (*Marquês*, 71)
8) O patrão, ao feitor: "Pergunta-lhes [aos trabalhadores] se querem e **mãos à obra**." (*Gaibéus*, 96)
9) A, a uma sua agente, que hesita em cumprir as ordens recebidas: "– Nada de hesitações, **mãos à obra!**" (*Tal*, 75)

Outras expressões nominais haverá, quer de advertência, quer de exortação, mas aquelas que indiquei são as que os textos me ofereceram. Todas elas têm um mínimo de caráter coercivo necessário para que as possamos considerar dentro do campo da "ordem", entendida em sentido amplo.

Este caráter coercivo é variável, conforme a situação, a entoação e a natureza das próprias expressões.

São, por conseguinte, bastante variadas as expressões nominais que podem indicar "ordem". Umas vezes constituem frases, a que apenas falta a forma verbal; nestes casos, a forma nominal não vem isolada mas é determinada, qualificada ou completada no seu sentido por outras formas gramaticais; ela é, nestas circunstâncias, a forma mais importante dessa frase incompleta, pois formas nominais e formas verbais são as duas espécies principais da língua e à volta delas gravitam, ligando-as e caracterizando-as, todas as outras espécies secundárias, como sejam o adjetivo, o advérbio, a preposição, a conjunção, etc.

Noutros casos, observamos formas nominais, mais ou menos isoladas, a exprimir uma "ordem"; isso só se tornou possível devido a uma situação e a um contexto definidos; a entoação supriu, nestas circunstâncias, a ausência da forma verbal; o valor da entoação é tal que certas expressões nominais quase adquirem também valor verbal, como, por exemplo, "Silêncio!", "Pouco barulho!", "Cuidado!", etc. Nestes casos não há necessidade de subentender qualquer forma verbal para tornarmos mais compreensíveis as expressões nominais.

Mas a "ordem" não é apenas expressa por formas verbais e locuções nominais; ela pode ser expressa pelas chamadas espécies gramaticais secundárias, principalmente pelo advérbio, que, isolado, adquire verdadeiro caráter verbal, como veremos.

O adjetivo e a forma pronominal também podem expressar uma "ordem", embora isso aconteça mais raramente. Vamos no entanto ver alguns exemplos.

6. Formas pronominais

A forma pronominal faz geralmente parte de uma frase articulada, em que a "modalidade" da "ordem" é expressa por um verbo ou pela entoação. Nestas circunstâncias a forma pronominal aparece como parte integrante da frase, cujo papel é de importância variável. Aqui apenas nos interessam os casos em que a forma pronominal é elemento mais ou menos exclusivo na expressão da "ordem". Esses casos são raros e só se tornam possíveis numa situação perfeitamente definida, em que o objeto direto da ação exigida ou até o próprio executante são substituídos por uma forma pronominal, quando a "ordem" se repete uma ou mais vezes.

Eis alguns exemplos:

1) A, "possesso", à mulher: "– És tu que vais beber e não eu!... Bebe, agora! E, se morreres, direi também que foi o coração. (D. Eduarda está bebendo) **Tudo**!" (*Senhora*, 73) (= bebe tudo)
2) A, ao marido e à filha: "– Pronto! Pronto! Acabou-se. **Tudo** lá para fora!" (*Vindima*, 341)
3) A mãe, à filha: "– Leva este fogarêro já lá p'ra dentro. **Tudo** lá dentro, e tu também. Sã-nas horas de jantar e nada fêto!" (*Tá Mar*, 65)
4) O patrão, aos empregados, que ensacam cereais: "– Mede uma [saca] de grão... – **Outra** de milho... – E **outra** de feijoca... – **Outra** de feijão. Tu, fecha a boca à saca. Agarra-lhe ali daquele lado e sacudam bem." (*Marés*, 233)
5) Os ouvintes exigem dos que cantam: "– **Outra**! **Outra**! [Cantiga]". "Agora **aquela** de Roma!" (*Amores*, 248)
6) Um pai, antes de morrer, reúne os seus filhos para lhes mandar fazer um último serviço; o mais novo fica um pouco de lado, mas o pai exige a sua participação: "– **Tu também**" (*Amores*, 403) (= tu entras também)
7) Um pastor protestante, aos seus pupilos: "– Todos os rapazes juntos como usual (...) **Todos juntos**!" (*Lugar*, 256)

Nestes dois últimos exemplos a forma pronominal está intimamente ligada à palavra que a acompanha, de tal modo que a maior ou menor importância de cada uma depende sobretudo da entoação: pode-se insistir no número de pessoas (*todos*) ou no adjetivo, que neste caso exerce função adverbial de modo (*juntos*).

7. Adjetivos modais

Também só raramente a "ordem" é expressa exclusivamente por um adjetivo. Só o aspecto formal justifica, quando isso se dá, a designação de adjetivo. Na realidade, o adjetivo, em tais circunstâncias, exerce uma função adverbial, isto é, caracteriza o processo verbal ou a ação exigida e não o executante. São, por conseguinte, adjetivos modais. Eis alguns exemplos:
1) Um cliente, ao farmacêutico, escolhendo uma borracha para gelo: "– Esta. **Ligeiro**, que estou com presa." (*Lugar*, 219)
2) A mãe, aos filhos: "– **Quietos**, meninos. Chega de barulho! Seu pai está lendo! Para o quintal, já!" (*Rua*, 10)
3) A, a um colega: "– **Quieto**, Fiusa! (Perante o pasmo deste) **Quieto**, já disse!" (*Santo*, 17)
4) Uma mulher ("dura, firme, os braços abertos") opõe-se ao avanço de alguns homens: "– O que é isto?! **Quedos**! **Quedos** p'r'aí!... (...) **Quedos**, já disse!!" (*Crime*, 233)
5) A, a um casal: "– Olá, os namorados. **Quedos e atentos**." (*Pescador*, 81)
6) A, ao irmão, que fala alto: "– Sh... sh... **mais baixo**." (*Seara*, 52)

II. Formas adverbiais
(Frequência: P 1,24%; B 0,65%)

1. De tempo

A "ordem" pode ser expressa unicamente por um advérbio de tempo, cujo valor temporal é de presente imediato. A "modalidade" é expressa pela entoação e pode ser representada por uma forma verbal, determinada pela situação e pelo contexto ("vem", "vai", etc.).
Eis alguns exemplos:
1) O feitor desperta os ceifeiros, após a hora de repouso: "– **Já, Já**!... (E com grandes palmadas nos companheiros

mais próximos) Eh, cachopos! Eh, madrastões!... Vá! Arriba!..." (*Giestas*, 148)
2) A apela insistentemente: "– Tio António! Tio António! São as bênçãos, já. Mas já, já. (...) mas venha. Venha, que se não nem as bênçãos aproveito..." (*Firme*, 57). Repare-se, neste exemplo, como a forma adverbial é mais expressiva, mais temporal, que o próprio verbo, só posteriormente empregado.
3) Um agente de polícia ordena ao menos graduado, quando observam o trânsito para entrarem com o automóvel na estrada: "– **Agora**". (*Homem*, 151)
4) A patroa, "enérgica", ao criado insubmisso: "– Retire-se!" Mas, como ele vai protestar, A, "apontando-lhe a porta", ordena: "– **Imediatamente!**" (*Sogra*, 41)
5) Uma senhora despede um importuno; este pergunta: "– Que diz? Que saia?" A ordena, "categórica": "– Sim e **imediatamente!**" (*Casino*, 179)

2. De modo

Os advérbios modais que exprimem uma "ordem" são, quase exclusivamente, "depressa" e "devagar", que podem ser intensificados por uma forma adverbial de quantidade. A "modalidade" é, como nos advérbios temporais, expressa pela entoação e por uma forma verbal implícita ("vai", "vem", etc.).
Eis alguns exemplos:

A) DEPRESSA

1) A mãe, ao filho: "– **Depressa**, António, que vai o caldo p'r'à mesa." (*Amores*, 230)
2) A, "aos da ambulância que vêm entrando": "– **Depressa**. Ele perdeu os sentidos." (*Colar*, 202)
3) A, a um amigo, "voltando a chamar": "– **Depressa** você também." (*Lá-Lás*, 55) (= venha depressa...)

4) A, a uma colega: "– **Depressa, depressa,** venha cá se quer rir... Não perca tempo, mulher. Venha a correr." (*Homem*, 127). Colocado em primeiro lugar, o advérbio torna-se a palavra mais importante da frase.
5) O patrão, aos empregados: "– Francisco, mexe-te. – Isidro, **mais depressa!**" (*Marés*, 245)
6) A, ao motorista do táxi: "– Ao Banco do Comércio. **Depressa! Muito depressa!** (...). – **Depressa! Ande mais depressa!**" (*Tempestade*, 137)

B) DEVAGAR

1) A aconselha à irmã: "– **Devagar,** Maria Lina, **devagar**" (*Seara*, 252) (= vai devagar)
2) O patrão, ao marçano: "– Agora **mais devagar,** rapaz." (*Marés*, 218)
3) O patrão, ao feitor: "– **Mais devagar, mais devagar,** que estou farto das tuas facilidades." (*Vindima*, 194) (= fala mais devagar)

C) LOCUÇÕES ADVERBIAIS DE MODO

Certas locuções, de formação adverbial ou de origem nominal com valor modal, podem também exprimir uma "ordem":

1) O patrão, ao marçano: "– Às cinco e meia **a pino.** Amanhã é sábado." (*Marés*, 252) (= Às cinco... está a pé, levanta-te...)
2) Alguém mandou ao povo, à passagem dum cortejo fúnebre: "– **De joelhos!**" (*Seara*, 477)
3) A, à multidão: "– **De joelhos!**" Mas outra voz ordena: "– **Todos de joelhos!**" (*Afogados*, 85). Nesta expressão se vê também como o ordenante pode insistir num ou noutro aspecto da "ordem"; o segundo ordenante insiste sobretudo na forma pronominal, que representa os executantes.

4) O patrão, ao feitor: "– Vai-te lá! E **asas nesses pés** que eu não te pago para andares com os outros às costas." (*Gaibéus*, 80) (= E depressa que...)
5) O oficial, aos instruendos, à entrada do superior: "– **Em pé!**" (*Oral*, Cap. V)

3. De lugar

Certas formas adverbiais têm, por vezes, caráter interjetivo, de conteúdo significativo variável.

A) ABAIXO!

1) A, ao ladrão, que montava o seu jumento (em tom intimativo): "–**Abaixo!**" (*Amores*, 45)
2) O professor, aos alunos: "– Tu, Francisco, olá, chega acima. E tu do lado, como te chamas, **abaixo** um pouco." (*Amores*, 156)

B) ACIMA!

1) A, "com aspereza", a uma penitente hipócrita, que ora, de joelhos: "– **Acima**, impostora! Quem é que vens aqui escarnecer?" (*Pescador*, 84)

C) ADIANTE!

1) O chefe, aos seus homens, após um recontro: "– **Adiante.**" "–**Adiante.**" (*Sem-fim*, 39)
2) A mãe, à filha: "– Vamos à festa, rapariga." "– **Adiante de mim**, e é já!" (*Paço*, 220)

D) ARRIBA!

1) Feitor, aos ceifeiros: "– Eh, cachopos! Eh, madrastões!... vá! **Arriba!**" (*Giestas*, 148)

2) O marido, à mulher, em tom "brusco": "– Anda p'ra riba!... (Puxa-a, e, já a chegar à escada) **Arriba**! (Empurra-a pela escada acima, e, mais alto) **Arriba**!!!" (*Tá Mar*, 136)

E) FORA!

1) A, a dois republicanos que não lhe conseguiram o lugar ambicionado: "– Vocês aqui?! **Fora**, intrujões! Rua!" (*Conde Barão*, 21)
2) O patrão, ao capataz: "– Ouve cá!... Quando se fala comigo, esse chapéu **fora** da cabeça." (*Gaibéus*, 80)
3) A, à garotada importuna: "– **Fora** daqui, canalha ranhosa!" (*Noite*, 18)
4) A, a alguns indivíduos que não querem sair da taberna: "– Lá **para fora**! Quero fechar a porta!" (*Mar*, 77)

F) OUTRAS LOCUÇÕES ADVERBIAIS DE LUGAR

1) A mãe, aos filhos: "– Eh, Toino, eh, Chico, eh, Manuel! **Para aqui**, moços!" (*Circo*, 250)
2) A ensina a um irmão o caminho da fuga: "– Sai antes que te vejam! **Por aqui**!" (*Marquês*, 35)
3) Uma voz faz-se ouvir no grupo: "– **P'ra frente**! – E já!" (*Marquês*, 71)
4) A interpõe-se entre a mulher e uma intrusa, que ela vai agredir: "– **P'ra traz**, Chica de Bragança!" (*Conde Barão*, 46)
5) O "chamador", a um pescador: "– Ah! Mané Zé! ..." "– **Cá p'ra baixo** p'r'o mar." (*Tá Mar*, 10)

4. De negação

O advérbio de negação, sobretudo a partícula "não", pode exprimir uma "ordem" enérgica e categórica, com valor proibitivo. Marca, de modo nítido, a oposição do ordenante ao executante e vai contrariar a vontade deste último. Eis alguns exemplos:

1) Uma rapariga, a um colega, que pretendia acompanhá-la: "– **Não, não**. Daqui a pouco estarei aqui. Fique para jantar." (*Seara*, 272)
2) A, a um amigo que quer pagar a despesa: "– Chama aí o criado, fazes favor. **Não, não! De maneira nenhuma!** Quem paga sou eu." (*Gaivotas*, 34)
3) B quer abrir um testamento, sem estar presente uma das pessoas interessadas; então A proíbe terminantemente: "– **Não!** Isso, **não!** Eu vou chamar a Sr.ª D. Maria do Patrocínio." (*Troca-Tintas*, 142)
4) O pai, aos filhos que não se portam à mesa como devem: "– Ah, **não, porcaria não**." (*Madona*, 75)
5) A, à noiva: "– Senta-te aqui... **Não**, de costas para a janela **não**, pode vir frio..." (*Companheiros*, 366)

III. Interjeições jussivas
(Frequência: P 0,82%; B 0,44%)

As interjeições são formas expressivas, predominantemente subjetivas, pois traduzem uma emoção, uma vontade ou um desejo da pessoa que fala. As interjeições propriamente ditas, que são as mais primitivas, não encerram, em geral, qualquer conteúdo lógico. Portanto, certas formas de valor interjecional não pertencem verdadeiramente ao campo das interjeições, a não ser que tenham perdido o seu conteúdo lógico. Vimos já bastantes formas de valor mais ou menos interjetivo, tanto verbais como nominais e adverbiais, que têm grande importância na expressão da "ordem". Por isso, vamos observar agora certos tipos de interjeições propriamente ditas, com relevo no campo da "ordem".

As interjeições podem distribuir-se em dois grupos fundamentais: as de caráter afetivo, emotivo e sentimental, e as de caráter ativo, voluntarioso e dinâmico. Apenas estas últimas nos interessam, pois só elas têm papel de relevo na transmissão da vontade, motivo por que se chamam interjeições jussivas.

Comecemos por aquelas que são constituídas por uma palavra articulada, mas cujo conteúdo lógico é muito reduzido ou bastante variável.

a) ALTO!

É uma forma interjecional, de origem árabe (*halt*), empregada para fazer parar ("fazer alto"):
1) A, "tirando uma pistola", a um intruso: "– **Alto!** Ou para imediatamente, ou disparo!" (*Santo*, 15)
2) O cabo da guarda, a um grupo suspeito: "– **Alto** ou vai fogo!?" (*Volfrâmio*, 170)
3) A grita "imperativamente" a um grupo de rapazes barulhentos: "– **Alto!** Juízo!" (*Amores*, 322)

b) EMBORA!

1) A, a um amigo, convidando-o a sair: "– **Embora**, Picaró!" (*Tá Mar*, 28)
2) A, a um cavalheiro importuno, "num arremesso, apontando-lhe a saída": "– **Embora!** (...) "Vá! **Embora** daqui!" (*Lá-Lás*, 132)

c) AVANTE!

Um pescador, "resoluto", aos outros: "– **Avante**, pois, avante!" (*Pescador*, 3)

1. Interjeições de animação
Algumas interjeições são um incitamento, uma animação para o executante.

a) ALA!

> 1) A, a um colega: "– E agora... **ala**! Deixa-me dormir." (*Gaivotas*, 195) (= vai-te embora!)
> 2) O feitor, aos trabalhadores: "– Depois da merenda, quando o comboio apitar. E **ala**!, que já passam dois minutos da hora!" (*Vindima*, 25)
> 3) A despede dois importunos: "– **Ala**! Embora! Não têm nada que fazer aqui." (*Oral*, M.E.)

b) EIA!

> 1) Algumas vozes, num grupo barulhento: "– **Eia**! – Schiu!... O António vai cantar!" (*Pescador*, 157)

c) SÚS!

> 1) A, a uma rapariga agoirenta: "– **Sús**! Que cena de loucura presenceio?... Que desvario o teu, Joana?" (*Pescador*, 20) (= Alto! Para de falar.)

d) UPA!

> 1) AA... incitam alguns rapazes a cantar: "– **Upa**! Rapazes! Agora, agora!" (*Amores*, 248)
> 2) A ajuda uma rapariga a subir para o elétrico: "– Ande, menina, **upa**!" (*Companheiros*, 545)

2. Interjeições de chamamento

São, por assim dizer, formas interjecionais de vocativo, que apelam para o executante.

a) HÉ!

> 1) O tio chama o sobrinho, que se vai embora: "– **Hé**!" B para e responde ao chamamento: "– Senhor?" (*Pescador*, 11)

B) OLÁ?!

1) O professor, ao aluno: "– Olá? – chamou zangado". (*Amores*, 150)
2) "Mal [os alunos] tinham salvado a porta, gritou-lhes o sr. Professor: – Olá?" (*Amores*, 151) (= esperem aí, venham cá).

C) PSTT!

1) A, ao criado: "– Pstt, ó... ó (Em voz baixa) Chegue aqui." (*Vizinha*, 53)

D) TCHÊ!

1) A, ao noivo de sua neta: "– Tchê, alferes!... Aqui, perto de mim!" (*Sinhá*, 24)

3. Interjeições de apelo ao silêncio

É neste campo que a interjeição é verdadeiramente ativa, categórica e dinâmica. As variantes são sobretudo de natureza fonética. Excetuando a forma interjecional "Caluda!", que parece derivar de "calar", todas as outras interjeições para "mandar calar" têm por base uma sibilante, apoiada por uma oclusiva (*p* ou *t*) e reforçada pelas semivogais (*i*, *u*). Conforme a combinação destes sons, assim se encontram as variantes: *chiu, chut, schiu, shhh, siu, ssst, pchiu, pschiu, psiu, tchiu*. O elemento fundamental de todas as variantes é a sibilante. Assim explica Said Ali o valor desta interjeição:

> "O elemento que propriamente constitui a interjeição é, a meu ver, a sibilante. Ela por si basta para provocar a atenção ou o silêncio desejado. Pode soar com maior ou menor demora, com vigor mais ou menos intenso." (Said Ali, *Meios de expressão e alterações semânticas*, p. 162)

Eis alguns exemplos:
a) CALUDA!

1) A A..., ao povo, que fazia barulho: "– **Caluda**, sua gentalha!" (*Amores*, 119)
2) O professor, aos alunos: "– **Caluda**, seus fedelhos!" (*Amores*, 149)
3) O furriel, aos soldados: "– **Caluda**!" (*Paço*, 288)

b) CHIU, CHUT, PCHIU E VARIANTES

1) O patrão, ao empregado: "– **Schiu**! Nem uma palavra! Podem ouvir-nos..." (*Conde Barão*, 14)
2) "– **Chut**... – fizeram as manas, pondo os dedos nos lábios, direito ao irmão." (*Gente*, 159)
3) A, ao irmão: "– **Shhh**... Não fale alto. Eu explico." (*Seara*, 48)
4) A repreende B: "– **Ssst**!" (*Lugar*, 19)
5) A patroa, à criada: "**Psiu**! E não me chore aqui! Ainda mais essa!" (*Sinhá*, 29)
6) A, a uma amiga, "impondo-lhe silêncio": "**Pschiu**!..." (*Lá-Lás*, 31)

4. Algumas interjeições jussivas dirigidas aos animais

São variadas as interjeições dirigidas aos animais domésticos, quer para os obrigar a prosseguir no trabalho, quer para os fazer parar, quer para os chamar, etc. Para cada espécie animal há, por vezes, interjeições privativas. Assim "Chó!", "Arre!" não são geralmente dirigidas à espécie bovina mas apenas à espécie muar. "Sape!" apenas é dirigida ao gato. Outros exemplos se poderiam citar.

É claro que muitas das formas de incitamento dirigidas aos animais são de origem nominal, verbal, etc., mas tais formas são frequentemente mutiladas e simplificadas.

Capítulo IV

Só a informação oral nos permitiria fazer um estudo completo das formas interjetivas dirigidas aos animais. Os textos poucos exemplos nos oferecem.

A importância de um tal estudo foi já salientada por Said Ali: "É um estudo que ainda está por fazer. Conviria observar em localidades diferentes quer do Brasil, quer de Portugal, as diversas maneiras de instigar o animal a andar, mais depressa, mais devagar, a parar, a virar para a direita, para a esquerda, etc." (*Meios de expressão e alterações semânticas*, p. 165).

Aqui apenas vou indicar alguns exemplos de interjeições jussivas encontradas nos textos.

A) PARA MANDAR PARAR

1) "– **Chó**, burro desgraçado! Toca p'ra frente, Canivete." (*Sem-fim*, 147)
2) "– **Chó** macho! Toma ali, Rabudo! Filho de sete curtas!" (*Terras*, 20)
3) Gritos do pastor, ao gado: "...**aqueiba**! **arreta**! torna ali, mocha!" (*Volfrâmio*, 48)
4) O ganhão, aos bois: "– **Eiióóo**... Fasta, Doirado! (*Gaibéus*, 21)

B) DE ANIMAÇÃO OU INCITAMENTO

1) O ganhão incita os bois a prosseguirem: "– **Eh**, boi! **Eh**, Carriço!" (*Amores*, 192)
2) Situação idêntica: "– **Astra** boi!" "– **Vá** lá agora." "– **Éi**, éi, éi... Vai, Galante!... Anda, Cartuxo!..." (*Gaibéus*, 114)
3) Idem: "– **Saloio**!... **Vááái**!..." (*Murés*, 210)
4) O dono incita o jumento ou o cavalo: "– **Arre**! Anda burro!" "– **Arre**! cavalo!"
5) Acirra-se o cão: "– **Kss, Kss**! agarra!"

C) DE APELO

1) "**Quiá**, Marujo!" (*Gaibéus*, 127)
2) "– **Ei cá, ei**!" (*Terras*, 148)

197

3) "Punha-se de vara na mão chamando os bois de cambão para os atalhos, desviando as rodeiras das pedras da estrada: – Ei Labareda! Ei Medalha!" (*Menino*, 122)

D) Para mandar afastar

1) "E como uns laregos entrassem pela casa dentro, (...), correu a viúva a enxotá-los: – **Coch'qui**, inimigos! **Coch 'qui**!" (*Amores*, 294)
2) "– Olha o demonho da Rabota a arder! – exclamou Rita: – **Sape, gata, sape**!" (*Terras*, 90)
3) "– **Sape**, Ladrão! Tcheira-te a gata..." (*Gentio*, 45)

Por vezes, algumas destas interjeições são dirigidas a pessoas, quer em tom jocoso, quer em sinal de ódio ou de irritação:
1) Entre soldados: "– **Chó**, burro!" "– Para aí que te cai a carga!" (*Amores*, 189)
2) A acirra duas mulheres que discutem: "**Kss, Kss**... Sejam amiguinhas!" (*Gaivotas*, 206)
3) A oferece malevolamente um petisco ao cunhado: "De olhinho a rebolar, o João Bispo estendeu a pata." Mas A não está pelos ajustes: "– **Sape**, gato! – e o Maneto deu-lhe um senhor piparote na mão". (*Terras*, 197)
4) A, a uma criança, que ela odeia: "– **Chó** daqui, cachorra tinhosa! **Chseta**, daqui pra fora, filha de bruxa!..." (*Crime*, 106)

IV. Expressão da "ordem" pelo gesto

O gesto, tal como a entoação, tem grande importância na transmissão do pensamento. Mas ele pertence apenas à língua falada; na língua escrita só pode ser traduzido indiretamente e de modo muito imperfeito. Em geral, o gesto raramente é descrito, nem mesmo nas peças de teatro. Estas limitam-se a indicar:

Capítulo IV

"faz sinal com o dedo", "impõe silêncio com um gesto", "sustendo-o com um gesto", etc. E, no entanto, o gesto é tanto mais expressivo quanto mais hábil e mais natural se torna. Na expressão da "ordem", o gesto é muito importante, quer como processo de reforço, quer como meio exclusivo de a exprimir. Geralmente o gesto é feito com a cabeça ou com a mão. Um franzir de sobrancelhas, uma expressão dura e carregada, um olhar austero podem tornar uma "ordem" categórica e enérgica. O dedo indicador apontado numa determinada direção pode designar ao executante o caminho a seguir ou a atitude a tomar. Um bater de palmas é suficiente para que um criado perceba imediatamente que o patrão o está chamando. Nestas circunstâncias, o gesto é uma espécie de linguagem muda, não articulada, mas fator importante na vida de relação.

Vou, portanto, dar alguns exemplos, colhidos nos textos, em que a "ordem" é exclusivamente expressa pelo gesto. Como já disse, estes são bastante pobres, quanto ao aspecto descritivo.

1) "Juiz faz gesto à testemunha para sentar-se, e ao advogado para início da inquirição." (*Sem lar*, 203)
2) "mas o juiz-presidente ergueu as mãos, imperativo, e o público voltou a sentar-se – e a escutar." (*Gentio*, 273)
3) Em visita a um doente, "o barbeiro ria e fazia para a mãe do figurão uma mímica variada e imperativa." (*Volfrâmio*, 230)
4) "Teve mesmo o Antunes de abrir-lhe [à mulher] os olhos e fazer-lhe até um sinal intimativo, para a aquietar." (*Aves*, 50)
5) "Faz sinal à criada para trazer o chá." (*Envelhecer*, 36)
6) " ...acrescentou, fazendo com a mão que se calassem, que se calassem depressa." (*Amores*, 120)
7) "Em certa altura, n'um requebro da 'melodia', ele fez-lhe com a cabeça 'que entrasse'." (*Amores*, 120)
8) "Fred olha em volta. Fixa muito a mãe. Em seguida faz-lhe sinal de que se ponha a andar, simulando, com dois dedos, duas pernas a correr muito depressa." (*Lá-Lás*, 108)

Capítulo V
Atenuação e reforço na expressão da "ordem"

A "ordem", como manifestação da vontade, contém sempre alguma coisa de subjetivo; através dela, o ordenante comunica sempre algo de si mesmo; ainda que indiretamente, revela-nos a sua maneira de ser, a sua educação, a sua personalidade, a sua psicologia, em suma. Mas a "ordem", porque é também uma imposição da vontade, tem de ser forçosamente objetiva, na medida em que o ordenante se vê obrigado a atender à posição social do executante, à sua maneira de ser, às reações nele provocadas, à sua insubmissão e resistência; neste sentido, a "ordem" tem de ser concreta e precisa.

Estas duas características da "ordem" determinam a escolha das expressões. Assim, em relação ao executante, a "ordem" tem de ser tanto mais ativa e dinâmica quanto maior for a oposição por ele oferecida. Mas, por sua vez, o caráter ativo e dinâmico da expressão pressupõe já, no espírito do ordenante, uma certa tensão psicológica, cujo grau de intensidade varia com as circunstâncias. Esta tensão psicológica, mais dependente do sentimento que da razão, é habitualmente designada por afetividade. A sua importância na expressão linguística é posta em relevo por estas palavras de Bally:

> "Mais toujours une même constatation générale et profonde s'impose: il s'agit de motifs pratiques, d'un but à atteindre, jamais de considérations purement intellectuelles; jamais les formes logiques du langage ne sont au premier plan; affectivité et expressivité, voilà ce qui domine". (*Le langage et la vie*, p. 29)

Estas palavras não poderiam aplicar-se com mais justeza à expressão da "ordem", que visa essencialmente a um fim prático e útil.

A tensão psicológica, a afetividade do ordenante podem comportar vários graus de intensidade, dependentes das circunstâncias em que a "ordem" é dada. Para avaliarmos a sua intensidade, temos de partir de um estado de espírito neutro, em que não há, por assim dizer, qualquer tensão psicológica. Neste caso a "ordem" aparece como que desligada do ordenante e alheia ao executante. Assim, por exemplo: O patrão diz ao criado, ao ouvir tocar a campainha: "– **Vai** ver quem é." (*Envelhecer*, 35).

Trata-se de uma "ordem" espontânea, em que o caráter coercivo não é, de modo nenhum, saliente; a "ordem" era mesmo desnecessária, pois o criado iria naturalmente ver quem era, mesmo que o não mandassem.

Na maioria dos casos, a "ordem" não tem assim este caráter neutro. Bastaria juntar-lhe um vocativo (por exemplo, "Vai ver quem é, **meu velho Tomé**") para que a "ordem" assumisse um caráter afetivo, tornando-se carinhosa e dócil. Mas se, em vez daquele apelativo, se lhe juntasse um outro, de caráter depreciativo (por exemplo, "Vai ver quem é, **seu imbecil**"), a "ordem" passaria a ser rude e insolente. No primeiro caso, a "ordem" seria atenuada; no segundo, tornava-se reforçada. Atingimos assim o objetivo fundamental deste capítulo: estudar precisamente dois fatores, quase inseparáveis, da expressão da "ordem" – a atenuação e o reforço.

A distinção entre atenuação e reforço, que parece clara nos exemplos indicados, não é, porém, nítida em grande parte das expressões linguísticas. É que a afetividade, determinante de tal distinção, não é apenas expressa por formas linguísticas, mas sobretudo pela entoação e esta não pode ser representada na língua escrita, pelo menos de modo direto. E, no entanto, a sua importância é extraordinária, como salientei logo na introdução a este trabalho. Temos, por conseguinte, de nos contentar em observar as indicações que os textos nos dão sobre a tensão psicológica do ordenante e o modo como este profere certas expressões. Do ponto de vista sintático, tais indicações são absolutamente dignas de apreço e, em certos casos, suficientes, pois entoação tem, neste campo, um sentido mais restrito do que em fonética. Do ponto de vista fonético, entoação confunde-se com pronúncia; mas, do ponto de vista sintático, distinguem-se perfeitamente, como é salientado por Bally:

> "*L'une et l'autre [l'intonation et la pronunciation] comprennent l'ensemble des procédés purement phoniques du langage. Mais la grande différence est que la prononciation comprend des phénomènes vocaux devenus automatiques et dépourvus, dans un état de langage déterminé, de toute valeur significative ou expressive; par intonation, au contraire, nous entendons l'ensemble des éléments phoniques du langage susceptibles d'être ramenés d'une manière ou d'une autre, à un fait de pensée (intellectuel ou affectif).*" (*Traité de stylistique française*, v. I, p. 267)

A entoação depende inteiramente do estado emocional do ordenante, das suas reações em face da insubmissão ou da docilidade do executante. Determinada por tais circunstâncias, a entoação pode assumir, na expressão da "ordem", os mais variados aspectos.

Neste sentido diz L. Roudet:

> "*L'émotion particulière qui accompagne chaque phrase lui comunique une intonation propre. Une même phrase: 'Sortez, Monsieur', par exemple, pourra être prononcée avec une foule d'intonations diverses dont chacune indiquera une émotion différente: le respect, la colère, l'indignation, la prière, etc. C'est l'intonation émotionelle.*" (*Éléments de phonétique générale*, Paris, 1910, pp. 205-206)[19]

Do ponto de vista sintático, é este tipo de entoação emocional que interessa especialmente. Se bem que ela seja prin-

---

[19] Citado por A. Lacerda, *Características da entoação portuguesa*, p. 26.

cipalmente expressa por meios fónicos, há todavia uma grande variedade de meios sintáticos que acusam a sua presença.

O respeito, o carinho, o ódio, a ameaça – emoções mais importantes que a entoação pode revelar – encontram-se patentes, frequentemente, nas expressões de "ordem". Assim, o respeito mostra-se através de fórmulas de cortesia ("faça favor", "tenha a bondade", etc.); o carinho revela-se, geralmente, em certas formas vocativas, com ou sem diminutivo ("meu filho", "minha comadrinha", etc.); o ódio revela-se através de certas injúrias ("negro do diabo", "estupor", etc.); a ameaça, que geralmente se associa ao ódio, implica um castigo físico ou moral (por exemplo, "Vai lá para fora, ou levas duas bofetadas", *Susto*, p. 315).

Todavia, nem sempre isto se passa com a clareza indicada; uma injúria pode tornar-se carinhosa, se for pronunciada na intimidade ou num grupo de pessoas para as quais não tenha sentido depreciativo ou insultuoso. O mesmo se poderia dizer quanto às outras expressões.

Naturalmente, as formas respeitosas e carinhosas dão à "ordem" um caráter atenuado, enquanto as injúrias e a ameaça a tornam reforçada. Mas, tomadas em consideração as restrições feitas, vemos quão difícil é, por vezes, determinar se uma expressão de "ordem" é atenuada ou reforçada. Aliás, deveremos entender atenuação e reforço como noções opostas e correlativas? Por outras palavras, a presença de reforço indicará ausência de atenuação e vice-versa? Vimos já que é possível um tipo de "ordem" absolutamente isento de qualquer característica afetiva explícita ("Vai ver quem é"); podemos também admitir que esta expressão é pronunciada sem qualquer entoação. Neste caso, a "ordem" não é atenuada nem reforçada; quanto a estes elementos é, portanto, neutra. Mas aquém e além deste tipo neutro existirá sempre uma "ordem" atenuada e uma "ordem" reforçada ou atenuação e reforço não se confundirão numa mesma expressão de "ordem"?

Embora haja muitas expressões em que atenuação e reforço se opõem, noutras porém tal distinção não é nítida e depende do ponto de vista sob o qual as encaramos.

Exemplifiquemos:
1) Um tio, ao sobrinho indiscreto, que acaba de revelar uma notícia para a qual lhe tinham pedido segredo: "– Então o meu amigo, quando repetir isso a alguém, faz-me a fineza, pede também segredo, sim?" (*Conde Barão*, 13)
2) A pede segredo a um amigo sobre uma notícia revelada: "– Não, peço-te eu, já! Não sejas chato, cala a boca." (*Companheiros*, 700)

Nestes dois exemplos encontramos duas formas habituais de atenuação: a expressão de cortesia ("faz-me a fineza") e formas verbais que dão à "ordem" aspecto de pedido ("pede", "peço-te").

Mas, a par destas formas, existem outras que reforçam: no primeiro exemplo, o advérbio de afirmação ("sim") e o modo indicativo de caráter mais realista ("pede"); no segundo exemplo, a insistência na mesma ideia, mediante o emprego de duas formas verbais, uma delas incisiva ("cala a boca", e não apenas "cala-te").

Atenuação e reforço parecem, portanto, conviver em certas expressões. É claro que só o conhecimento da entoação decidiria a favor do predomínio de um ou outro processo. Mas esta nem sempre vem expressa, como é o caso. Temos, por conseguinte, que atender exclusivamente, neste caso, às formas linguísticas. Se suprimíssemos, por exemplo, a fórmula de cortesia ("faz-me a fineza") e a forma verbal ("peço-te"), a expressão tornar-se-ia muito mais reforçada. Parece, portanto, que atenuação e reforço não são elementos opostos. Em muitos casos o que observamos é um grau maior ou menor de atenuação, um grau maior ou menor de reforço, sem muitas vezes ser possível estabelecer, até numa mesma expressão, onde termina uma e começa o outro.

Acontece até, por vezes, que um mesmo processo sintático serve ora para atenuar, ora para reforçar uma expressão de "ordem".

Por outro lado, os processos de reforçar ou de atenuar uma "ordem" são múltiplos e variados. Apenas vou analisar alguns deles, que me parecem os mais importantes. Atenderei não apenas ao aspecto formal das expressões, ou seja, aos processos sintáticos, mas também à entoação, na medida em que ela nos é revelada indiretamente.

Insistirei, sobretudo, nos processos sintáticos, pois são os mais fáceis de observar na língua em sua forma escrita.

Começarei primeiro pelos meios de valorização implícita, ou sejam, os processos fonéticos: a entoação, a que não podemos deixar de associar também o gesto e a mímica. Passarei depois aos meios de valorização explícita, isto é, os processos sintáticos.

Procurei, sobretudo, indicar os processos de atenuação ou de reforço que me parecem mais importantes. Durante a análise das várias formas de expressão da ordem" fui aludindo, por vezes, a alguns meios de reforço e de atenuação que aqui evitarei repetir.

I. Meios de valorização implícita

1. Atenuação

A) ENTOAÇÃO

1) Uma senhora, a um amigo: "– Visto isso amanhã leva-me à Bolsa – disse ela **em tom de carinhosa ordem**." (*Gente*, 89)
2) Um padre, a uma penitente, que lhe pediu que a confessasse; A fala de modo "**simples, claríssimo**": "– Pois sim, Joana; vem então comigo, ali à igreja." (*Crime*, 85)
3) Uma mulher, a uma amiga: "– Ah! amiguinha! (**Suplicante**) Nã dês escândelas a Deus, mulher!" (*Tá Mar*, 74)
4) Um rapaz, aos seus conterrâneos, em tom "**galhofeiro**": "– Oh! oh!... Deixai-vos de graças, diabos! Não lhe bondar a desgraça!..." (*Giestas*, 43)
5) A, a um amigo, revoltado com o trágico destino de uma pessoa conhecida: "– Não blasfeme, Fábio! – **pediu com suavidade** o esquerdista." (*Seara*, 464)

6) O dono de uma pensão, a dois hóspedes que brigavam: "– Calma! **pedia Tio Couto com voz trêmula**." (*Lugar*, 127)

b) Gesto

Geralmente o gesto é empregado para reforçar a "ordem"; na atenuação, é mais raro:
1) Um médico, a alguns amigos, após a morte de uma pessoa querida: "E os olhos do Doutor Matos, **uns olhos suplicantes** de quem pede socorro, a fitarem-nos de baixo, a correrem por nós: – Chamem uma ambulância, por favor. Depressa..." (*Companheiros*, 325)

2. Reforço

a) Entoação

O estado de espírito do ordenante é de grande exaltação, de forte tensão psicológica; a "ordem" torna-se autoritária e enérgica. Ela é proferida "de modo imperioso" "com severidade", "bruscamente" "numa voz de frenesi", "de maneira feroz", "vibrante", "dramática", "com exaltação", "em altos gritos", "de modo brutal", "com rudeza", "fremindo", "com raiva", "ameaçadoramente", "asperamente", "numa voz ríspida", "com maus modos", etc.
Eis alguns exemplos:
1) Uma rapariga vai visitar uma vizinha, de conduta moral um pouco duvidosa, e pergunta à senhoria se ela "está acompanhada"; esta responde: "– Não, não! – o tom era **de severidade, como de quem quisesse acrescentar:** *aqui não se admitem poucas vergonhas*". (*Companheiros*, 223)
2) A, em tom "**ríspido: raiva e angústia**", a um amigo que quer falar com ele: "– Larga-me!" (*Promessa*, 69)
3) A mãe, "**levantando-se, quase num grito**", à filha, que vai revelar ao noivo o terrível e estranho mistério da sua maternidade: "– Benilde!" (*Benilde*, 95) (= cala-te, não digas).

4) Um advogado, a uma cliente: "– Não, espera um poucochinho, ele há-de estar a vir, e põe-se tudo em pratos limpos – atalhou Torres de modo tão imperativo que Maria Aires compreendeu que era uma ordem que recebia." (*Volfrâmio*, 31)
5) Uma rapariga, a um cavalheiro impertinente: "– Deixe-me! – despediu ela, **em tom mais seco que duas pedras na mão**." (*Terras*, 301)
6) Um coronel autoritário, a pessoas das suas relações: "– Vamos sentar...". "**Vinha uma autoridade da voz dele que Virgílio não conhecera antes, como se uma ordem sua não pudesse sequer ser discutida**." (*Sem-fim*, 92)
7) Uma senhora, a um pretendente a amante: "– Vá-se embora, **bradou** Luísa **com uma voz irritada** que eu [B] nunca lhe tinha ouvido." (*Caetés*, 111)
8) O pai, ao filho desobediente e caprichoso: "Mas de pancada, voltou-se, **imperativamente, num vozeirão, como se tivesse a alma a trovejar**: – Não! não casará com a retirante! Corto a mesada, boto pra fora de casa!... Tinha que ver!..." (*Bagaceira*, 195-196)
9) Um rapaz, aos seus companheiros, que tinham maltratado um colega: "– Deixem-no em paz! – **ordenou uma voz irreconhecível, de ameaça e de repto**." (*Seara*, 34)
10) Um general rabugento e paralítico, a um jovem revoltado que mandou chamar: "– Sente, patife! Sst! O velho sibilou como uma cobra. – Sente." (*Lugar*, 74)
11) Uma mulher expulsa uma intrusa: "– Eu nã quero essa cruja na minha casa!... (**o grito com que foi dita a última palavra é interminável**)" (*Tá Mar*, 42)

Há, contudo, alguns processos explícitos que certos autores usam para representarem a entoação de maneira mais concreta:
12) Alves Redol, por exemplo, usa maiúsculas para representar, em certos casos, uma "ordem" dada, com rudeza

Capítulo V

e autoridade, pelo capataz aos trabalhadores: "– ESSA PALHA TIRADA!..." e comenta: "As falas ali são ralhos". (*Gaibéus*, 117)

13) Uma rapariga, de longe, a um homem perdido no mato: "– Ó seu homem, você vai se perder por aí. Volte! Vooolteee!" (*Seara*, 147)

14) Um homem chama, em altos brados, a mulher: "– Merenciaaaaaaaana! Vamos ou não vamos!?" (*Iaiá*, 91)

B) GESTO E MÍMICA

O gesto, além de poder exprimir, por si só, uma "ordem", serve também e sobretudo para reforçá-la. O gesto pode ser feito com os membros ou com a cabeça e também com qualquer objeto que esteja ao alcance do ordenante; o brandir de uma bengala, o bater de uma porta, por exemplo, indicam uma ameaça ou um descontentamento do ordenante, atitudes que contribuem para tornarem a "ordem" mais enérgica.

A mímica, que diz especialmente respeito às feições faciais tomadas pelo ordenante, pode também contribuir para o reforço da "ordem". Assim, uma testa franzida ou uma atitude carrancuda podem tornar a "ordem" mais autoritária, impedindo qualquer oposição do executante.

Vejamos alguns exemplos:

1) A, à criada, "**impondo-lhe silêncio com um dedo nos lábios**": "–Shut...!" (*Benilde*, 38)

2) A tia, ao sobrinho, que blasfema: "– Cala-te, por Deus, cala-te! gritou ela horrorizada, fechando-lhe a boca **com a mãozinha trêmula.**" (*Madrugada*, 61)

3) A, à amante, "**de dedo erguido**, como quem admoesta uma criança indisciplinada": "– Pois amanhã mesmo a sr^a. vai procurar um médico e cuidar disso, está me ouvindo?" (*Madrugada*, 285-6)

4) Uma mulher, a um cavalheiro desleal, que continua a importuná-la: "(**Estendendo um braço para Jorge,**

n'um gesto enérgico de repulsa) Não diga... Por piedade!" (*Casino*, 180)

5) A, a um irmão, que cuida de um escravo, que acaba de morrer: "– Largue-o! – ordenou Enrique numa voz estrangulada, com um empurrão. – Largue-o em paz, agora! Acabou!" (*Seara*, 55)

6) A, a um rival, que o insulta: "O outro [A] tocou-lhe com a ponta da bengala, de raspão, ao tempo que, imperativo, bramava: – Já fora daqui, cachorro!" (*Gentio*, 207)

7) A a B: "– Ora, não me aborreça, prima! (Sai batendo a porta e gritando) Não me aborreça!!" (*Iaiá*, 59)

8) A desperta o cunhado para o trabalho: –"Arriba, cagaçal! – gritava-lhe o Rola, dando grandes patadas no soalho: – Tum, tum, tum!" (*Terras*, 111)

9) A "deita as mãos às costas d'uma cadeira que faz menção de levantar contra Vilela; reprime-se. N'uma voz rouca" ordena a um rival impertinente: "– Saia!" (*Boneca*, 213)

10) O professor, aos alunos com entono, de palmatória alta, fazendo-se carrancudo: " – Caluda, seus fedelhos! Caluda, porque se peço licença à sr.ª Helena, começo numa ponta e levo tudo a eito, corro tudo a bolos, tudo, mas o que se chama tudo!" (*Amores*, 149)

11) Um rapaz, com "um olhar desvairado", a uma rapariga, que o desgraçou e agora procura fugir às responsabilidades: "– Não te desvies, maldita!... Não te desvies!..." (*Giestas*, 200)

Por estes exemplos verificamos a importância da entoação, do gesto e da mímica na atenuação e, sobretudo, no reforço da "ordem". Como vimos, em grande parte dos casos, a entoação é acompanhada e apoiada por processos sintáticos de reforço, como a iteração sinonímica, o emprego de imprecações ou injúrias, etc. É sobre estes processos que agora vamos concentrar a nossa atenção. Convém, todavia, frisar que muitas vezes se verifica uma acumulação de vários processos de reforço numa mesma expressão de "ordem". Procurarei, porém, focar em cada uma das expressões o processo de reforço ou de atenuação que me parece fundamental.

II. Meios de valorização explícita
(Processos sintáticos)

A) ATENUAÇÃO

Como já vimos, uma "ordem" pode ser insistente, mas atenuada pelo uso de certas fórmulas, que a tornam menos dura. Muitos processos sintáticos de reforço aparecem em muitas expressões aqui estudadas. Mas parece-me, contudo, predominar nelas a atenuação. Se me fosse permitida a expressão, diria mesmo que, em certos casos, há uma espécie de atenuação reforçada. Por detrás de fórmulas de atenuação, oculta-se frequentemente uma "ordem" enérgica e insistente. Por isso, tanto os processos de atenuação como os de reforço são meios de valorização da expressão da "ordem" e não poderemos dizer que uns são negativos e os outros positivos. Ambos atingem o mesmo fim: obter o cumprimento da "ordem". O uso de uns ou de outros depende da situação, das circunstâncias, da educação do ordenante e do executante, da oposição por este apresentada, etc. Assim, muitas vezes, o mesmo objetivo (o cumprimento da "ordem") pode ser melhor conseguido empregando não um processo de reforço, mas um meio de atenuação. Através de ambos se exerce, afinal, a função ativa da língua.

1. Fórmulas de cortesia

As expressões de cortesia, que normalmente atenuam a "ordem", são: *fazer (o) favor, por favor, se faz favor, faz-me a fineza, ter paciência, ter a bondade, por obséquio, V. Ex.ª* (raro), etc. O verbo "querer", quando empregado no conjuntivo presente (*queira, queiram*) e seguido de infinitivo, é também uma fórmula de cortesia, mas somente na afirmativa.

Naturalmente, o inferior, quando é obrigado, pela força das circunstâncias, a exigir alguma coisa do superior, emprega fórmulas de cortesia ou de respeito.

1) Um chefe de família, a um protestante importuno: "– Então o amigo **vai me fazer um favor**. Minha, mulher vai ler. Não lhe toque mais no assunto, está bem?" (*Rua*, 161)
2) Uma cliente, a um marçano: "– Chega-te aqui, **fazes favor**." (*Marés*, 241)
3) Uma inquilina, à porteira: "– Ah! Entre, entre. Entre também a senhora. E indique-lhe onde é, **se faz favor**." (*Gaivotas*, 157)
4) Um diretor bancário, a um cliente: "– O dr. Fernando **vai me fazer uma fineza**: voltar amanhã, para saber a resposta." (*Madrugada*, 103)
5) A a B, após ter-lhe revelado um segredo: "– O sr. Ferraz **faz-me a fineza** não repete isto a ninguém". (*Conde Barão*, 13)
6) O juiz, à testemunha: "– **Tenha a bondade** de responder apenas ao que lhe for perguntado!" (*Sem lar*, 168)
7) O conselheiro, ao secretário: "– **Por obséquio**, [dê-me] o discurso." (*Iaiá*, 34)
8) A pede a uma visita que se retire, por uns momentos: "– V. Ex.ª **se quer dar-se ao incômodo**, saia um momento para o jardim..." (*Justiça*, 68)
9) O criado, a um sobrinho do patrão: "– **Vossa Excelência**, quando tiver ocasião, **faça-me o favor de dizer** ao senhor Marquês que (...)" (*Marquês*, 16)
10) A, a uma visita, que acaba de reconhecer: "– Ora essa! **queira sentar-se**! E eu que não o conhecia! (...) Aqui tem uma cadeira, **faça favor** de se sentar." (*Conde Barão*, 12)
11) Dr. A, ao seu assistente, para que acompanhe um cliente: "– **Queira acompanhar** o dr. Fernando até o meu carro." (*Madrugada*, 438)

Capítulo V

12) Um "doutor", a alguns caloiros, em tom irônico: "– **Queiram levantar-se** os respectivos malfadados!" (*Avisos*, 35)

A entoação ou a rigidez de certas expressões podem tirar grande parte do caráter atenuante às fórmulas de cortesia, como poderemos verificar através de alguns exemplos:
1) A, "zangado", ao cunhado: "– Não se meta nisso, **por favor!**" (*Madrugada*, 402)
2) A, "exaltada", a B: "– Não me fale no caso de minha irmã, seu Arnaldo! **Por favor**, não me toque nesse assunto!" (*Iaiá*, 17)
3) A mãe, ao filho: "– **Faça-me o favor de engolir a sua insolência!** Seria o cúmulo!" (*Seara*, 255)
4) A mulher, "ameaçadora", ao marido: "– Não me amole, Tonico. **Faça o favor de não me amolar.**" (*Marta*, 45)

2. Expressões de carinho

Certas expressões dão à "ordem" um matiz de carinho e de benevolência, tornando-a, portanto, atenuada. Essas expressões são de dois tipos: formas vocativas (nomes próprios, de parentesco, etc.) e formas diminutivas. As formas vocativas também podem ser diminutivas. Umas e outras são bastante variadas: *Joãozinho, Paulinha, meu filho, minha filha, meu bem, meu querido amigo*, etc.; (*esteja*) *caladinho*, (*faça uma*) *forcinha*, (*fale*) *baixinho*, etc.

Geralmente, o tom de voz é também de carinho.

Eis alguns exemplos:
1) A mãe, ao filho: "– **Joãozinho**, não bebas do cântaro; água fria sarna cria; **Joãozinho** não saias por um escuro destes, que te podem dar uma calhoada!" (*Terras*, 102)
2) Um negro fugiu duma fazenda, mas é apanhado e trazido à presença do patrão; estão presentes algumas pessoas amigas, entre as quais uma neta e o vigário; o negro recusa-se a explicar por que motivo fugiu; vejamos como cada

um deles instiga o negro a falar: Patrão: "– Então não dizes nada?... (**Enérgico**). Responde, negro!" Neta: "– Responde, Cristino." Vigário: "– Fala, **meu filho**." (*Iaiá*, 125). A atenuação é evidente nesta última expressão, de índole carinhosa.
3) Avó, à neta: "– Por favor, **minha filha**. Me ajuda a tapar esta passagem. Venha." (*Colar*, 187)
4) A mãe pede à filha que cuide do irmão: "– Tome conta dele, **filhinha**. Sua mãe precisa receber as visitas." (*Madrugada*, 149)
5) A mulher, ao marido, com um "ar de paciência": "– Não te apoquentes, **homenzinho**! Ainda nos há-de ficar de comer!" (*Giestas*, 74)
6) Um rapaz, à noiva, preocupada por ele partir: "– Que é isto? E foste sempre tão corajosa?! Não me amargures a partida, **meu bem**." (*Seara*, 421)
7) A, à prima, que grita por socorro, numa situação aflitiva: "– Sossega, **minha oncinha**! Não gastes fôlego inutilmente." (*Seara*, 146)
8) A, a um amigo, que fala com exaltação: "– Mas acalme-se, **querido amigo**." (*Avisos*, 329)
9) O pai, à filha: "– **Tá caladinha**. Não ouves? Quem morreu não é para aqui chamado!..." (*Sol*, 78)
10) Um civil, a um oficial, ao serem atacados por assaltantes na casa onde estavam de prevenção: "– Fale o sr. tenente **mais baixinho**, que podem ouvir." (*Paço*, 299)
11) A aconselha uma amiga a ser obediente aos pais: "– Vamos, (...) faça uma **forcinha**. Pelo menos finja. Não vê que sua mãe sofre, seu pai sofre?" (*Lugar*, 167)
12) Um cliente, à hospedeira: "– Então a senhora não demore a **encomendinha**..." (*Marquês*, 74)

As expressões de carinho tornam a "ordem" tão atenuada, por vezes, que ela mais parece um conselho ou uma admoestação, sobretudo quando se trata de tranquilizar o estado de espírito do executante ou de levá-lo ao cumprimento do dever.

3. Formas verbais atenuantes

Algumas das formas verbais indiretas (cf. Capítulo II) têm caráter atenuante, sobretudo *peço, suplico, é + infinitivo, é bom + infinitivo, é melhor + infinitivo, é preciso + infinitivo* e expressões com *se* impessoal, para apenas citar as mais frequentes. O ordenante, ao evitar interpelar diretamente o executante, torna a "ordem" menos enérgica e menos dura. Acontece, porém, que formas verbais, como *peço, suplico*, podem também atenuar certas expressões diretas, dando-lhes um tom de pedido ou de súplica.

Eis alguns exemplos:
1) Uma visita pede ao criado que a não identifique; fala em tom suplicante: "– Ele vem para aqui. **Peço-lhe** que não lhe diga o meu nome." (*Lei*, 21)
2) A a B: "– Vem, cunhado, não é para teu mal. Por tua mãe, que lá está, **te peço**..." (*Terras*, 179)
3) Marido, à mulher: "– Não me fales assim, Gena, **suplico-te**!" (*Mundo*, 23)
4) A incumbe B de um certo serviço e recomenda-lhe: "– E **é despachar** Filipe! Depois te darei as alvíssaras!..." (*Giestas*, 188)
5) A "pediu silêncio" a alguns colegas: "– **É bom não fazer** espalhafato." (*Caetés*, 209)
6) O tio, ao sobrinho, que vai contar à mãe um caso escandaloso: "– **É melhor**, Pedro, **não estares** com isso..." (*Casino*, 122)
7) O patrão, aos subordinados, que combatiam o fogo: "– É **preciso deixar** gente nos aceiros a noite toda." (*Menino*, 161)
8) A, à noiva: "– Pronto, **não se fala** mais nisso." (*Vindima*, 216)

4. "Poder + infinitivo"

Dentre os auxiliares modais (cf. Capítulo III, III. 2) é o verbo *poder* aquele que dá à "ordem" maior caráter atenuante, pois o ordenante, ao empregá-lo, apenas parece permitir e não ordenar. Contudo ele exprime nitidamente uma "ordem", embora atenuada, naqueles casos em que o ordenante impõe a sua vontade ao executante.

Eis alguns exemplos:
1) O patrão diz ao feitor como deve contratar os trabalhadores: "– Ouve lá: **Podes dizer-lhes** que eu estava para meter umas mulheres da vila." (*Gaibéus*, 96)
2) A está fatigado e "não pode ouvir mais uma palavra sequer"; "com um gesto, apontando a porta" diz ao cunhado importuno que se retire: "–Você já deu o seu recado, Rubião. Agora **pode ir** embora." (*Madrugada*, 406)
3) A, a algumas colegas, que disseram uma gracinha alusiva ao pai: "– O pai não foi p'ra aí havido nem achado! Por isso, **podeis-vos calar!**..." (*Giestas*, 17)
4) Um chefe despede dois emissários, após ter-lhes dado o recado que devem transmitir à entidade oficial: "– Digam isso ao homem, direitinho, que estou dando o recado. **Podem ir.**" (*Lampião*, 52)

5. "Modo eventual"

Quando a "ordem" é formulada no pretérito imperfeito ou no condicional torna-se muito atenuada, pois se apresenta como eventual; mas não deixa de ser uma "ordem", desde que se verifiquem as condições essenciais. É este um dos processos sintáticos que mais atenuam uma exigência. Quando formulada pelo inferior ao superior, torna-se exclusivamente um pedido, respeitoso e cortês. Na expressão da "ordem" é um processo pouco frequente:
1) Numa pensão, um hóspede diz à hospedeira que lhe ajude a partir um bolo de aniversário: "– Eu **queria** que a senhora me ajudasse... Não tenho jeito pra essas cousas..." (*Lugar*, 86)

2) Um cavalheiro, "timidamente", à amante: "– Leonor! **Seria melhor subirmos... Tu podias** ir uns instantes para o teu quarto..." (*Inimigos*, 50)
3) A, à amante: "– Ouve lá... **Não te importavas**...? **Não te importavas de tirar** essa coisa?" (*Gaivotas*, 172)

6. Subordinantes condicional e temporal

Por vezes, o ordenante faz depender o cumprimento da "ordem" de uma subordinante condicional ou temporal. Assim o seu caráter coercivo é menor, pois o executante pode recusar-se a cumprir a "ordem", sobretudo se a condição imposta estiver inteiramente dependente da sua vontade. A "ordem" é, por conseguinte, muito atenuada, como podemos observar em alguns exemplos:

1) A, a um amigo: "– Pois **se quiser ir vê-lo**, vá à rua Esquerda, 205, que lho mostrarei." (*Sogra*, 66)
2) A, a um colega de trabalho: "– **Se tu quer ir embora**, vá hoje mesmo, amanhã já é tarde..." (*Sem-fim*, 87)
3) O patrão, ao empregado: "– Ah! isso é outra coisa; então vá, vá; vá descansar e **quando quiser**, apareça." (*Conde Barão*, 8)
4) O médico, ao doente: "– Bem, venha **quando puder**... Você não tem nada de sério." (*Sem-fim*, 139)

A subordinante condicional torna, porém, a "ordem" reforçada, quando encerra uma ameaça, como sucede neste exemplo:

5) Num duelo entre dois indivíduos, um deles grita a um intruso: "– Se afaste Pai-Velho, se **não quer morrer também**!" (*Lampião*, 110)

7. Interrogação imperativa

Quando o ordenante dá à "ordem" a forma interrogativa, a atenuação é ainda mais acentuada:

1) Um conselheiro, ao secretário: "– E quer, de passagem, fazer-me o obséquio de chamar Boneca?" (*Iaiá*, 37)
2) O pai, à filha, que não obedeceu: "– Ó rapariga, então tu não vais atrelar a égua? Botaste estaca nesse chão? (Manuela foge sucumbida)." (*Sol*, 42)
3) Uma rapariga, a um pretendente importuno: "– Preciso de descansar. Quer ir-se embora?" (*Lá-Lás*, 133)
4) A, à criada: "– Mas tu não te calarás mais, mulher?" (*Firme*, 70)

8. "Hipocrisia social"[20]

Por vezes, o "ordenante" serve-se de uma perífrase, de um circunlóquio para revelar, indireta e veladamente, a sua vontade ao executante. Usa portanto uma linguagem eufemística, que dá à "ordem" um caráter atenuado:
1) Um doente, a um cunhado importuno, "com alguma solenidade": "– Não espere que lhe estenda a mão." (*Madrugada*, 406) (Conteúdo lógico: "vá-se embora")
2) Um cavalheiro, a uma intrusa, em tom jocoso: "– Senhora adventícia, sem faltar aos mais comezinhos princípios de cortesia sou compelido a dizer-lhe que é um elemento sobrante neste ambiente íntimo e familiar. Portanto..." (*Tal*, 20)
3) A, a um indivíduo que o importuna: "– Não gastemos palavras, senhor... Não me obrigue com as suas ameaças a lembrar-lhe que estou em minha casa..." (*Justiça*, 86)
4) Um agente policial, a um colaborador: "– E como eu não posso sair daqui, por ter de vigiar as entradas e saídas, queria dever-lhe o favor de ir dar uma espreitadela ao subterrâneo." (*Santo*, 89)

---

[20] Cf. Bally, *Le langage et la vie*, p. 28 (Ex: "*Je n'ai pas besoin de vous recommander la plus grande discrétion.*").

B) Reforço

1. Expressões reforçativas por natureza

Há certas expressões, perifrásticas ou não, que, pelo seu caráter incisivo, tornam a "ordem" reforçada. Por vezes, estas expressões denotam uma escolha, mais ou menos consciente, da parte do ordenante, que, temendo a oposição ou a relutância do executante, se serve de palavras mais duras e mais convincentes. Outras vezes, porém, tais expressões fazem parte do vocabulário do executante, rude por natureza ou por educação.

Assim, ao observarmos as expressões existentes para "despedir ou mandar embora" uma pessoa, notamos que a maioria delas tem caráter reforçativo: *põe-te a mexer, põe-te a andar, põe-te a cavar, põe-te lá fora, ponha-se daqui para fora, põe-te na chala, ponha-se na rua, ponham-se ao fresco, ponha-se no olho da rua, raspa-te, desaparece da minha vista, sai da minha vista, larga-me da vista, alce, rode lá já diante de mim, tire-se daqui, dá o fora, toca a andar, rua, andor, fora, ala*, etc. (cf. ainda: Capítulo IV: I, 3, B; II, 3, E)

Eis alguns exemplos:

1) A, ao irmão, que se tornou importuno: "– **Põe-te a cavar**, menino! **Raspa-te!** Foge de novo para o tio!..." (*Lá-Lás*, 17)
2) Uma mulher, a um indivíduo importuno: "– **Põe-te na chala**, anda!" (*Severa*, 78)
3) Um cavalheiro, a uma intrusa: "– **Ponha-se no olho da rua!** Era só o que faltava! Sua cretina! Cretina!" (*Guerra*, 145)
4) O patrão, à criada: " É outra vez você, mulher... **Saia-me da vista!**" (*Volfrâmio*, 9)
5) A, a um rapaz, que lhe desafiava o filho: "– Vá-se embora, também digo!: deixe-me o rapaz sossegado (...) **Gire, gire daqui para fora!** (*Crime*, 57)
6) A, a um importuno: "– Então **alce! Alce**, que é melhor! (...) **Escape-se, escape-se**, que tem cara de esperto. (...) Então **ala!**" (*Vindima*, 254)

Também para "mandar calar" há uma série de expressões, que são reforçativas por natureza: *cala essa boca, cala a caixa, cale a música, deixa-te de parolagem, fecha o rádio, meta a viola no saco, meta a sanfona no saco, nem mais uma palavra, pouca conversa, silêncio*, etc. (cf. Capítulo IV: I, 3 A; III, 3)
Eis alguns exemplos:
1) Um farçante, a uma mulher que, sentindo-se ofendida, o criticava: "– **Cala a caixa**, bruxa! Olha que te rebento esses cornos, se não te calas!" (*Gentio*, 234)
2) A, à criada: "– **Pare de dizer bobagens**, Balbina." (*Sinhá*, 32)
3) Dois amigos conversam sobre uma aventura amorosa; quando pressentem que as esposas se aproximam, A, "assustado", ordena a B: "– **Fecha o rádio**..." (*Sogra*, 25)
4) Um velho ia contar uma história trágica, numa ocasião pouco propícia. Mas os mais moços mandaram-no calar: "– **Meta a viola no saco**, tio Romualdo". (*Aves*, 40)
5) O genro, à sogra: "– **Cale a música**, mulher! Você tem o miolo n'água." (*Terras*, 78)

Outras vezes, o ordenante dá à "ordem" um caráter reforçado, empregando um vocabulário rude:
1) A a um amigo: "– Pior! Alto aí! Ora **arregale-me esses olhos** e veja vossemecê isto, esta porcaria!" (*Amores*, 87)
2) Um farçante, a um "velhote" que não lhe presta atenção: "– Eh lá velhote! **Vira os lúzios** cá para o andor da retaguarda." (*Marquês*, 24)
3) O patrão, ao motorista: "– Anda lá! **Põe a caranguejola a andar**, e deixa-te de palavreado." (*Vindima*, 175)

2. Iteração sinonímica

Um dos processos sintáticos mais frequentemente usados para encarecer ou acentuar uma ideia consiste em repeti-la. É este um processo frequentíssimo na expressão da "ordem". Ve-

Capítulo V

jamos, por conseguinte, alguns aspectos que pode revestir este meio de reforço.

A) REPETIÇÃO

Um modo simples e habitual de reforçar a "ordem" consiste em repeti-la, empregando sempre a mesma expressão. Esta pode ser repetida uma, duas, três vezes e até mais. Vejamos alguns exemplos:
1) Uma rapariga, "irada", a um colega importuno: "– Vai-te! Vai-te embora!" (*Calendário*, 116)
2) Uma preceptora, ao pupilo desobediente: "– Rodrigo Sérgio, **venha cá**! **Venha cá**, Rodrigo Sérgio!" (*Seara*, 142)
3) O marido, à mulher resmungadora: "– **Não me fanfes, mulher, não me fanfes!** Põe aqui, que mando eu, aviate." (*Amores*, 52)
4) A mulher, ao marido, que procura fazê-la voltar para junto dele: "–Oh! **Chega! Chega!** Segue o teu destino... Mas deixa-me para a vida, que eu quero viver." (*Sem lar*, 202)
5) A a B, impondo a expulsão de uma rapariga, que julgam possessa: "– **Rua! Rua** com ela!..." (*Crime*, 142)
6) A tia, ao sobrinho, que anda preocupado: "– Alguma rapariga de quem tu gostas, Fernão? **Conta, conta** à tua tia Vi, **conta**!" (*Madrugada*, 132)
7) A mãe, ao filho: "– **Não vás**, Júlio... **Não vás, não vás**!... Não me deixes aqui sozinha!!..." (*Crime*, 228)
8) Um pescador, "conseguindo impor o silêncio" a algumas mulheres: "– **Calai-vos! Calai-vos! Calai-vos**, qu'o melhor inda tá p'ra vir." (*Tá Mar*, 43)
9) A sobrinha, à tia: "– Vou ter com a mãe e com... o meu noivo! **Reza** o terço em paz, **reza**. Já não é sem tempo. Não t'o interrompemos, juro. **Reza, reza** o terço, anda. **Reza** por ti, e por mim..." (*Degredados*, 80)

10) A insiste com um amigo para que este evite a saída de uma pessoa das suas relações: "– **Fale** com ela, Fernão, **fale** com ela! (...) **Fale** com ela, por mim, Fernão! **Fale com ela!**" (*Madrugada*, 388)

B) INSISTÊNCIA

Enquanto no processo anterior a "ordem" era repetida pela mesma expressão, agora o reforço faz-se pela insistência, isto é, pelo emprego de várias expressões sinônimas; é portanto um verdadeiro processo de iteração sinonímica, de encarecimento da ideia através de palavras com sentido idêntico.
Eis alguns exemplos:
1) A, "intimativo", a um cliente importuno: "– **Aproxime-se! Chegue-se!**" (*Troca-Tintas*, 98)
2) Mesma situação: "– **Não ria**, Sr. Fontes! **Não escancare a boca** em ríctus escarninhos!" (*Troca-Tintas*, 47)
3) O tio, ao sobrinho: "– **Schiu, cala-te!** ... **Não fales n'isso** diante de tua mãe..." (*Casino*, 85)
4) Uma vizinha, a uma rapariga, causadora de uma briga entre dois rivais: "– **Vai** lá, Joana! Tu não ouves, mulher?! **Separa-os! Vai separá-los**, por'mor de Deus! **Corre, corre!**..." (*Crime*, 77)
5) A, "com ódio", ao seu rival: "– **Não fujas**, cão! **não penses em fugir!**..." (*Crime*, 58)
6) Uma mulher, "em fúria", grita aos vizinhos que venham presenciar um escândalo: "– Ah! gente!... Ah! Ti Tó Locha!... Ah! Ti Espada!... **Venham todos!**... (...) Ti Lázera! Rosa!... **Andem ver!**" (*Tá Mar*, 83)
7) A ordena, "autoritária", ao seu pajem: "– Então? **Mexe-te** daí! **Vai fazer** o que te mandei! Não ouviste?" (*Iaiá*, 15)
8) Uma velha rabugenta, à neta e a uma amiga, depois de estas a ajudarem a levantar: "– Mas que mania! **Soltem-me! Larguem-me!** Eu sei levantar-me sozinha..." (*Sinhá*, 73)

9) O médico "alçou a voz" e ordenou aos circunstantes: "– **Vão todos embora**. Quero fazer um exame nela. **Toca pra rua!** (...) **Vão s'imbora!**" (*Lugar*, 245)

10) A, a uma amiga: "– **Escuta**, Maria Lina, **presta-me atenção** um minuto: como é que ela soube?" (*Seara*, 205)

c) Gradação

Um outro processo de reforçar a "ordem" consiste em aumentar progressivamente a intensidade das expressões sinonímicas. É nisto que consiste a gradação. A expressão seguinte ou acrescenta alguma coisa mais à anterior ou então tem maior grau de intensidade. Distingue-se do processo anterior, porque neste apenas havia repetição da mesma ideia por palavras sinônimas, sem qualquer intensidade progressiva.

Vejamos alguns exemplos:

1) A, a um amigo: "– Não sei o que quer dizer com essas palavras... Mas sinto que lhe faz bem desabafar... **Fale**... **Diga mais**!... **Diga tudo**..." (*Sol*, 71)

2) O pai, ao filho, em tom "violento": "– **Não dizes coisa nenhuma. Não te quero ouvir nem mais uma palavra. Sai da minha frente. Deixa-me só.**" (*Ausente*, 105)

3) A, a um amigo, que pede sua interferência junto de uma mulher: "– Mas, espere lá homem! Que diabo! (...) **Fale** você mesmo. **Declare-se**. Ajoelhe-se diante dela, **peça**, **grite**, **agarre**..." (*Madrugada*, 389)

4) A tia, ao sobrinho: "– **Vai, anda, corre!** (...) Estás louco para conversar com aquela tua tia Gilda, que lá está a fazer-te sinais! **Anda, corre**, vicioso!" (*Madrugada*, 61)

5) O patrão, ao feitor, "num grito desesperado": "– Pois **vai chamar** esse abutre! (A brandir a bengala). **Vai chamá-lo**, antes que eu me arrependa! Quero que ele me traga aqui aquele negro maldito, nem que seja aos pedaços! **Anda! Corre!**" (*Iaiá*, 112)

6) Um padre, a algumas paroquianas maledicentes: "– Pronto, acabou-se a conversa! Não quero, não lhes admito que aqui na minha casa, diante de mim, falem dessa maneira!..." (*Crime*, 117)
7) Um galanteador, a uma rapariga: "– Que é que há. Farei o impossível para libertá-la dessa angústia. Quero vê-la eufórica, feliz... Abra-se comigo, senhorita. Diga, ordene o que devo fazer..." (*Tal*, 118)
8) Uma senhora, em atitude "desvairada", a um cavalheiro, que procura desculpar-se por não desejar cumprir a palavra dada: "– Não quero, não quero, não quero ouvi-lo! Não insista! Vá-se embora, saia, deixe-me! (...) Deixe-me, deixe-me!..." (*Casino*, 179)

3. Reforço pela colocação do pronome

Algumas formas pronominais dão a certas expressões de "ordem" um caráter reforçativo, pela posição que ocupam na frase. A algumas delas já me referi no decorrer desta obra. Assim, o pronome *tu* colocado no início da frase permite insistir sobretudo no executante, despertando-lhe a atenção para o que se vai exigir dele; o ordenante faz-lhe entender que é ele, ele próprio, e não outra pessoa, quem deve acatar a "ordem".

Nos dois exemplos seguintes podemos observar como ao pronome *tu*, colocado no início da frase, se associa um leve tom de censura e de ameaça velada:

1) Um homem, a um rapaz travesso: "– **Tu** respeita quem é mais velho!" (*Vindima*, 188)
2) Uma rapariga, a um rapaz: "– **Tu** não me toques, hem! **Tu** não me toques! Olha que não é cedo nem é tarde! É mesmo hoje, ouviste? É mesmo hoje!" (*Gaivotas*, 55)

O mesmo sucede com a forma indireta *te*, quando é apenas enfática:

3) A, à noiva: "– Está-**te** queda, mulher! Não é preciso berrares! Eu não sou mouco." (*Giestas*, 133)

Também a forma indireta *me* contribui para reforçar a "ordem"; quando indica o interesse que o cumprimento dela representa para o executante. O pronome é, nestas circunstâncias, um dativo ético ou de interesse:
1) O advogado, à sua cliente, perturbada e nervosa: "– Não se **me** ponha nesse estado..." (*Justiça*, 134)
2) O médico, ao doente: "– Não **me** saia da cama ou do quarto nestes próximos quinze dias. Depois, mudar de clima." (*Madrugada*, 447)

Outras formas pronominais, em função determinativa, como as dos exemplos seguintes, tornam a "ordem" reforçada, devido ao seu caráter elocucional; são, por conseguinte, mais incisivas que o artigo (*a*, *os*):
1) A, ao cunhado: "– Cale **essa** boca, menino. Não agaste seu irmão." (*Lampião*, 45)
2) A pretende convencer B de que uma rapariga está possessa: "– Possessa, Júlio! Abre **esses** olhos" (*Crime*, 111)

Contribui igualmente para reforçar a "ordem" a repetição de certas formas pronominais pelo grau de intensidade que exprime:
1) A tia, ao sobrinho, recém-chegado de uma viagem: "– Conta-me **tudo, tudo** que te aconteceu nesta viagem. Sei que estiveste em Portugal..." (*Madrugada*, 59)

4. Formas verbais reforçativas

Certas formas verbais acentuam de modo enérgico a autoridade do ordenante, contribuindo assim para dar à "ordem" maior caráter reforçativo. Trata-se de verbos de vontade, em posição de reforço, ou seja, corroborando o valor coercivo de uma forma verbal direta ou de uma forma nominal. Os principais desses verbos são: *não admito, exijo, mando, ordeno, proíbo, quero*, etc.
Eis alguns exemplos:
1) A vence a relutância do amante: "– Oh! isso vais! **Sou eu que o exijo!**" (*Inimigos*, 80)

2) O pai ("vermelho, com as veias inchadas"), ao filho, que não obedece às suas ordens: "– És tal, és um garoto e **não te quero** metido em políticas, está dito! – a voz rouquejou-lhe, estrangulada; (...) – Vais e tornas a ir, **que mando eu!**" (*Companheiros*, 383)
3) A a B: "– Não contarás a meu tio essa história vil! **Eu to proíbo!**" (*Seara*, 391)
4) A tia ("com assombro e raiva"), à sobrinha: "– Nem mais uma palavra! **Proíbo-te!**" (*Benilde*, 88)
5) O pai "franzia a testa e retrucava" ao filho, que não queria voltar para casa da tia: "– Volta, sim, **porque eu quero.**" (*Lugar*, 88)

A vontade do ordenante pode ainda ser acentuada pela forma de perfeito "já disse" e mais raramente também pela de presente "digo". Trata-se igualmente de formas verbais em posição de reforço:
1) A, a uma importuna, "sacudindo-a com violência": "– Cale-se! **digo-lhe eu!**..." (*Crime*, 81)
2) A, a um amigo, deitando-lhe "um olhar de ameaça": "– Cala-te, **já te disse** que te cales..." (*Companheiros*, 473)
3) A, a um importuno: "– Deixe-me em paz, **já lhe disse!**" (*Gaivotas*, 220)
4) Um velho general, a um rapaz: "– Me dê a bengala... Uns medrosos é que vocês são... Me dê a bengala, **eu disse!**" (*Lugar*, 76)

Além destas formas verbais, que acentuam a vontade do ordenante, outras há que contribuem para despertar a atenção do executante e chamá-lo à atuação; neste sentido são também reforçativas. Todas têm valor interrogativo: *entendes, não ouves, ouviu, ouviste, estás a ouvir, percebeste*, etc.
Eis alguns exemplos:
1) A ("no auge da indignação"), ao amante: "– Não quero ouvir-te mais! **Entendes?!** Disseste que te vais afastar de

mim... que nada tens que fazer a meu lado... Acabou-se!" (*Inimigos*, 140)
2) A, a uma nova criada: "– Tu não começa com idolatria, **ouviu?**" (*Rua*, 193)
3) A mãe, à filha: "– Ó rapariguinha, vem cá para fora!... **Estás a ouvir**, Alice!..." (*Sol*, 29)

Finalmente, certas formas verbais de imperativo ou conjuntivo presente, cujo valor é mais ou menos interjecional, contribuem igualmente para reforçar a "ordem".
São formas de incitamento ou de animação: *anda, ande, vá, vamos*, etc.
Eis alguns exemplos:
1) O marido, à mulher: "– **Anda**, mulher, põe aqui, diante de mim! **Avia-te!**" (*Amores*, 51)
2) O médico, ao doente: "– **Anda**, Vítor, **vá lá**, sossega..." (*Companheiros*, 150)
3) A a B: "– Ó Mabília, vai tu buscar uma cantarinha de água. (...) **Vá**, corre, mulher!" (*Volfrâmio*, 70)
4) O pai, ao filho: "– Que me quer? **Vamos** lá! Desembuche!..." (*Bagaceira*, 191)
5) A mãe, à filhita: "– Tira a mão da boca, **vá**!!" (*Oral*, M.A.)
6) A a B: "– Sai daí! **Puxa!**" (*Rua*, 138)

5. Reforço adverbial

O advérbio, bem como o adjetivo com valor adverbial, pode contribuir para reforçar certas expressões de "ordem". O advérbio tem geralmente, nestas circunstâncias, ou um valor pleno, mantendo o seu conteúdo significativo, ou um valor nitidamente enfático.
Esse conteúdo significativo pode ser temporal, modal ou negativo. Quando o seu valor é temporal e modal, acentua geralmente a urgência com que a "ordem" deve ser cumprida. Tanto pode ser constituído por uma forma simples como

por uma locução. São variadas as expressões desta natureza: *já, imediatamente, de uma vez, pela última vez, duma vez por todas, nunca; depressa, o mais depressa que possa, com toda a urgência, de qualquer maneira, ligeiro, rápido, urgente, num foguete, num rufo; não, nem,* etc.

Vejamos alguns exemplos:
1) O pai, ao filho que vem sujo de uma briga: "– Vai, **já-já**, tomar outro banho! E não brinca mais hoje, entendeu? Vai ficar de castigo até a hora de dormir!" (*Rua*, 95)
2) O marido ("violento"), à mulher: "– Vamos, responde! Responde sem raciocinar, **já, imediatamente!**" (*Mundo*, 54)
3) O patrão, à criada: "– Tu não me faças perder a cabeça, rapariga! Cala-te **de uma vez!** " (*Vindima*, 306)
4) A avó, aos netos: "– José, Ramiro, tapem de novo a parede. **Depressa.** Antes que chegue a Polícia." (*Colar*, 196)
5) A, ao criado: "– Ó Cristino! pega aqui esses papéis e bota-os ali na gaveta. (...) **Ligeiro,** Cristino." (*Iaiá*, 14)
6) O patrão, ao marçano: "– Vai lá acima à senhora que te ponha qualquer coisa. **Num foguete...**" (*Marés*, 217)
7) A tia, ao sobrinho: "– Ainda se vocês gostassem de mim... **Não, não** desminta, Fernando. Você, sim. Você, eu sei que me quer bem. (...). **Não, não** negue!" (*Madrugada*, 126-127)
8) O marido ("furioso"), à mulher: – "Tu **nem** me digas isso! Voltava cá a este mundo!" (*Firme*, 42)

Outras formas adverbiais têm apenas valor enfático. Algumas delas revelam impaciência da parte do ordenante e tornam a "ordem" simultaneamente rude e enérgica.

Eis alguns exemplos:
1) A filha ("brusca"), à mãe: "– Cale-se, mãe! Cale-se **p'r'aí**, qu'é melhor." (*Ta Mar*, 35)
2) A ("toda crispada"), a uma importuna: "– Cale-se! cale-se **p'r'aí,** ti'Zefa!..." (*Crime*, 81)

Capítulo V

3) A ("brutal"), ao cunhado: "– Cala-te **lá** com o Labareda!" (*Promessa*, 75)
4) Um oficial, em tom enérgico e rude, a um soldado: "– Ponha **lá** as mãos pra frente, homem!" (*Oral*, Cap. T.)

O advérbio afirmativo "sim" serve também, de certo modo, para corroborar a "ordem":
5) A tia, ao sobrinho, que está doente: "– Não me enganas, filho. Sei que vais sair. Mas, pelo menos, agasalha-te, **sim**? E que o dr. Alencar não saiba." (*Madrugada*, 464)

6. Reforço pela conjunção

Certas formas conjuncionais, de natureza coordenativa, contribuem para reforçar a "ordem", em certas circunstâncias; modificam, por assim dizer, o valor das formas verbais a que se ligam, intensificando-as. Vejamos alguns exemplos:
1) A filha, à mãe: "– Poupe-me **e** poupe-me a cenas desagradáveis para ambas... Diga o que deseja..." (*Justiça*, 81)
2) A, ao cunhado: "– Raios te pelem, cachorro!... Pois tu não comerás da mesma panela que eu?... Dize, **ora** dize, meu bordegueiro!..." (*Terras*, 79)
3) A tia, à sobrinha (A "agarra-se a ela, sacode-a com desespero, aperta-lhe a face entre as mãos"): "– Cala-te, desgraçada! **mas** cala-te! Tem vergonha dessa comédia (*Benilde*, 87)

A expressão "mas é" contribui igualmente para corroborar o valor coercivo de certas formas verbais diretas:
1) Entre criadas: "– Trata **mas é** de ir arrumar o casaco antes do papagaio [patroa] te chamar outra vez." (*Homem*, 121)
2) A, ao marido: "– Está **mas é** calado, que só dizes disparates!" (*Circo*, 71)

7. Reforço pela interjeição

Certas formas interjetivas de valor mais ou menos exclamativo contribuem também para corroborar certas expressões de "ordem":
1) A a B: "– Tudo perdi! Tudo perdi!... Não fales! **oh** não fales! Não me lembres!..." (*Pobres*, 225)
2) A, ao irmão: "– Mas não contes comigo para isso ... **Ah** não contes..." (*Justiça*, 125)
3) A a B: "– Senta-te! Senta-te, que te digo eu. Comigo não se brinca, **hã**! Olha que comigo não se brinca!" (*Gaivotas*, 231)
4) A, ao criado: "– Olhe, pela última vez, aviso-o: acabe com essa história de me chamar de "madama", **hein**! "Madama", na minha terra, é mulher à toa!" (*Mundo*, 47)
5) A, ao criado: "– **Irra**! não me fervas os miolos! Acaba com esses rodeios, e se tens realmente alguma coisa a dizer, não me tomes inutilmente o tempo!" (*Mundo*, 16)
6) A, à amante: "– Cala essa boca de mau agouro, **cruzes**! Você quando abre a goela só sai morcego. Sai, inhaca!" (*Pedro*, 39)

8. Ameaça

Um processo que o ordenante usa frequentemente para vencer a oposição ou relutância do executante consiste em indicar-lhe o castigo a que ficará exposto, se não cumprir a "ordem".

A "ordem" é, portanto, dada sob ameaça. Este argumento, de natureza afetiva, torna-se mais convincente que qualquer outro de caráter intelectual. O ordenante deixa-se dominar por sentimentos de ódio, impaciência, rancor, exaltação, ciúme e outros semelhantes.

A ameaça pode revestir variados aspectos. O ordenante ameaça, geralmente, com um castigo físico, inclusive com a própria morte.

No aspecto linguístico, a expressão é constituída por dois membros, intimamente relacionados. O primeiro, ou seja, aquele em que habitualmente se exprime a "ordem", é subordinante condicional do segundo, que indica a ameaça. A subordinação pode ser implícita ou explícita. No caso de ser implícita, há uma espécie de alternativa, de disjunção, frequentemente expressa pela conjunção coordenativa *ou*.

Eis alguns exemplos:
1) A, a um amigo teimoso: "– Vem, carago! **Ou vens, ou racho-te.**" (*Noite*, 45)
2) A a B: "– **Ou te calas, ou rebento** contigo! (*Vindima*, 187)
3) A "vai em fúria (...) e, espezinhando o marido", que dorme a desoras: "– **Ó t'alevantas** d'aí, **ó eu te moo**, estipor!..." (*Tá Mar*, 73)
4) Um cliente, a um farmacêutico, que se recusa a receber um relógio como penhor de uma compra de medicamentos: "– Sabe duma cousa? **Fique com o relógio ou eu lhe quebro** essa cara, está ouvindo?" (*Lugar*, 220)
5) O pai "sacudiu o filho pelos ombros": "– **Cale-se! Cale-se ou puno-o** aqui mesmo." (*Seara*, 56)
6) O pai, às filhas, acusadas de roubo: "– **Prantai** para aí o dinheiro, **ou vou buscar** uma soga e **ponho-vos** as costas a escorrer sangue." (*Terras*, 27)
7) A mãe, à filha desonrada: "– Oh, excomungada, que te mato! **Dizes** quem é o varrão **ou é aqui** o teu último dia...?!" (*Volfrâmio*, 387)
8) A, empunhando uma pistola, a um vulto desconhecido, que lhe impede o caminho: "– Saia daí **ou então disparo!**" (*Marés*, 276)
9) Uma dona de casa, a um ladrão: "– Quem está aí? Alto. **Não se mova ou disparo.** Responda." (*Oral*, Dia)

A subordinação pode ser, porém, explícita. Neste caso, a interpelação dirigida pelo ordenante ao executante não é tão direta:

1) Um ladrão, a uma colaboradora: "– Nem uma palavra! (...). Se der uma palavra, **mato-a**! (*Tal*, 123)
2) A, ao filho e ao criado: "– E se vos não calais, olhai que vos mato! Andai lá! " (*Amores*, 264)
3) A, "com indignação", a uma vizinha: "– Se lhe dizes uma palavra, dou cabo de ti! **Arrebento-te**!" (*Mar*, 109)
4) A, "fora de si", a alguns rapazes que lhe cantavam à porta: "– Se alguém se atreve a abrir mais a boca a esta porta, **corro-o a cacete**! Aqui ninguém encomendou o sermão! Pouca vergonha!" (*Firme*, 19)
5) Um cavalheiro, a uma rapariga indiscreta: "– Se você **pensar** nisso outra vez, está ouvindo? Mais uma vez que seja, está ouvindo? **Quebro-lhe** a cara! Tome nota: dou-lhe uma sova, está-me ouvindo?" (*Madrugada*, 426)
6) Uma rapariga "agarra na vassoura e atravessa-se em frente da porta, ameaçadora" para impedir que uma vizinha lhe entre em casa: "– Ó tia Vitoria, se vossemecê **dá um passo, eu perco o respeito** à sua idade...!" (*Sol*, 30)

Nem sempre a relação de subordinação entre os dois membros da frase é de condicionalidade, como vimos nos exemplos anteriores. Ela pode ser também de causalidade, na qual permanece todavia um matiz condicional:

1) A, a um amigo: "– **Não repita**, doutor, **não repita**. Porque se repetir, **quem lhe parte a cara** sou eu, palavra de honra." (*Caetés*, 185)
2) Um farsante, a um indivíduo que lhe obedece com relutância: "– Sim! Dá sebo aos rodízios! Gira! **E não me olhes assim**, à laia de osga, **que te estafo**!" (*Marquês*, 26)
3) O professor, aos alunos: "– Caluda, sua canalha! Não veem que está gente de fora? **Caluda, que vai tudo raso com bolaria**!" (*Amores*, 146)
4) A mãe, à filha: "– **Cala-te, qu'inda lebas mais**!" (*Gentio*, 34)

5) A, ao irmão: "– **E não te chegues** a mim, ouviste? **não te chegues, que te cuspo na cara**." (*Bastardos*, 83)

A ameaça nem sempre visa a um castigo físico. Pode também visar a uma denúncia, uma expulsão, uma multa, etc.:
1) Uma mulher, a um importuno: "– **Não se aproxime que eu grito**." (*Tal*, 91)
2) Um indivíduo para se desenvencilhar de um rival, preferido da mulher que ambos amam, fê-lo cair numa armadilha, da qual saiu ferido. Quando ela vai socorrê-lo, o outro opõe-se-lhe, juntamente com os do bando; então a noiva ameaça: "– **Ou vocês me largam, ou eu grito** de aqui, para todos ouvirem, quem foi que o quis matar! Cuidais que não vi há pouco os vossos sinais, os vossos olhares, o vosso susto?... – Cobardes! Largai-me já!" (*Marquês*, 79)
3) A, a um amigo: "– **Vem cá**, Silveirinha! **Vem cá tu, antes que eu me irrite!**" (*Gaivotas*, 231)
4) O mestre da fábrica, a uma operária: "– Cala-te! **se dizes, vais** para a rua!" (*Pobres*, 314)
5) A, ao primo impertinente: "– Deixa-me, Rodrigo Sérgio! **Se me puxares** de novo o cabelo, **desço do cavalo** e volto a pé!" (*Seara*, 146)
6) Uma criada, a uma criança atrevida: "– Tu é mas é um sem-vergonha muito grande! **Toma juízo, senão eu conto** pra teu pai!" (*Rua*, 210)
7) O juiz, ao advogado: "– **Contenha-se**, senhor advogado, **ou serei compelido** a autuá-lo!" (*Sem lar*, 214)

Por vezes a ameaça é velada ou então pode ser corroborada pela entoação e pelo gesto.
1) Um indivíduo, "**ameaçador**", à mulher: "– Não agoura, mulher! Não chama pela morte!" (*Lampião*, 57)
2) A, a uma intrusa: "– **Saia** já se **não quer** que..." (*Tal*, 109)
3) Um rapaz, "**mais ameaçador**, mais torvo", a algumas raparigas que lhe atiçam o ciúme, incitando-o a bater-se

com o rival: "– Vós não me tenteis!... Vós não me tenteis!... Que ainda aqui há hoje!..." (*Giestas*, 40)
4) O pai, à filha: "– Olha que eu... Não me ponhas mais doido do que estou!" (*Vindima*, 272)
5) A a B: "– E não caias na asneira de ir dizer que a gente se separou! Faz de conta que andamos sempre juntos. Percebeste? Senão..." (*Gaivotas*, 41)
6) Uma possessa ("medo animal, **assanhada: as mãos lançadas para a frente, como garras; os olhos a fuzilarem**"), às que a assediam: "**Quem me tocar, morre já aqui!!!** (As mulheres, em grande alarido, fogem assustadas...)" (*Crime*, 218)
7) O padre, "brandindo uma cadeira", às mulheres que mataram uma possessa, submetendo-a à fogueira para a exorcizarem: "– A primeira... a primeira que me tocar, **racho-a!... Racho-a...** Víboras, víboras! Nao se cheguem... não se cheguem!..." (Crime, 228)

9. Antífrase

Um dos processos de reforço frequentemente utilizado consiste em o ordenante incitar o executante a fazer o contrário daquilo que A deseja realmente. Este processo é designado por antífrase e pode revestir vários aspectos. Um dos mais usuais é aquele a que se pode chamar *desafio*.

A) DESAFIO

Este processo antifrástico aproxima-se bastante do anterior e consiste no seguinte: sob ameaça mais ou menos velada, o ordenante desafia o executante a fazer aquilo que vai contra a vontade de A. O objetivo do ordenante é precisamente levar o executante a abster-se de praticar aquilo que o contraria. Mas, em vez de lhe dar uma "ordem" proibitiva, que neste caso não teria quase nenhum efeito, pois B é em geral igual a A, o ordenante

Capítulo V

dá-lhe uma "ordem" positiva, contrária, portanto, à sua vontade e incita-o a cumpri-la, na certeza de que, se o fizer, está sujeito a sofrer-lhe as consequências.

No aspecto linguístico, a expressão é bipartida em dois membros, tal como na ameaça; no primeiro membro vem expresso o *desafio* e no segundo a ameaça. Existe entre ambos a mesma relação de subordinação condicional, implícita ou explícita.

Eis alguns exemplos:
1) A, a uma vizinha, que se esquiva a responsabilidades: "– P'ra que prèguntas quem viu? **Nega** que vieste, **s'és capaz!**" (*Tá Mar*, 89)
2) A desafia um indivíduo a meter-se com um seu protegido: "– Está aqui. **Bate-lhe, anda! Toca-lhe** com um dedo, **se és capaz!**" (*Severa*, 169)
3) O pai, ao filho: "– Olha que tu!... **Puxa-me** cá pelos nervos, **se queres ver:** meto-te o prato pela boca dentro!" (*Vindima*, 76)
4) Um preso, a outros detidos que o insultam: "– **Haja** aí quem me chame o gebo **que o esfrego.**" (*Gebo*, 80)
5) Um camponês, a um rapazola atrevido: "– **Faça-se** fino, **que leva duas bofetadas** no focinho..." (*Vindima*, 150)
6) A, ao criado: "– **Continua a fazer-se** de besta comigo **que te dou um bofetão.**" (*Sogra*, 76)
7) A, a um inimigo figadal, depois de o esbofetear: "– **Apareça** de noite na Boite. **Eu quero cuspir** em cima desta bofetada." (*Colar*, 166)
8) A, a um inimigo: "– **Desça** desse cavalo **e eu já lhe digo.**" (*Bastardos*, 105)
9) A a B: "– Tenho o que não te importe. **Experimenta abrir a boca**, e vais ver! Esfandego-te!" (*Mar*, 109)
10) A, a um indivíduo que lhe fez uma acusação: "– **Repita** isso, canalha. **Repita**, seu filho de um..." (*Caetés*, 185)

B) IRONIA

Por vezes, o ordenante serve-se da antífrase com certa ironia e até sarcasticamente, incitando o executante a praticar um ato cujas consequências funestas ele será o primeiro a suportar:
1) Um indivíduo quer expulsar de casa uma rapariga; esta, depois de lhe morder num braço, convida-o a fazer de novo a tentativa: "– **Agarra-me outra vez!**..." (*Sol*, 52)
2) Um polícia, a um rapaz que se pendurou num elétrico: "– **Faça muitas dessas!**" (*Companheiros*, 297)
3) A, a um amigo, que defende a classe operária: "– **Isso! Defenda-os** o senhor, que eles andam a jurar-lhe pela pele!" (*Aves*, 43)
4) O filho, à mãe, após um insucesso: "– **Agoure-me** vossemecê agora, inda por cima!" (*Amores*, 299)
5) O sr. Vigário, a uma rapariga escandalosa, que chora o seu pouco juízo: "– É o costume. Eu sei, eu sei!... **Chora-lhe** agora as lágrimas do crocodilo!... (Um ar de mofa, sarcástico) Co'o António...! Co'o Miguel...! Porque são ricos!..." (*Giestas*, 65)
6) Uma rapariga, a um blasfemo: "– **Faz agora mangação! Prague**ja até com Nosso Senhor! Um dia te calarás." (*Giestas*, 136)
7) O marido, à mulher, caridosa em demasia: "– E os outros não precisam? **Dá o que tens, e come do ar!**" (*Firme*, 14)
8) Uma mulher, ao amante, depois de descobrir que ele se preparava para abandoná-la: "– Que te importa?! Soube. (Com um sorriso sarcástico) **Dize** também que é mentira!..." (*Inimigos*, 147)

C) OUTROS EXEMPLOS DE ANTÍFRASE

Os exemplos seguintes são uma combinação da antífrase com a ameaça. Não há neles ironia nem desafio:

Capítulo V

1) A, ao cunhado, que é preguiçoso: "– Levanta-te..." B: "– Levanto-me?!..." A: "– Senão deixa-te estar, eu já lá vou com um vergueiro." (*Terras*, 111)
2) O patrão, ao marçano: "– Toca a andar. E vai num pé e vem no outro, que hoje temos torra. **Põe-te de nariz no ar e depois queixa-te.**" (*Marés*, 209)
3) O capataz, a uma assalariada: "– Oh, cachopa!... Oh, cara deslavada!... **Mcte-te com os rapazes e depois diz** que o toicinho tem bicho." (*Gaibéus*, 112)
4) A a B: "– Não faça troça dos deuses e dos médicos! **Brinque com o lume, e depois queixe-se...**" (*Vindima*, 110)
5) Um rancho de trabalhadores, a um rapazola atrevido: "– E agora, ó seu coiso, **se lhe parecer dê com a língua nos dentes... e desande! Desande, se não quer provar mais...**" (*Vindima*, 151)
6) Uma rapariga adverte uma vizinha de que não namora quem ela julga: "– Acredite que não há nada entre nós!... Que não é verdade... e Agora, **se lhe parecer encha** para aí tudo dessa balela!..." (*Mar*, 69)

10. "Ordem" justificada

Para vencer a oposição ou relutância do executante, o ordenante indica o motivo que o obriga a dar a "ordem". A "ordem" é portanto justificada. Este processo de reforço é também frequentíssimo. A justificação abrange vários aspectos. Podemos, no entanto, reduzi-los a três fundamentais: a "ordem" é justificada em função do ordenante, em função do executante, ou em função de uma terceira pessoa ou outro motivo qualquer.

A) EM FUNÇÃO DO ORDENANTE

A "ordem" encontra a sua justificação no interesse do ordenante, quer porque os atos do executante o perturbam, quer porque está com pressa, etc.:

1) A, ao noivo: "– Deixa-me falar. E não me interrompas, **que me sinto com poucas forças**." (*Benilde*, 178)
2) O tio, à sobrinha, que ouve um programa de rádio: "– Desliga-me essa coisa. **Dói-me a cabeça**." (*Calendário*, 236)
3) A, à irmã: "– Cala-te, mulher, **que já nem te posso ouvir**! Olha a cega-rega!" (*Avisos*, 92)
4) A, ao criado: "– Vamos, despacha-te, logo, **que estou com pressa**!" (*Mundo*, 13)
5) A tia, ao sobrinho, que a abraça: "– Ai, larga-me, **que me tiras a respiração**!" (*Madrugada*, 59)
6) A mulher, ao marido: "– Mas larga-me, larga-me, **que o teu hálito de cachaça sufoca-me**!" (*Sem lar*, 194)
7) A sogra, ao genro, "com um gesto de horror": "– Pare! Não conte o resto **que eu desmaio**." (*Sogra*, 104)

B) EM FUNÇÃO DO EXECUTANTE

A "ordem" encontra a sua justificação no interesse do executante, ou porque os atos que pratica, ou vai praticar, são prejudiciais para ele próprio, ou porque fala sem razão, etc.:
1) B declara o seu amor carnal à mulher que o protegeu e educou; A ordena-lhe energicamente que se cale: "– Cala-te, cala-te. **Tu desvairas, tu não sabes o que dizes**. Eu sou quase tua Mãe. As nossas idades são díspares." (*Lei*, 48)
2) Um padre, com "autoridade", a uma penitente: "– Proíbo-a de dizer isso, ti'Zefa: **Peca gravemente** se, daqui p'r'o futuro, continuar a fazê-lo!" (*Crime*, 111)
3) O marido, à mulher: "– Não, Maria do Mar, não saias esta noite: **virá desgraça**! Eu juro-te, pelas cinco chagas de Cristo: **virá desgraça**..." (*Promessa*, 81)
4) Uma dona de casa ("enérgica"), a uma intrusa: "– **Aqui não tem mais nada que fazer**. Saia!" (*Tal*, 48)
5) A, ao marido: "– Descanse primeiro, homem (...) Não beba água gelada assim suado, **que faz mal**." (*Lugar*, 90)

6) Uma criada de cor ("arreliada"), a um moço travesso: "– Que é que tu vem fazê aqui, negro descarado?... Desencosta daí! (Cristino dá um pulo e firma-se ao canapé). Não bota as mãos nos moves, **que tu vai melá tudo com essas mão suja de rapadura!**... Tira esse chapéu, malenducado!" (*Iaiá*, 12)
7) A, a um amigo que vai entrar numa briga: "– Não vás **que te matam**! Homem, lembra-te que tens mulher e filhos!" (*Terras*, 155)

A "ordem" pode ainda encontrar a sua justificação no interesse conjugado do ordenante e do executante:
1) A, a um amigo: "– Fale baixo, Fernando, fale baixo. **Já estamos sendo notados.**" (*Madrugada*, 261)
2) A ("cortante"), a um colega, que abre a porta para se esquivar: "– Fecha isso, fecha, **que ainda temos que falar!**" (*Companheiros*, 503)
3) A, a uma amiga: "– Schiu! Fale baixo **que podem ouvir-nos.**" (*Conde Barão*, 45)

C) EM FUNÇÃO DE UMA TERCEIRA PESSOA OU DE QUALQUER OUTRO MOTIVO

A "ordem" pode ainda encontrar a sua razão de ser no interesse de uma terceira pessoa. Eis alguns exemplos:
1) Um vizinho, a uma rapariga, que não acode aos brados da mãe: "–Vai-te embora, Rita... **A tua mãe anda aí à tua procura!**... (*Sol*, 52)
2) Uma enfermeira, a uma criança perturbadora: "– Cala-te, malvado! não faças tanta bulha **que a mãe está aflita!**" (*Companheiros*, 52)
3) A, a um indivíduo que não quer receber a visita pascal: "– Tio António! Abra, **que é Nosso Senhor**..." (*Firme*, 46)
4) Uma criada, a uma colega: "– Despacha-te, mulher, **que o papagaio [patroa] quer sair.**" (*Homem*, 116)

A "ordem" justifica-se, por qualquer outro motivo:
1) A ("irritada") ao marido preguiçoso: "– Zé!... Ah Zé!... São mais que horas: levanta-te, homem!" (*Promessa*, 14)
2) Um mensageiro, ao dono do "Lagar Novo": "– Venha depressa, homem!... Que o Lagar Novo é lá um mar de chamas!..." (*Giestas*, 139)
3) A, ao marido: "– Que é isso! Não grites... que até fazes tremer as paredes da casa!" (*Guerra*, 145)
4) A, ao irmão: "– Vamos depressa. **Não há tempo a perder**." (*Colar*, 195)

Como vimos, há sempre uma relação de causalidade entre a "ordem" propriamente dita e o motivo que a justifica. A subordinação causal é implícita ou explícita.

11. Expressões de caráter invocativo

Certas expressões de natureza invocativa, apesar do seu caráter suplicante, tornam a "ordem" reforçada. O seu valor reforçativo é contudo menos saliente que o da "ordem" proferida sob ameaça ou o das imprecações e injúrias, que veremos a seguir. Sendo assim, quase poderíamos admitir que se trata de casos de reforço atenuado.

Estas expressões encerram uma invocação religiosa ou um apelo aos sentimentos caridosos do executante.

São muitas e variadas as expressões deste tipo: *Por Deus, pelo amor de Deus, pelas cinco chagas de Cristo, Pelo Santíssimo Sacramento, pela Virgem, por amor do céu, pelas alminhas do purgatório, pelas almas, pela alma de seu pai, por alma da tua mãezinha, pela memória de tua mãe, pela tua salvação, pela salvação da sua alma, pelo que tens de mais sagrado, pelas tuas alminhas, por caridade, por piedade, por quem é*, etc.

Vejamos alguns exemplos:
1) Uma rapariga, a uma amiga: "– Flor, **pelo amor de Deus**, não digas semelhante disparate! O amor existe sim, querida!" (*Sinhá*, 74)

2) A ("a bater à porta"), ao irmão e à mulher: "– Ah, Zé?! Ah, Maria do Mar?!... Abram, **pelas cinco chagas de Cristo!**... Zé?!..." (*Promessa*, 102)

3) A mulher pede segredo ao marido sobre um caso escandaloso: "– Quim: **pela Virgem**, não lhe fales em nada." (*Gentio*, 217)

4) Uma mulher, a uns caminhantes a quem dá dormida: "– **Pelas alminhas do Purgatório**, não acendam paulitos na loja." (*Terras*, 18)

5) A a B: "– Ai **por amor do céu** não me fale em tal..." (*Sabina*, 14)

6) A a B: "– Fecha a porta, **pela tua salvação**, Severa!" (*Severa*, 88)

7) A a B: "– Ó mulher! Ouve-me! **Pelo que tens de mais sagrado**, ouve-me!" (*Santo*, 67)

8) Uma mulher, ao amante: "– Se em tua consciência me não julgas digna de ser amada com o coração... ama-me... como puderes... – sem respeito... mas... **por caridade**? – não mo faças sentir!" (*Inimigos*, 25)

9) A, a um amigo: "– **Por piedade**, professor, não me faça mais pronunciar o nome dessa criatura,!" (*Mundo*, 68)

10) Um criado, a um carregador: "– Não, **por quem é**, não me ponha esse caixote aqui na sala." (*Mundo*, 46)

A entoação ou o gesto podem emprestar a estas expressões um caráter mais reforçativo:

1) Uma rapariga, "numa intimativa inesperada", ao noivo: "– **Em nome de Deus**, cala-te tu! Não sabes o que dizes. Estás cego! Deus te não ouça e te perdoe." (*Benilde*, 105)

2) A, "a bater freneticamente à porta", a algumas pessoas, que estão fechadas dentro: "– Abram! Abram!... Abram, **por amor de Deus!!**..." (*Crime*, 125)

3) A, "desabrida", a B: "– Ó tio António, cale-se lá, **pelo amor de Deus**! Vossemecê não vê que lhe deu mal?" (*Firme*, 55)

12. Injúrias e imprecações

São variadíssimas as expressões de caráter injurioso e depreciativo com que o ordenante chama o executante à atuação.

Vimos já a sua importância quando tratamos, no Capítulo I, da representação linguística do executante.

A injúria, aplicada ao executante, tem grande valor reforçativo, pois ele fica minimizado aos olhos do ordenante e de outras pessoas que estejam presentes. Refiro-me, claro está, à injúria com valor depreciativo, mesmo insultuoso, e não com valor jocoso; neste caso deixa de ser injúria propriamente dita, pois se torna sobretudo uma forma nominal carinhosa e íntima.

Assim acontece com certas formas, que, empregadas na intimidade, têm valor carinhoso e, empregadas em público, têm caráter depreciativo, conforme podemos observar no seguinte exemplo:
  1) A mulher, ao marido "empurrando-o": "– Até a tosse te atrapalha. Mexe-te, **moleza**?" O marido ofende-se, porque não estão sozinhos, e replica: "– Nunca me chame de moleza diante de outras pessoas que podem fazer mau juízo a meu respeito." (*Tal*, 90)

O valor reforçativo da injúria é corroborado pela atitude de ódio ou de irritação que o ordenante geralmente assume, ao proferi-la.

A injúria tem caráter vocativo; é, portanto, um apelo à atuação. Além dos seguintes nomes injuriosos, muitos outros se poderiam citar: *alma do diabo, bácora, bruxa, cão leproso, cachorro, cadelo, cobra, gaiteiro do diabo, larápio, maldito, palhaço, safada, meu sapão*, etc. Vejamos alguns exemplos (notar a gradação nos três primeiros):
  1) A tenta separar algumas vizinhas que discutem: "– Ah! cachopas! Ah! mulheres! Ah! **diabos**!... Calai-vos!..." (*Tá Mar*, 42)
  2) O marido, à mulher, que o critica: "– Cala-te, **ingrata, inconsciente, malvada**!" (*Sem lar*, 194)

Capítulo V

3) O arrais "apruma-se e como quem comanda": "– Remem, **malandros**! Remem, **ladrões**! **Ah**! **filhos duma grandessíssima cabra**! Remem, remem!..." (*Tá Mar*, 135)
4) Uma mulher, a um cavalheiro que a não trata como deve: "– Dobre a língua, **seu barba belha, seu sem bregonha**! (*Gentio*, 232)
5) O chefe, a um subordinado: "– Cala essa boca, **desgraçado, moleque sem criação**!..." (*Lampião*, 108)
6) O tio, ao sobrinho, que, apanhado em flagrante, tenta suborná-lo: "– **Seu 'Pintacudo' duma figa**, ponha-se daqui p'ra fora!" (*Guerra*, 113)

O recurso à imprecação é um outro meio de reforçar a "ordem". E realmente não falta na língua portuguesa um vasto repertório de expressões desta natureza. É claro que as mais fortes não aparecem nos textos, mas ainda assim poder-se-ia dar uma grande lista das que neles se encontram, associando-lhes, claro está, as injúrias propriamente ditas, cujo efeito sobre o ouvinte é idêntico.

A imprecação distingue-se da injúria por não ter, como esta, caráter apelativo. O valor da imprecação é geralmente exclamativo, interjecional. É um grito áspero e cortante que fere a sensibilidade do ouvinte. O estado emotivo do ordenante é geralmente de impaciência, de irritação ou de ódio.

Além dos seguintes nomes imprecativos, muitos outros se poderiam citar também: *caramba, carago, conho, com mil milhões de bombas, com os diabos, com trezentos diabos, com seiscentos diabos, com dez milhões de diabos, com todos os diabos, dialho, dianho, co'os diogos, com um raio que te parta, raios te partam, raios partam o diabo*, etc.

Eis alguns exemplos:
1) O feitor ordena ao rendeiro que faça calar o cão: "– Faça calar o raio do guarda, **carago**!" (*Noite*, 215)
2) A a B: "– Ui! Não mexa! **com mil milhões de bombas**!" (*Pescador*, 47)
3) A, a um colega: "– Mas fale, **com seiscentos diabos**! Explique-se, **caramba**!" (*Companheiros*, 540)

4) A, a um amigo: "– Vista-se! **Com dez milhões de diabos!**" (*Amores*, 86)
5) A, a um importuno: "– Pencas! **Raios te partam**, desgraçado! Vem aqui, Pencas, sou eu que te chamo." (*Noite*, 44)

Não podemos deixar de associar à injúria e à imprecação um outro tipo de expressões, também de caráter mais ou menos insultuoso e imprecatório. Trata-se de expressões cujo conteúdo significativo se resume mais ou menos no seguinte: "deixe-me", "não me importune", "vá-se embora".

Mas como o caráter brando e pouco convincente destas formas verbais se não coaduna com o estado de irritação, de impaciência ou de ódio do ordenante, o vocabulário empregado é mais duro e mais enérgico. O ordenante manda então o executante à "outra parte" e semelhantes, como meio mais adequado de se ver livre dele. É, por assim dizer, a "*ultima ratio*" nesta linha insultuosa que começa na injúria e passa pela imprecação.

São deste teor expressões como as seguintes: *vá ladrar a uma horta, vá farejar a grandessíssima raiz..., vai pentear macacos, vão vigiar as novidades do inferno, vá lamber sabão, ide à sirga, vá bugiar outro, vá para o diabo, vá para o inferno*, etc.

Eis alguns exemplos:
1) Entre caboclos: "– **Vai pr'o inferno**, cabra da peste! Vapora dos meus oio! Vai tirá raça de home valente!" (*Seara*, 153)
2) A mulher, ao marido infiel (repare-se na gradação): "– Raimundo, não quero vê-lo mais. Desaparece. **Vá para o inferno!**" (*Sogra*, 111)
3) A, a um cavalheiro importuno: "– Deixe-me! **Vá para o diabo!**" (*Troca-Tintas*, 148)
4) Uma rapariga, a uma velha importuna que não se cansa de lhe dar conselhos: "– **Meta o dedo na boca a outra!**" (*Vindima*, 183)
5) Uma rapariga, a um indivíduo que a importuna: "– Tás com essa conversa toda para eu chorar? (com desprezo)

Capítulo V

Vai falar às rolas!... Não me apoquentes mais! Estou farta disto tudo!" (*Sol*, 51)

13. Reforço pela mudança de tratamento

Por vezes, o ordenante concede ao executante um tratamento diferente do habitual. Esta mudança de tratamento faz-se em geral do "tu" para o "você". Em lugar da segunda pessoa gramatical, emprega-se então a terceira, que, apesar de continuar a ser aplicada à segunda pessoa do discurso, acentua no entanto um afastamento entre o ordenante e o executante.

Este afastamento é ocasionado quase sempre por motivos de natureza psicológica. O ordenante, irritado pelo procedimento ou pela relutância do executante, rompe os laços de intimidade existentes entre ambos. Em lugar do "tu" íntimo, emprega então um "você" a que poderíamos chamar punitivo. Nestas circunstâncias, o tratamento de "você" contribui eficazmente para reforçar a "ordem". O estado afetivo do ordenante é, geralmente, de impaciência, irritação, rancor, etc. A entoação ou o gesto corroboram também o valor reforçativo desta forma de tratamento.

Eis alguns exemplos:

1) A tia ("severa"), à sobrinha, que habitualmente trata por *tu*: "– **Cale-se**, menina! Um homem, que não tem propósitos de vida, nunca pode ser simpático." (*Vizinha*, 172)
2) A mulher, ao marido, com cara de zangada (tratamento habitual: *tu*): "– **Meta-se lá** no que está a fazer, e **deixe conversar** os mais à sua vontade." (*Amores*, 282)
3) Um "doutor", a um calouro: "Aproxime-se, alimária!" "– **Coloque-se** como deve!", mas "em sinal de despedida, tratava-o subitamente por *tu*": "– Desaparece então da minha vista, que já estou com princípios de enjoo!" (*Avisos*, 16-18)
4) O irmão, à irmã (tratamento habitual: *tu*): "– **A menina deixa-se estar** onde está, que o seu lugar é em casa, com termos." (*Companheiros*, 125)

5) A mãe, à filha, em tom violento, ameaçador (tratamento habitual: *tu*): "– Lucha. Basta de insolências. Peça desculpa à Maria Ana e **saia** desta sala!" (*Oral*, *Encontro*)
6) Um oficial, a um soldado, que chutava uma bola que não era de futebol: "– Esta bola é de futebol?" B vai desculpar-se: "– Meu capitão..." A evita rodeios: "– Estou-te a perguntar se essa bola é de futebol?" B: "– Não é." A, energicamente, ordena: "– **Então ponha-se andar**." (*Oral*, Cap. V.)

No português do Brasil, o tratamento de "você" quase nunca é empregado com este caráter punitivo, porque, sendo habitual na intimidade, torna-se inapto para marcar o afastamento. Todavia é possível encontrar um ou outro caso como o seguinte:
1) O pai, ao filho: "– Ora **não se faça desentendido**." (*Bagaceira*, 192). Como o tratamento habitual, dado pelo pai ao filho, era o "tu", nestas circunstâncias, comenta o autor, o "você" "era uma forma agressiva de tratamento.".

Nem sempre, porém, a passagem do tratamento por "tu" ao de "você" tem caráter punitivo. Casos há em que o tratamento de "você", em lugar do "tu" habitual, denota carinho e meiguice. Nestas circunstâncias, a "ordem" é atenuada e não reforçada:
1) A, a uma colega, que habitualmente trata por *tu*: "– **Pense**! E **não seja** parvinha! (...) E agora **vá descansar**!(...) **Vá-se deitar**! E **pense** no que eu lhe disse!" (*Calendário*, 189-190)
2) A, ao amante: "– **Ouça** lá, minha joia... – Às vezes, tratava-o por 'minha joia', e numa terceira pessoa muito maternal", comenta o autor. (*Gaivotas*, 136)

A primeira pessoa do plural do conjuntivo presente, empregada com o seu valor de "sociativo fictício ou imaginário"[21],

---

[21] Ver: Said Ali, "De 'eu' e 'tu' a 'majestade'", in *A língua portuguesa*, V, p. 285.

Capítulo V

isto é, dirigida exclusivamente ao executante, dá, geralmente, à "ordem" um caráter atenuado:
   1) A intervém, com bonomia, junto de um casal amigo: "– **Vamos acabar** com isso. Não vale a pena brigarem." (*Sogra*, 23)

Contudo, nem sempre o valor desta forma verbal é atenuado. Por vezes, o seu valor é nitidamente reforçativo:
   1) O marido ("com raiva"), à mulher, que o acusa de ter um filho ilegítimo: "– E, olhe aqui: **Vamos parar** com essa história de dizer que o menino é meu filho, pois isso é motivo para processo." (*Madrugada*, 360)
   2) A ("já trêmulo, já fulo") à sua primeira noiva: "– E que mal te fiz eu?... **Vamos a saber!**..." (*Giestas*, 196)
   3) Um oficial, em tom autoritário e enérgico, a alguns soldados indisciplinados: "– **Estamos já calados** aí nesse pelotão!" (*Oral*, Cap. T.)

O emprego de uma forma pronominal agressiva, em lugar de outra mais respeitosa, pode igualmente contribuir para o reforço da "ordem", como no seguinte exemplo:
   1) Alguns passageiros de terceira classe entram na primeira, onde se encontra um cavalheiro de certo respeito, que fica melindrado com a ousadia; este manda-lhes fechar as portas do comboio a fim de impedirem o acesso de outros camaradas, mas eles não estão pelo ajuste e retrucam: "– Ponha-se lá **você**, se é capaz ou se o comboio é seu!" (*Vindima*, 33)

É sabido que em certas regiões (em Trás-os-Montes, por exemplo, onde se passa o caso citado) a forma de tratamento "você" tem, entre a gente do povo, caráter menos respeitoso que a de "vossemecê". O filho não trata o pai por "você", mas por "vossemecê", que conserva ainda parte do seu valor substantivo.

Conclusão

Creio ter sido atingido o objetivo que este trabalho se propunha: estudar a variedade de meios de que dispõe a língua portuguesa para exprimir a noção de "ordem". É claro que seria utópico pensar que todas as espécies de meios de expressão da "ordem" foram abordadas. Podemos, contudo, afirmar que a grande maioria, se não a quase totalidade, foi analisada neste trabalho. A variedade de textos explorados permite-nos, creio, tal afirmação. Outras formas existirão, sobretudo de natureza indireta e não verbal, mas são pouco usadas na língua falada.

Estas afirmações restringem-se evidentemente à língua falada, pois, como disse na Introdução, deixava de lado a expressão da "ordem" na linguagem das leis, normas e preceitos escritos, bem como na língua literária. Não é que estas usem meios de expressão totalmente diversos.

À parte um ou outro processo de expressão peculiar, a linguagem das normas e preceitos serve-se dos mesmos meios de expressão, embora a sua frequência seja diferente daquela que se encontrou na língua oral. Assim, o preceito é frequentemente enunciado no infinitivo impessoal. A lei e a norma são, com frequência, enunciadas no futuro do indicativo.

Este seria, enfim, um outro aspecto a estudar na expressão da "ordem", mas a sua importância é reduzida.

Ao observarmos agora, no seu conjunto, os meios de expressão estudados, notamos um certo número de diferenças, que vou procurar concretizar.

Assim, verificamos que a frequência das formas verbais diretas é avassaladora, em relação às formas verbais indiretas e às formas não verbais.

A diferença é bem salientada por estes números:

	Português metropolitano	Português do Brasil
Formas verbais indiretas (Capítulo II)	6,02%	3,28%
Formas verbais diretas (Capítulo III)	89,6%	92,44%
Formas não verbais (Capítulo IV)	4,37%	4,28%

Dentro das formas verbais diretas, notamos ainda que o conjuntivo presente e o imperativo têm lugar de grande relevo:

	Conjuntivo	Imperativo
Português europeu	43,49%	40,25%
Português do Brasil	64,49%	19,2%

Aqui encontramos a diferença fundamental entre o português europeu e o português do Brasil, quanto à expressão da "ordem".

Este emprega com muito maior frequência o conjuntivo presente, fato que aliás não nos surpreende, pois, como vimos, o tratamento de "você" é a forma habitual de interlocução no Brasil. Surpreende-nos, ao contrário, que a frequência do imperativo ("tu") seja ainda tão elevada, mas tal fato parece explicar-se, como vimos, por razões de natureza psicológica.

A esta forma de imperativo nem sempre corresponde o tratamento de "tu". Muitas vezes aquela forma verbal supõe psicologicamente o tratamento de "você", fato que levanta um pro-

Conclusão

blema de natureza morfológica: tratar-se-á nestes casos de uma forma de imperativo (2ª. pessoa do singular) ou de uma forma de indicativo presente (3ª. pessoa do singular)?

Tentamos analisar este problema no Capítulo III (I, 4), ao falarmos dos vulgarismos brasileiros de "imperativo".

O emprego do imperativo ("tu"), quando é habitual o tratamento de "você", poderá corresponder em certos casos a uma necessidade de reforçar a "ordem", tornando-a mais direta e atuante.

De qualquer maneira, o imperativo deixou de ser, na língua portuguesa, o modo verbal por excelência da expressão da "ordem". Devido a alterações no sistema de tratamento, o seu lugar é compartilhado pelo conjuntivo jussivo. Neste aspecto o português do Brasil é ainda mais inovador que o português europeu.

Quanto aos outros meios de expressão da "ordem" não há diferenças notórias a assinalar entre o português europeu e o do Brasil.

Há, porém, outras diferenças de conjunto a mencionar e que afetam igualmente o português europeu e o do Brasil.

Assim, tomando por base as duas formas verbais mais frequentes, ou seja, o conjuntivo jussivo e o imperativo, notamos, conforme foi também referido, que as expressões de "ordem" afirmativa são em muito maior número, comparadas com as de "ordem" proibitiva ou negativa. Tal diferença é bem salientada por estes números:

	"Ordem" afirmativa	"Ordem" proibitiva
Português europeu	68,49%	15,25%
Português do Brasil	68,53%	15,12%

Já admitimos, para este fato, uma explicação de natureza psicológica (Capítulo III), que agora vamos concretizar e exemplificar. Vimos já que a distinção entre "ordem" e proibição reside em geral na ausência ou presença de uma partícula de natureza negativa (*não, nunca, nada, nem*, etc.); com a evolução do sistema do tratamento, a distinção modal entre "ordem", expressa sobretudo pelo imperativo, e proibição, expressa pelo conjuntivo presente, desfez-se. Este passou então a exprimir tanto a proibição como a "ordem" propriamente dita.

Temos ainda de ter presente que a noção de "ordem" é muito mais ampla que a de proibição, pois esta não é mais que um aspecto daquela. Efetivamente, numa grande maioria de casos, é possível transformar a proibição numa "ordem" positiva; o contrário é que muito poucas vezes é possível. Até certo ponto justifica-se, portanto, que o número de casos de "ordem" positiva seja superior aos de "ordem" negativa ou proibitiva.

Há, todavia, um certo número de casos em que o ordenante emprega uma expressão afirmativa onde seria habitual uma expressão negativa. É nesta preferência, mais ou menos inconsciente, que temos de admitir uma razão de natureza psicológica. Dada afirmativamente, a "ordem" torna-se mais coerciva, mais categórica e enérgica. O ordenante acentua, portanto, a sua autoridade e procura vencer a relutância ou oposição do executante. É, no fim de contas, um processo de reforço.

Eis alguns exemplos:

1) O pai, zangado, aos filhos: "– Não importa. Informei-me. Vais para o Porto e **livra-te de ires** para lá conspirar, porque acabo com os estudos e prego contigo em África!" (*Companheiros*, 383)

2) A filha, ao pai: "– **Livre-se** vossemecê **de consentir** que esta mulher se meta cá em casa! Ela a entrar e eu a sair!..." (*Sol*, 78)

3) A, a um amigo: "– **Deixe-se de ser** bobo, estou falando a sério. É a terceira vez que ele me propõe casamento." (*Amanuense*, 36)

4) A, "ameaçador", a B: "– **Largue de gritaria**, já lhe disse!" (*Lampião*, 25)

5) A, ao irmão, dando-lhe um pontapé: "– **Para de chorar**, carro de manha!" (*Rua*, 183)

Conclusão

6) A patroa, à criada: "– **Vê** lá agora **se fica** de conversa com o gerente da leiteria." (*Tal*, 12)
7) A, a um amigo: "– **Desimagina-te** dela, António: a Joana pôs os olhos mais alto!" (*Crime*, 37)
8) O patrão, ao marçano: "– **Fica a ver** as moscas que depois t'as sacudo das orelhas." (*Marés*, 236)

Seria fácil acrescentar bastantes outros exemplos, mas creio serem suficientes estes para nos mostrarem como, por vezes, a proibição é enunciada de modo positivo, tornando-se assim mais categórica. Talvez o processo mais frequente, neste aspecto, seja o da antífrase (último exemplo), cujo valor reforçativo foi analisado no último capítulo. Também muitas expressões de natureza nominal (Capítulo IV) enunciam de modo positivo uma proibição: *pouco barulho, pouca conversa*, etc.

Uma outra saliência importa ainda referir, embora seja de menor importância.

Continuando a tomar como base as duas formas verbais mais frequentes – conjuntivo jussivo e imperativo –, notamos que as formas da segunda e terceira pessoas do singular têm maior ocorrência que as correspondentes do plural, conforme podemos verificar, recorrendo mais uma vez à estatística:

	Singular	Plural
Português europeu	72,69%	7,8%
Português do Brasil	72,53%	4,89%

Este fato justifica-se pela razão de que a "ordem" é dada geralmente apenas a um único executante. Há, todavia, certos casos em que o ordenante, apesar de ter na sua frente vários executantes, prefere empregar uma forma verbal no singular, como meio de individualizar a "ordem", chamando por assim dizer cada um deles à atuação. Eis alguns exemplos:

1) Um idealista fala à multidão: "– Quem tem olhos e ouvidos **veja** e **ouça**." (*Pescador*, 175)
2) O chefe, aos agentes da autoridade: "– **Meta** o facão nessa cambada!" (*Bagaceira*, 81)
3) O feitor, aos sertanejos: "– É hora, cambada! **Levanta** pra pegar!" (*Bagaceira*, 31)
4) Um oficial, aos soldados, que vão em marcha: "– **Levante** bem o braço; **olhe** em frente." (*Oral*, Cap. T.)

Finalmente, importa tentar uma visão de conjunto sobre o caráter ativo dos meios de expressão estudados e formular algumas conclusões.

Ficou logo acentuado na Introdução que, na expressão da "ordem" a língua exercia sobretudo uma função de apelo ou de atuação. Efetivamente, em todos os meios de expressão estudados, foi sempre aquela a função dominante. O seu valor é posto em evidência por estas palavras de Bally:

> "*C'est la raison d'être d'un autre caractère du langage spontané, son caractère actif, c'est-à-dire cette tendance qui pousse la parole à servir d'action. Le langage devient alors une arme de combat; il s'agit d'imposer sa pensée aux autres, on persuade, on prie, on ordonne, on défend*". (*Le langage et la vie*, p. 23)

Como é que na expressão da "ordem" a língua portuguesa consegue exercer a sua função de apelo ou de atuação?

Para que a língua se torne ativa é necessário não apenas um diálogo, um colóquio entre duas ou mais pessoas, mas sobretudo que uma delas procure atuar sobre a outra. É, portanto, indispensável um ordenante e um executante. Vimos a importância de um e outro no Capítulo I.

Um dos meios de que o ordenante se serve frequentemente para atuar sobre o executante é o vocativo ou apelativo.

Na expressão da "ordem", a sua importância é extraordinária, conforme o demonstra a variedade de aspectos que apresenta. Neste campo, o vocativo não é apenas "pária da gramática e elemento imprescindível da linguagem afetiva"[22] mas é sobretudo um elemento ativo, direto e dinâmico que em certos casos é suficiente, por si só, para exprimir uma "ordem". Por vezes, o vocativo ou apelativo tem um caráter insultuoso ou injurioso, tornando-se deste modo mais atuante e dinâmico.

Mas a linguagem exerce ainda a sua função ativa através da forma verbal, sobretudo direta. Neste aspecto o imperativo e o conjuntivo jussivo desempenham papel de relevo, pela pressão que exercem sobre o executante.

A mesma função ativa da linguagem é exercida através da forma nominal e da interjeição jussiva cujo valor direto e atuante é também saliente. Na interjeição jussiva predomina exclusivamente a função ativa, pois ela nada tem a ver com a linguagem lógica nem afetiva.

Enfim a função ativa da língua é exercida através de variadíssimos meios de valorização, tanto fonéticos como sintáticos. Vimos a importância e variedade destes meios no Capítulo V.

Podemos dizer, sem receio, que é através destes meios de valorização que principalmente se exerce a função ativa da linguagem.

Predominarão, porém, na língua portuguesa os meios de valorização fonética ou os meios de valorização sintática? Ou por outras palavras, procurará a língua portuguesa exercer a sua função ativa através da entoação, a que temos de associar o gesto, ou exercê-la-á antes através do léxico. Eis um problema de grande importância, mas que está longe de admitir uma resolução categórica.

Assim diz-nos Armando de Lacerda:

> "Em português – devemos notá-lo – ambos os processos de valorização fonológica são largamente utilizados, podendo dizer-se que a maior frequência dos meios sintáticos, ou dos meios

---

[22] Said Ali, "De 'eu' e 'tu' a 'majestade'", in *A língua portuguesa*, V, p. 281.

fonéticos, depende dos variados e numerosos fatores da confirmação elocucional do respectivo texto vocabular, figurando entre esses fatores a personalidade do locutor."[23]

Se assim é, neste aspecto o português afasta-se do francês, pois nesta língua parecem predominar os meios de valorização lexicais ou sintáticos, como nos diz Wartburg:

> "Nous voyons que le français est forcé de trouver une expression par périphrase là où l 'allemand se contente de son intonation. Le français exprime par le moyen du lexique ce que l'allemand exprime par l'intonation." (Évolution et structure de la langue française. Berne, 1946, p. 288)[24].

Esta afirmação é também corroborada por Müller-Hauser no seu estudo sobre os meios de valorização da expressão em francês:

> "Quand à la mise en relief, le français montre une différence fondamentale avec une langue comme l'allemand, qui a, elle d'innombrables possibilités purement phonétiques pour mettre en valeur (...) – le français, au contraire, est une langue à débit très régulier; nous rencontrerons donc surtout des moyens de style, infiniment plus usités que les constructions correspondantes en allemand." (La mise en relief d'une idée en français moderne, p. 13)

No que respeita ao português, só um estudo cuidado dos meios de valorização fonológica, que exigiria o concurso da fonética experimental, e dos processos de valorização lexical ou sintática permitiria uma conclusão mais segura.

O que parece todavia verificar-se é que os dois processos de valorização, longe de se oporem, estão pelo contrário intima-

---

[23] Armando de Lacerda, in R.P.F, I, pp.519-520, em recensão crítica a M.L. Müller-Hauser, La mise en relief d'une idée en français moderne.
[24] Citado também por Müller-Hauser, La mise en relief..., p. 13.

Conclusão

mente relacionados. Vimos no capítulo da atenuação e do reforço como a entoação e o gesto se conjugavam frequentemente para valorizarem a "ordem".

Não tentei estabelecer a frequência dos vários processos de valorização da "ordem". Se tivesse preenchido esta lacuna, talvez se pudesse obter algum resultado mais concreto sobre o predomínio dos meios fonológicos ou dos sintáticos. Todavia, em relação aos meios fonológicos, só poderia dar uma tabela de frequência muito incompleta, pois, como já disse mais de uma vez, a entoação só pode ser representada na língua escrita de modo indireto e, por conseguinte, muito imperfeito. Em relação, porém, aos meios de valorização sintática ou lexical, seria possível fazê-lo com certo rigor. Dentre estes, embora sem o concurso de números, podemos dizer que são processos frequentíssimos a iteração sinonímica, a ameaça, a antífrase, a injúria e imprecação, a "ordem" justificada, o recurso a expressões de caráter invocativo e o emprego de formas verbais e adverbiais reforçativas.

Estes são os principais meios reforçativos, apoiados geralmente pela entoação e pelo gesto, de que a língua se serve para exercer a sua função ativa ou de apelo. Através deles, o ordenante procura, como vimos, levar o executante ao cumprimento da "ordem".

Bibliografia

I. Textos[25]

A) Autores portugueses

1. Romance, novela e conto

Abreviatura usada

1) Amores	Trindade Coelho, *Os meus amores*, 3ª. ed., Aillaud, Paris-Lisboa, 1901
2) Aves	Urbano Tavares Rodrigues, *As aves da madrugada*, Bertrand, 1959
3) Avisos (*)	José Régio, "A Velha Casa": III – *Os avisos do destino*, Edições Ser, Vila do Conde, s.d. (1953)
4) Bastardos	Urbano Tavares Rodrigues, *Bastardos do Sol*, Arcádia, s.d. (1959)
5) Calendário	Fernanda Botelho, *Calendário privado*, Bertrand, s.d. (1958)
6) Circo	Leão Penedo, *Circo*, Gleba, Lisboa, s.d. (1945)
7) Companheiros	Ester de Lemos, *Companheiros*, Ática, Lisboa, s.d. (1960)
8) Gaibéus	Alves Redol, "Gaibéus", no volume: *Os romances de Alves Redol*, Inquérito, s.d. (1ª. ed.: 1940)

---

[25] Vão marcados com um asterisco (*) os textos que serviram de base à determinação da frequência dos vários meios de expressão da "ordem".

9) Gaivotas (*)	David Mourão-Ferreira, *Gaivotas em terra*, Ulisseia, s.d. (1960)
10) Gente	M. Teixeira-Gomes, *Gente singular*, Clássica Editora, Lisboa, 1909
11) Gentio	Hugo Rocha, *Gentio branco*, Civilização, Porto, 1943
12) Homem	Luís de Sttau Monteiro, *Um homem não chora e outra novela*, Ática, Lisboa, MCMLX
13) Marés	Alves Redol, "Marés", no volume: *Os romances de Alves Redol*, Inquérito, s.d. (1ª. ed.: 1941)
14) Noite	Fernando Namora, *A noite e a madrugada*, Inquérito, Lisboa, s.d. (1950)
15) Paço	Vitorino Nemésio, *Paço do milhafre*, Coimbra, 1924
16) Páscoa	José Rodrigues Miguéis, *Páscoa feliz*, Edição definitiva, Estúdios Cor, Lisboa, s.d. (1958)
17) Pobres	Raul Brandão, *Os pobres*, 6ª. ed., Aillaud e Bertrand, Paris-Lisboa, 1925
18) Susto	Agustina Bessa Luís, *O susto*, Guimarães Editores, Lisboa, s.d. (1958)
19) Tempestade	Ferreira de Castro, *Tempestade*, Livraria Editora Guimarães e C.a, Lisboa, s.d. (1940)
20) Terras (*)	Aquilino Ribeiro, *Terras do Demo*, Edição definitiva, Bertrand, Lisboa, 1946 (também citada a 1ª. versão, 2ª. ed., Bertrand, Lisboa, 1919)
21) Vindima (*)	Miguel Torga, *Vindima*, 2ª. ed. refundida, Coimbra, 1954
22) Volfrâmio	Aquilino Ribeiro, *Volfrâmio*, Bertrand, Lisboa, s.d. (1943)

2. TEATRO

1) Alteza	Ramada Curto, "Sua alteza". Peça em 3 atos. J. Rodrigues e Cª. Lisboa, 1930

2) Ausente	Joaquim Paço d'Arcos, "O ausente". Comédia dramática em três atos. Parceria A.M. Pereira, 1944
3) Benilde	José Régio, "Benilde" ou "A virgem-mãe". Drama em três atos. Portugália, Porto, s.d. (1947)
4) Boneca	Ramada Curto, "A boneca e os fantoches". Peça em 3 atos. J. Rodrigues e Cª. Lisboa, 1930
5) Casamento	D. João da Câmara, "Casamento e mortalha". Comédia em dois atos. J. Rodrigues e Cª., Lisboa, 1911
6) Casino	Ramada Curto, "A noite do casino". Peça em 3 atos. J. Rodrigues e Cª., Lisboa, 1930
7) Conde Barão	Ernesto Rodrigues, Félix Bermudes e João Bastos, "O conde barão". Comédia em três atos. Empresa Literária Fluminense, Lisboa, 1924
8) Crime (*)	Bernardo Santareno, "O crime de Aldeia Velha". Peça em 3 atos. Edições Ática, Lisboa, s.d. (1959)
9) Degredados	Virgínia Vitorino, "Degredados". Peça em 3 atos. Parceria A.M. Pereira, s.d. (Lisboa, 1931)
10) Envelhecer	Marcelino Mesquita, "Envelhecer". Peça em quatro atos, 6ª. ed., J. Rodrigues e Cª., Lisboa, s.d. (1932)
11) Firme	Miguel Torga, "Terra firme". Drama em três atos, 2ª. ed. refundida. Coimbra, 1947
12) Gebo	Raul Brandão, "O gebo e a sombra". Drama. Contraponto, s.d.
13) Giestas (*)	Carlos Selvagem, "Entre giestas". Drama rural em três atos, ed. Renascença Portuguesa, Porto, s.d. (1922)
14) Inimigos (*)	Victoriano Braga, "Inimigos". Comédia em 3 atos. J. Rodrigues e Cª., Lisboa, 1927

15) Justiça (*)	Ramada Curto, "Justiça". Peça em 3 atos. J. Rodrigues e Cª., Lisboa, 1931
16) Lá-Lás	Alfredo Cortez, "Lá-Lás". Comédia em 3 atos. Tavares Martins, Porto, 1944
17) Lei	Anita Patrício, "A lei da vida". Peça em 3 atos. J. Roussado dos Santos, Lisboa, 1939
18) Mar	Miguel Torga, "Mar". Poema dramático em 3 atos, in *Teatro*, Coimbra, 1941
19) Marquês (*)	D. João de Castro, "O marquês de Carriche". Comédia de costumes, tipos e figuras lisboetas, em 3 atos. J. Rodrigues e Cª., Lisboa, 1927
20) Pescador	Fernando Amado, "O pescador". Poema dramático. Libânio da Silva, Lisboa, s.d. (1926)
21) Promessa	Bernardo Santareno, "A promessa". Peça em 3 atos e 3 quadros, in *Teatro*, Lisboa, 1957
22) Sabina	M. Teixeira-Gomes, "Sabina Freire". Comédia em 3 atos. Clássica Editora, Lisboa, 1905
23) Santo	Irmãos Campos Monteiro, "Santo de ao pé da porta". Comédia em 3 atos. Tavares Martins, Porto, 1955
24) Severa	Júlio Dantas, "A Severa". Peça em quatro atos, 4ª. ed., Lisboa, s.d. (1ª. ed.: 1901)
25) Sol	Romeu Correia, "Sol na floresta". Comédia original em três atos. Representada pela Companhia Experimental do Porto (1957)
26) Tá Mar (*)	Alfredo Cortez, "Tá Mar". Peça em três atos. (Lucas e Cª.), Lisboa, 1936
27) Terrinha	Armando Neves, "Santa terrinha". Peça em um ato (em prosa), de costumes regionais. J. Roussado dos Santos (Colecção de Teatro Português), 1940
28) Troca-Tintas	Arnaldo Leite e Campos Monteiro, "O Troca-Tintas". Comédia em 3 atos. Tavares Martins, Porto, 1942

29) Vizinha   André Brun, "A vizinha do lado". Comédia em 4 atos. Livraria Civilização, Porto, s.d. (1936)

B) Autores brasileiros

1. Romance e novela
   1) Amanuense   Ciro dos Anjos, *O amanuense Belmiro*. Livros do Brasil, Lisboa, s.d. (1ª. ed.: 1937)
   2) Bagaceira   José Américo de Almeida, *A bagaceira*, 8ª. ed. Livraria José Olympio, Rio de Janeiro, 1954
   3) Caetés   Graciliano Ramos, *Caetés*, 4ª. ed. José Olympio, Rio de Janeiro, 1953
   4) Lugar (*)   Erico Veríssimo, *Um lugar ao Sol*, 9ª. ed., Globo, Rio de Janeiro, s.d. (1956)
   5) Madona   Antonio Callado, *A Madona de Cedro*, José Olympio, Rio de Janeiro, 1956
   6) Madrugada (*) Mário Donato, *Madrugada sem Deus*, 2ª. ed. revista, José Olympio, Rio de Janeiro, 1955
   7) Menino   José Lins do Rego, *Menino de engenho*, 6ª. ed., José Olympio, Rio de Janeiro, 1956
   8) Rua   Orígenes Lessa, *Rua do Sol*, José Olympio, Rio de Janeiro, 1955
   9) Seara (*)   Rosalina Coelho Lisboa,... *a seara de Caim. Romance da Revolução no Brasil*, 5ª. ed., José Olympio, Rio de Janeiro, 1956
   10) Sem fim   Jorge Amado, *Terras do sem fim*. Livros do Brasil, s.d. (1ª. ed. 1942?)

2. Teatro
   1) Afogados   Nelson Rodrigues, "A Senhora dos Afogados". Tragédia em 3 atos e 6 quadros. Dramas e Comédias. Rio de Janeiro, 1956

2) Colar	Antonio Callado, "O colar de coral". Peça em 3 atos. Dramas e Comédias. Rio de Janeiro, s.d. (1957)
3) Deus	Joracy Camargo, "Deus lhe pague". Comédia completa em 3 atos divididos em 9 quadros, 20ª. ed., Organização Simões, Rio de Janeiro, 1953
4) Falecida	Nelson Rodrigues, "A falecida". Comédia em 3 atos. Dramas e Comédias. Rio de Janeiro, 1956
5) Guerra	Carlos Devinelli, "Guerra de nervos". Comédia em 3 atos e 6 quadros, in *Teatro*, Edições do Povo, Rio de Janeiro, 1950
6) Iaiá (*)	Ernâni Fornari, "Iaiá Boneca". Peça em 4 atos, 3ª. ed. Refundida, Organização Simões, Rio de Janeiro, 1954
7) Lampião (*)	Rachel de Queiroz, "Lampião". Drama em 5 quadros, 2ª. ed., José Olympio, Rio de Janeiro, 1954
8) Marta	Abílio Pereira de Almeida, "Santa Marta Fabril S.A.", Martins Editora, São Paulo, s.d. (1955)
9) Carlos	Devinelli, "Mundo interior". Comédia em 3 atos e 5 quadros, in *Teatro*, Edições do Povo, Rio de Janeiro, 1950
10) Pedro	Antonio Callado, "Pedro Mico, Zumbi do Catacumba". Peça em 1 ato. Dramas e Comédias, Rio de Janeiro, s.d. (1957)
11) Sem lar (*)	Carlos Devinelli, "Sem lar". Drama em 3 atos e 6 "contribuições", in *Teatro*, Edições do Povo, Rio de Janeiro, 1950
12) Sinhá	Ernâni Fornari, "Sinhá Moça chorou". Peça em 6 quadros. 2ª. ed. refundida. Organização Simões, Rio de Janeiro, 1953

13) Sogra (*)   Gastão Tojeiro, "Minha sogra é da polícia ou A rival de Sherlock Holmes". 3 atos quase que policiais. Organização Simões, Rio de Janeiro, 1952
14) Tal   Gastão Tojeiro, "A tal que entrou no escuro ou A bondosa Gelásia Kent". 3 atos de cómica atualidade. Organização Simões, Rio de Janeiro, 1952

c) INFORMAÇÃO ORAL

1. PEÇAS RADIODIFUNDIDAS
1) Dia   Botelho da Silva, "Antes que nasça o dia". Peça radiodifundida pela Emissora Nacional (Teatro das Comédias), em 18/10/1960
2) Encontro   Manuel de Azambuja, "O encontro". Peça radiodifundida pela Emissora Nacional (Teatro das Comédias), em 4/4/1961
3) Mandamento   Botelho da Silva, "Mandamento esquecido". Peça radiodifundida pela Emissora Nacional (Teatro das Comédias) em 23/8/1960

2. TESTEMUNHOS ORAIS
A) RECOLHIDOS NA BEIRA BAIXA (TEIXOSO)
1) J.P., trabalhador rural
2) M.A., camponesa
3) M.C.M., doméstica
4) M.E., trabalhador rural
5) M.F., agricultor
6) M.L., negociante
7) P.A., pároco de T.

B) RECOLHIDOS EM LISBOA
1) C., estudante universitário
2) Cap. T., capitão do exército

3) Cap. V., capitão do exército
4) Cl. I, cliente de um restaurante
5) F., empregada de uma biblioteca
6) M., mulher anónima
7) Mulher I, anónima
8) Mulher II, anónima
9) P., proprietário de um bar
10) Presid., licenciado
11) Univers. I, estudante universitário
12) Univers. II, estudante universitário

II. Crítica[26]

ALI, Manuel Said. "De 'eu' e 'tu' a 'majestade'". Tratamentos de familiaridade e reverência. Em: *A língua portuguesa*, v. V, 1937, pp. 272-288.

ALI, Manuel Said. *Gramática histórica da língua portuguesa*, 2ª. ed. melhorada e aumentada de Lexeologia, Formação de palavras e Sintaxe do português histórico. São Paulo, Cayeiras, Rio de Janeiro (1931).

ALI, Manuel Said. *Meios de expressão e alterações semânticas*. 2ª. ed., revista (Organização Simões), Rio de Janeiro, 1951 (Capítulo sobre as "Interjeições", pp. 147-169).

ALONSO, Damaso. *Poesia Espanola, ensayo de métodos y limites estilísticos*. (Gredos), Madrid, s.d. (1950?).

BALLY, (Charles) e Elise Richter, Amado Alonso, Raimundo Lida. *El impressionismo en el lenguaje* (trad. e notas de A. Alonso e R. Lida), 3ª. ed., Buenos Aires, 1956.

BALLY, Charles. *Le langage et la vie*. Nouvelle édition (Max Niehans) Zurich (1935).

---

[26] Apenas cito as obras mais importantes de entre as que foi possível encontrar em Lisboa. Vão precedidas do sinal + algumas obras de interesse sobre as quais só me pude informar indirectamente, através de recensões críticas ou de outras obras.

BALLY, Charles. *Linguistique générale et linguistique française.* (A. Francke), Berne, 1944.
BALLY, Charles. *Traité de stylistique française*, 2ª. ed., Heidelberg, Paris, s./d., v. I.
BASTO, Cláudio. "Formas de tratamento em português", in *Revista Lusitana*, v. XXIX, 1931, pp. 183-202.
BASTO, Cláudio. "A linguagem dos gestos em Portugal", in *Revista Lusitana*, v. XXXVI, 1938, pp. 5-72.
BOER, C. de. *Syntaxe du français moderne*, (Universitaire Pers Leiden), Leiden, 1947.
BOLÉO, Manuel de Paiva. "Introdução ao estudo da Filologia Portuguesa" (Extr. dos nº. 34 a 43 da *Revista de Portugal*). Edição da Revista de Portugal, Lisboa, 1946.
BOLÉO, Manuel de Paiva. "Tempos e modos em português. Contribuição para o estudo da sintaxe e da estilística do verbo". In: *Boletim de Filologia*, Tomo III, Lisboa, 1934-1935, pp. 15-36.
BOLÉO, Manuel de Paiva. *O perfeito e o pretérito em português em confronto com as outras línguas românicas* (Estudo de caráter sintático-estilístico). Coimbra, Biblioteca da Universidade, 1937.
BRUNOT, Ferdinand. *La pensée et la langue.* Méthode, principes et plan d'une théorie nouvelle du langage appliquée au français. 3ª. ed. Revue (Masson), Paris, 1936.
BÜHLER, Karl. "Teoría del lenguaje". *Revista de Ocidente*, Madrid (1950) (trad. esp. de *Sprachtheorie*, Jena, Gustave Fischer, 1934).
CÂMARA JR., J. Mattoso. *Dicionário de fatos gramaticais*, (Casa de Rui Barbosa), Rio de Janeiro, 1956.
CÂMARA JR., J. Mattoso. *Princípios de linguística geral.* Como introdução aos estudos superiores de língua portuguesa, 3ª. ed. (Livraria Acadêmica), Rio de Janeiro, 1959.
CORREIA, João da Silva. "Considerações gerais sobre a denominação, as espécies, os domínios e os processos da interjeição". In *Revista Lusitana*, v. XXXII, pp. 234-249, Lisboa, 1934.
CRESSOT, Marcel. *Le style et ses techniques.* (P.U.F.), Paris, 1947.

DAMOURETTE (Jacques) e Éduard Pichon. *Des mots à la pensée. Essai de grammaire de la langue française*. 1911-1934. 7 v. (Collection des Linguistes Contemporains), Paris (Em especial: Tomo IV, Imperativo, pp. 370-395).

DIAS, Epifânio da Silva. *Sintaxe histórica portuguesa*, 2ª. ed., Lisboa, 1933.

GALICHET, Georges. *Essai de grammaire psychologique du français moderne*. (P.U.F.), Paris, 1950.

GILDERSLEEVE (B.L.) e G. Lodge. *A Latin Grammar*, third édition, (Macmillan), New York, 1908.

GIRAUD, Paul. *La stylistique* (Col. Que sais-je?, nº. 646), P.U.F., Paris, 1957.

GUILLAUME, Gustave. *Temps et verbe. Théorie des aspects, des modes et des temps*. (Champion), Paris, 1929.

HANDFORD, A. *The Latin Subjonctif* (Methuen), Londres, 1947.

HUBER-SAUTER, Margrit. *Zur Syntax des Imperativs im Italienischen* (Romanica Helvetica, v. 36), A Francke, Bern, 1951.

LACERDA, Armando de. *Características da entoação portuguesa*. Trabalho de investigação baseado no estudo sistemático do comportamento tonal. Sep. de *Biblos*, V. XVII e XIX-XXI, 2 v., Coimbra, 1941 e 1947.

LAPA, M. Rodrigues. *Estilística da língua portuguesa*, 3ª. ed. (Livraria Académica), Rio de Janeiro, 1959.

+ LERCH, E. *Die Verwendung des romanischen Futurums*. Reisland, Leipzig, 1919.

LUZ, Marilina dos Santos. "Fórmulas de tratamento no português arcaico". (Subsídios para o seu estudo), Sep. da *Revista Portuguesa de Filologia*, v. VII, VIII e IX. Coimbra, 1958.

MAROUZEAU, J. *Précis de stylistique française*, 3ª. ed. (Masson), Paris, 1950.

MAURER JR., Theodoro Henrique. *Dois problemas da língua portuguesa – O infinitivo pessoal e o pronome "se"*. São Paulo, 1951.

MEIER, Harri. "Sintaxe gramatical. Sintaxe funcional. Estilística". Em: *Boletim de Filologia*, tomo VIII, Lisboa, 1947, pp. 121-144.

+ MEIER, Harri. "Die Syntax den Anrede im Portugiesischen". Sep. de *Romanische Forschungen*, v. 63, fasc. 1-2, 1951, pp. 95-124.

MOLHO, M. "Impératif, indicatif, subjonctif". In *Le Français Moderne*, T. XXVII, n°. 3 (juillet 1959), Paris, pp. 199-203.

MÜLLER-HAUSER, Marie Louise. *La mise en relief d'une idée en français moderne* (Romanica Helvetica, vol. 21), Erlenbach - Zurich, 1943.

NASCENTES, Antenor. "Fórmulas de tratamento no Brasil nos séculos XIX e XX". In: *Revista Portuguesa de Filologia*, v. III, Coimbra, 1950, pp. 52-68 (Também há separata).

PONS, José Roca. "Estudios sobre perífrases verbales de español" – Anejo LXVII da *Revista de Filologia Española*. Madrid, 1958.

SAUSSURE, Ferdinand de. *Cours de linguistique générale*. (Payot), Paris, 1922.

SPITZER, L. *Aufsätze zur Romanischen Syntax und Stilistik*. (Niemeyer), Halle, 1918.

SPITZER, L. "L'impératif des marins". In: *Modern Language Quartely*, v. II, Seattle, 1941, pp. 531-550

ULLMANN, S. *Précis de sémantique française*. (A. Francke), Berne (1952).

VENDRYÈS, J. *Le langage. Introduction linguistique à l'histoire*. (Albin Michel), Paris, 1950.

VOSSLER, Karl. *Filosofía del lenguaje* (trad. de A. Alonso e R. Lida), Madrid, 1940.

WAINSTEIN, Lia. "L'expression du commandement dans le français actuel" (= Mémoires de la Société Néophilologique de Helsinki, T.XV), Helsingfors, 1949 (Rec. Crítica por J. Bourciez, in *Revue des Langues Romanes*, Tomo LXXI, n° 1951, pp. 140-141).

CONHEÇA OUTROS TÍTULOS DA LEXIKON EDITORA

Livros da Coleção REFERÊNCIA *essencial*

GRAMÁTICA ESSENCIAL
Celso Cunha (org. Cilene da Cunha Pereira)

Esta gramática se destina a alunos do segundo segmento do ensino fundamental e do ensino médio e a todos que buscam aprofundar seus conhecimentos da língua portuguesa e comunicar-se melhor. Nela encontrarão, numa linguagem clara, a descrição do padrão formal do português contemporâneo, dezenas de quadros explicativos e expressivos exemplos de usos linguísticos colhidos nos mais representativos autores de nossa literatura.
Fonética e fonologia; ortografia; classe, estrutura e formação de palavras; frase, oração e período; figuras de estilo e de sintaxe; pontuação; discurso direto, indireto e indireto livre e versificação.

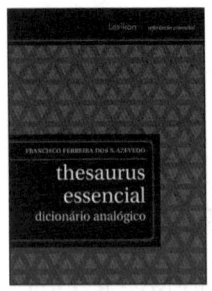

THESAURUS ESSENCIAL / DICIONÁRIO ANALÓGICO
Francisco Ferreira dos Santos Azevedo

Um dicionário que leva à palavra exata que exprime o que se quer dizer. A partir de qualquer palavra semelhante, de significado não necessariamente igual, o consulente encontrará substantivos, verbos, adjetivos ou advérbios entre os quais certamente estará a palavra desejada. Uma ferramenta indispensável para se expressar bem, falando ou escrevendo.

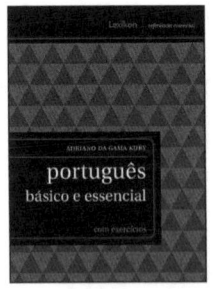

PORTUGUÊS BÁSICO E ESSENCIAL
Adriano da Gama Kury

Uma gramática elementar que vem atender às necessidades de alunos e professores do ensino fundamental. Trata-se de um manual prático que abrange as primeiras noções de sintaxe, fonética e fonologia, regras essenciais de ortografia e um longo capítulo dedicado à morfologia. Complementando a parte teórica, o autor preparou mais de 200 exercícios, um glossário de palavras de classificação variável ou difícil, um "pequeno dicionário" e uma antologia com textos em prosa e verso, anotados e comentados.

Obras de referência LEXIKON

**MANUAL DA BOA ESCRITA:
VÍRGULA, CRASE, PALAVRAS COMPOSTAS**
Maria Tereza de Queiroz Piacentini

Este livro reúne, em linguagem acessível e moderna, tudo o que foi possível sistematizar sobre esses três assuntos desafiadores da nossa língua. O *Manual* conta com exercícios específicos desenvolvidos pela autora, acompanhados de soluções comentadas, que visam a esclarecer dúvidas até o fim do processo de estudo.

O *Manual da boa escrita* é um material de consulta confiável para desvendarmos os mistérios que assombram nossos relatórios, dissertações, bilhetes e outros textos no dia a dia, tornando-se livro indispensável para todos os que se interessam por escrever bem.

DICIONÁRIO DE DIFICULDADES DA LÍNGUA PORTUGUESA
Domingos Paschoal Cegalla

Quem de nós, vez ou outra, não hesita diante da grafia ou da flexão de um vocábulo, da correta pronúncia de uma palavra, ou não é assaltado por dúvidas sobre concordância e regência verbal? Aqui está, pois, um dicionário fácil de compulsar e que dá pronta e satisfatória resposta ao consulente, no âmbito da fonologia, ortografia, morfologia e sintaxe. O *Dicionário de dificuldades* pretende ser um guia a indicar rumos certos, um mapa onde estão assinalados os obstáculos e as encruzilhadas diante dos quais tantas vezes param perplexos os usuários da língua portuguesa.

**NOVÍSSIMO AULETE DICIONÁRIO CONTEMPORÂNEO
DA LÍNGUA PORTUGUESA**
Caldas Aulete (coord. Paulo Geiger)

O *Novíssimo Aulete* abrange mais de 75 mil verbetes de vocábulos e elementos de composição, aos quais se somam locuções e expressões idiomáticas, atingindo com isso cerca de 95 mil unidades de significado, que geram cerca de 200 mil acepções. O universo de palavras do *Novíssimo Aulete* é, pois, abrangente e atual na medida em que oferece uma consistente representatividade do léxico da língua portuguesa falada no Brasil, em um dicionário de porte médio.

Este livro foi impresso no Rio Grande do Sul em janeiro de 2014, pela
Edelbra Gráfica e Editora para a Editora Lexikon.
As fontes usadas são: LeMonde Livre 11/14
o miolo e Calibre para subtítulos.
O papel do miolo é offset 63g/m² e o da capa é cartão 250g/m².